NOTHING EVER DIES

VIETNAM AND THE MEMORY OF WAR

一切未曾逝去

越南與戰爭記憶

VIET THANH NGUYEN
阮越清——著
胡宗香——譯

推薦序

Nothing Ever Dies

阿潑　《轉角國際》專欄作者

「越南政府一直主張，越南不是一個戰爭，而是一個國家。」二十年前，我在前往越南旅行前夕，從書中讀到的這句話，猶如警鐘，時時在我腦海敲擊，雖說如此，彼時我所踏訪的越南大城，卻不斷對我等外國觀光客販賣「戰爭」：你可以在背包客街買到好萊塢電影《早安西貢》電影配樂專輯，也會被兜售古芝地道的觀光行程，或是買個軍備飾品。

來自「自由地區」的我們對「越戰」的認知框架，來自「戰敗方」：無論是《現代啟示錄》等戰爭慘烈的暴力刺激畫面，或是奔跑的女孩與自焚的僧人照片。這些畫面傳遞著戰爭的殘酷，一方面又給予戰爭的正當性。但在這個「戰勝國」，聽到的則是人民忍辱負重、英勇抵抗的故事，如老鼠搏倒大象般勵志。

這是資本主義與社會主義，戰勝與戰敗，強國與弱國對一個戰爭的對立敘事，真正的戰爭在半世紀前打完了，但「意識形態與文化的戰場」仍然存在，問題卻難以得到解答：為了反共自由／獨立自主，所以戰爭，但戰爭有必要嗎？既然是「人民的勝利」，難民又是如何製造的？本身就是兩個意識形態衝突拉拒的結果，在當代的商業或消費主義下，這場戰爭衍生的文化、娛樂或觀光產物，卻諷刺地相互證成。

我首次造訪越南之時，九一一事件發生還未滿一年，「文明衝突論」似乎成為顯學，戰火再起。意識形態的對立，彷彿是無解的難題。即使接觸過見證者，讀過文獻資料，這個延伸到整個中南半島的兇殘殺戮，在我看來，始終不離二元對立的敘事角度——西方強權劃下北緯十七度線簡直是一種惡意的預言——多年下來，我甚至認為這輩子都不可能找到一條理解這場戰爭的路徑。

但我對這個國家與那場戰爭的懸念，似乎在閱讀美國南加大教授阮越清所著《一切未曾逝去：越南與戰爭記憶》（*Nothing Ever Dies*）時落定——

一九七一年出生於越南美蜀的阮越清，四歲時跟著父母逃亡到美國。若以政治身分來標籤，他就是個越南難民。「我在越南出生，但是在美國製造。」他在《一切未曾逝去》中自述：「美國和世界許多人經常誤把越南和或褒或貶地以其命名的戰爭混為一談。我擁有兩個國家、繼承了兩場革命，身為這樣的人究竟意味著什麼，我無法確知，而這無疑有部分源自越南與越戰間的混淆。」他稱自己花了大半輩子，想從自己與世界的這種混淆中理出頭緒，而他找到對越戰最簡明的說明是：「如果美國的靈魂完全中毒，驗屍報告中一定少不了越南。」這話來自非裔民權運動領袖金恩博士。

要認識越戰的複雜性與多面性，得先從阮越清獲得普立茲獎的作品《同情者》讀起。阮越清以一個越法混血、潛伏在南越的北越間諜為敘事主角，透過他的視角解構了這場戰爭、批判參與這場戰爭的美國、南北越，並藉此與涉入其中的人民、不熟悉這場戰爭的讀者「對話」。我在二〇一七年讀完此作後，感覺自己的盲點被阮越清的筆「劃開」了。相當驚艷。

《一切未曾逝去》是阮越清寫於二〇一六年出版的評論集，我幾乎是在讀完《同情者》的那一刻，立刻下了電子書訂單，並開始翻閱。然不得不說，比起《同情者》是小說家阮越清巧筆暢快，《一切未曾逝去》則是阮越清的學者人格，批判火力全開地使讀者必須貼緊他的思路，反覆思辯。難度雖提高許多，但對這場實體戰爭結束後的記憶與文化戰爭，則有更深入且廣泛瞭解的機會。

若說我這一個外人在越南及越戰資料中感受到外在的二元對立性，身為具美國公民身分的「越南難民」，阮越清則具有其內在的「雙重性」乃至多重性，而他不僅未曾掩藏，甚至進一步在其創作與論述中強化這種「雙重性」——但也不得不說，有誰比「難民」更有資格批判越戰、美國與越南呢？有誰比這個「移民」更能洞悉國族塑造的意識形態呢？

如前述《一切未曾逝去》的起頭，阮越清提到自己有兩個國家，繼承兩場革命，在《同情者》的開始也是這麼寫的：「我是間諜，是臥底，是特務，是雙面人。我也是雙心人，這或許不令人意外。雖然有人把我當成漫畫書或恐怖片中某種受誤解的突變人，但其實不然，我只是能看到任何一個問題的兩面。偶而我會沾沾自喜地視之為一種天分……」。這不可不說是作者本人的聲音，而阮越清的看見一體兩面的「天分」，除了在小說中揮灑，也在文化評論中暢言，《一切未曾逝去》即可見洞見。

阮越清在《一切未曾逝去》主文開始，即闡明這是關於戰爭、記憶和身分的一本書，觀念起於：「所有的戰爭都會打兩次，一次在戰場上，一次在記憶裡。」而這場戰爭的名稱，便指向其身分危機，源於它該如何為人知道和記憶的問題。

而在記憶與如何記憶的問題上，阮越清要求的是公正的記憶，而公正的記憶必須有三個基礎，即：第一，須擁有人性與非人性的倫理自覺；第二，對記憶工業平等的近用權；第三，想像一個不同世界的能力，超越國家去思索和看見的想像力。「透過此舉，我們獲得公正的記憶與公正的遺忘之途徑。」

如前所述，我等觀看那場戰爭，多淪為二元對立：戰勝與戰敗，共產與反共，公民與難民……，具有雙重身分的阮越清則能洞悉戰爭及其記憶的兩面性，在這本書裡面，他善用這二元性或兩面性作為辯證，例如受害者與加害者不必然對立，受害者亦是加害者，又或者要能夠公正遺忘，就要公正記憶，否則將無從遺忘，以及在談記憶倫理時，則強調記憶己方的同時，也要記憶他者，才是公正的記憶……。這類看似二元對立的元素，在阮越清反覆的辯證中，終會匯集為雙重一體，達到一個和解的目標。

本書讀到最後，仍然是這種一體兩面的結尾——阮越清在序言說自己生在越南長在美國，在本文開始稱戰爭要打兩次，他的收尾則是回到越南祭拜祖父母的敘事，在墓園，他見不到祖父的墳，原因是：越南人死亡要埋葬兩次，一次要遠離家園與村落，讓土地消耗肉體，第二次必須遺體挖出，無論挖出的是什麼，都要清洗骨頭，讓骨頭再一次埋葬，「這次離生者近一點」。

在生與死之間，在記憶與遺忘之間，在流亡與留下之間，總有許多需要商榷的地方，但最終，人類存在之所，就是土地，就是文化，就是身而為人的我們所企求的終點。Nothing Ever Dies。

推薦序

單兵請注意！你今天「戰爭」了嗎？

黃宗鼎　獨立評論＠天下《東南亞風輕史館》作者
財團法人國防安全研究院副研究員

2022年俄烏戰爭爆發伊始，俄烏兩國便開始在戰爭用名上大做文章。在俄羅斯使用「特別軍事行動」之名，藉以規避戰爭責任的同時，烏克蘭竭力在社群媒體上使用如俄國侵略、（烏國）自由民主之戰、普丁之戰、違反人道罪等標籤，唯恐其戰爭記憶也為侵略者所奪。即便亂葬崗、刑求室、武器殘骸等物證俱在，但一如美國所稱的越戰，抑或越共所稱的「攘美救國戰爭」，其真相在半世紀後仍可能莫衷一是。

《一切未曾逝去》，是評點記憶的生死簿，訴說越戰記憶的登載與勾銷，由跨域使者，身兼學者及小說家，美國人及越南人的阮越清所著。《一切未曾逝去》是在越戰間諜小說《同情者》出版後的隔年問世。《同情者》於認同問題著墨甚深，《一切未曾逝去》則試圖自越戰記憶中探究認同問題的根源，既可說是《同情者》幕後的心靈特輯，也是阮越清為其越戰系列小說所預作的田野筆記。

對觀光客而言，乍到越南的每一天幾乎都是戰爭紀念日，儘管那些越戰遺跡或遺產，與城隍封邑式的越南地景相容度極高。記憶，會帶來希望或刺激，這是《再見列寧》中的孝子之所以替身為東德「鐵粉」的母親，「湮滅」有關兩德合併事實的理由。記憶能被左右，一如戰場上美國大兵遺落的Zippo打火機，既可以是骨董伴手禮，也可以是「炎上」茅草屋的物證。

一場戰爭，到底是聖戰還是叛亂，但憑詮釋。汝有大義名分，吾有討罪檄文，「反共」和「反帝」各成道理。無論是華府還是河內的戰爭機器，自始至終意圖壟斷越戰之詮釋權。阮越清說：「戰爭機器都會在其乘客身上寫入認同程式，碰上他者記憶時，受驚的乘客總懷疑受到外來程式的病毒感染。」。

即使「記憶工業」的量能遠不及美國，但只要從越南戰爭機器的帝國主義高度望出，周邊所及的他者，素來是可征服的弱民小族。15世紀以降越南京族的南拓史，豈非占婆一族的淪亡史。強勢記憶對弱勢記憶的壓制，可謂放諸四海皆準。但競相失憶，又是怎樣的情況？受雇美軍參加越戰的南韓軍隊，透過軍援南越「轉大人」了，但首爾華麗的戰爭紀念館卻對韓軍的英勇「隻字不提」，當然更看不到那些與韓劇男神在《太陽的後裔》裡截然不同的作為。當我們看到河內72層高的樂天酒店，會知道失憶的不僅僅是韓國人。

阮越清指控美國視他者為非人的「非人性」，使得美國名為「滾雷」（Rolling Thunder）的轟炸行動成為可能。認定他者為不可教化的邪魔，那正是20世紀初美國史密斯（Jacob H. Smith）將軍下令殺害逾10歲菲律賓人的種族主義思維。不過阮越清也指出，年輕北越女醫師生前日記所傳達出的愛國情操，也著實能夠感動美國讀者。只是，這種感動與美國觀眾在《經典老爺車》中，看到老白男克林伊斯威特為解救來自寮國的蒙族（Hmong的H不發音）小老弟，被蒙族幫派亂槍射殺時所萌生的感動，彷彿又不是一回事。

「為了讓好亞洲人得以生存繁榮，美國成為壞亞洲人的犧牲品」，這正是「美國的越戰記憶特徵，以及『即使我們輸了還是贏了』症候群的範例」。經阮越清提點，老白男把福特老爺車留給亞洲小老弟的義舉，與美軍在返鄉前把越戰軍備捐贈給台灣，似乎如出一轍。

至於為美國收留的南越遺民，仍處在美、越官方記憶計畫的兩不管地帶。不過就在阮越清關注南越退伍軍人不容納入美國戰爭紀念碑的同時，也點出越裔社群在刻劃受害者形象之下，對某些不義之事選擇性失憶的態樣。也許老一輩的南越華人，會記得1968年南越電視台適足挑撥越華對立的漫畫片，一位穿著旗袍、手持香菸的華人婦女，冷淡地看著西貢政府派出的募捐隊，而一名貧困的南越人，則獻出自家米缸。阮越清說，「記憶是重大戰略資源，國家培養記憶亦培養遺忘」，要怎樣避免戰爭以另一張臉面回歸，最是作者希望人們共同思考的問題。

在烏克蘭的運鏡之下，俄軍果真就是一支野蠻、倉皇、無助與萎靡的隊伍。當高畫質的戰爭畫面透過「星鏈」、無人機、社群媒體、即時新聞不斷灌入閱聽人的視窗之際，傳統的旁觀者，都成為「螢幕前的單兵」，亦即阮越清所說的「第一人稱的射擊者」。

「單兵請注意！你今天『戰爭』了嗎？」

推薦序

記憶的倫理

黃錦樹　暨南大學教授

難民出身的越裔美國作家阮越清（Viet Thanh Nguyen），現年五十一歲（一九七一年生），二〇一六年以長篇小說《同情者》（*The Sympathizer*，二〇一五年出版）獲得普立茲獎，而躋身暢銷書作家，賣出了三十多種翻譯版權。這部以一個長期潛伏在南越將軍身旁的北越混血兒特務的自白構成的小說，以一個特殊的角度回顧了越戰，以及那場戰爭造成的各種效應和考驗，譬如難民、背叛、猜疑、愛情、忠誠、友誼等。這本《一切未曾逝去》（*Nothing Ever Dies: Vietnam and the Memory of War*）英文版出版於《同情者》得普立茲獎的那一年。

被列入「非虛構文類」的《一切未曾逝去》其實不是敘述性的，而是部學術論述，有完整的學術格式，注釋、參考書目、致謝一應俱全。此著閱讀上有相當的難度，那源於論題的深度。它的主題即體現在原文版副標題「越南與戰爭記憶」中，即「記憶的倫理」（本書更為精確的潛在書名）。作為認真、嚴肅的思考之書，《一切未曾逝去》不止可以讓讀者更深刻的理解《同情者》，尤其是小說自身無法直接言明的部分；但它說出的其實可能比小說更多，也更為深致。

全書文章共十一篇，呈對稱結構，〈前言〉〈後記〉之外，分「倫理」、「產業」、「美學」三卷各三篇文章，加上有導論及結論意味的〈公正的記憶〉和〈公正的遺忘〉兩篇。在〈前言〉和〈後記〉中，作者不厭其煩的向讀者細細道出他的發言位置和情境——在美國安身立命的越南難民，在美國的學院體制受訓練、謀生，以英文寫作——典型的小文學境遇。如果不是因為得了普立茲獎，他的小說不太可能被引進台灣，更別說是更為小眾的論述。在台灣的世界文學進口市場上，亞裔美國文學是相對邊緣的，而亞裔中，受關注的一向也僅僅是華裔。

台灣的越南記憶是極為貧乏的，即便南越的最後一位總統阮文紹曾流亡台灣（其後飛往美國）；近年，大概就只剩外勞、外籍配偶和越式料理了。但越戰反思對我們其實是富於教益的。作者大膽的指出，越戰不只是越南人、美國人的，其實是所有人的。原因在於，美國的戰爭機器、軍工複合體會以同樣的邏輯和話語（民主、自由、人權、正義等），其實是為了私利，重複一場又一場的戰爭，伊拉克、阿富汗、……。甚至記憶也常為企業、資本主義、權力所挪用，成為國家機器的文化工業，「雖然事實上美國輸了戰爭，在越南之外，幾乎全世界的文化戰線上，卻是美國在記憶上贏得了戰爭，因為它主宰了電影生產，圖書出版，美術和歷史檔案之建立。」（〈公正的記憶〉）好萊塢的越戰電影在世人眼中替代了真實的越戰（此書多次談到科波拉的電影《現代啟示錄》），「現代戰爭仰賴電影技術，而電影技術因為描繪戰爭而蓬勃發展。」「越戰是使人震驚也令人享受的奇觀。」（〈戰爭機器〉）英語的絕對優勢壟斷了話語權，而弱勢者的記憶要麼被困鎖在流通相對不廣的民族語言裡；或因生命窘迫，或物質條件過差，而只能留下殘缺破碎的見證，緘默或空白，「不存在的存在」，鬼故事。（〈受害者的聲音〉）

為了思考公正的記憶，書中談了不少越南人、柬埔寨人製作的，流通上遠不如好萊塢故而幾乎只有專家知曉的電影；還有照片，回憶錄，小說，日記，繪畫。阮越清在反省越戰的同時，也反省相鄰的赤柬對子民的大屠殺、韓國追隨美軍在越南打的「被遺忘的戰爭」（〈成為人類〉）。作者訪查了美國、越南、柬埔寨、韓國的各色戰爭博物館、紀念碑，深刻的比較了窮國與富國再現歷史記憶上殘酷的貧富差異，大小國記憶工業的不對稱，或刻意偏離（譬如美國豪華的「遺忘越南人的越戰紀念碑」）。（〈論不對稱〉）記憶很難公正，「連被遺忘的人，一旦有機會也會遺忘他人。」理想的狀態下，不止要記憶己方，也要記憶他者。而族裔文學難免「充滿了記憶自我與他者的倫理問題。」但作者深信藝術的力量，認為它「對保存公正記憶的倫理工作格外重要。」在災難的重負之下，那幾乎是唯一的烏托邦的可能——如果不求諸宗教。

阮越清提醒中南半島革命的教訓：「受過傷害的人一旦掌權，也能傷害他者並製造鬼魂」（〈受害者的聲音〉）然而，在那艱苦的道路的盡頭，不止要記取，必要時也要學會遺忘，以走向寬恕，和解；即便那非常困難，也有許多附帶條件。《一切未曾逝去》的思考是深刻的，閱讀過程中，我自己也深覺受惠。

推薦序

戰爭記憶與記憶的戰場

曾柏文　國政基金會特約副研究員

越戰，或說越南官方敘事中的「對美救國抗戰」（Kháng chiến chống Mỹ cứu nước），其實是我生命的起點。1974年秋我媽媽懷上我的時候，父親仍以台灣技術人員身分，由味王派駐在西貢的天香味精廠擔任副廠長。當時打了十九年的越戰已經步入尾聲，美軍早在前年撤出越南，只剩南越軍負隅頑抗。

該年12月，北越軍在關鍵的福隆（Phuoc Long）戰役大勝，掀起南越土崩瓦解的序幕；西貢風聲鶴唳。隔年2月，家母趕在「懷胎六月不能搭機」的門檻前，先帶我逃回台灣。3月共軍連續拿下中央高地、順化、峴港一系列戰略要地；到了4月初南越法幣早已崩盤，父親得用美金才能買到機票回台。

我父母與戰爭擦身而過，全身而退；但他們的越籍同事不同——有的逃得晚，搶到機票趕到機場還不見得擠得進去，非得再湊出身上黃金，才能跨越與登機門的最後幾公尺。有的，則得集全家之力，才能在幾個孩子中挑一個送去海外。而更多員工部屬留在越南，面對忐忑未來。

多年後母親回憶道，有次廠區對面工廠被越共砲擊爆炸，引起一片騷動。當晚廠長帶著主要幹部躲到比較堅固的鹽酸廠，等到天亮才出來，在廠區醫務室旁看到兩個外人橫屍路邊，看似逃來求助但傷重不治。當時前線仍遠，但戰爭傷亡已浮現在眼前。

另個肅殺記憶，則是曾有越共在布袋蓮下藏漂浮炸彈，在漂流過橋時引爆，因此當年每晚都會聽到，南越守軍朝順流漂來的布袋蓮掃射的槍聲。母親曾半開玩笑地跟我說，「這些槍聲，就是你的胎教」。

當然，我什麼都記不得。

三種越戰記憶：警惕、創傷、抗戰

我在1975年夏在台北出生，當時西貢早已易幟，蔣介石剛辭世，總統則是常被人遺忘的嚴家淦，而中華民國剛經歷斷交雪崩的重挫，社會人心浮動飄搖。

那些年談到越南，就跟大陸一樣，是被邪惡共產勢力赤化的「淪陷區」，是（日後證明為政戰內宣偽作的）《南海血書》中，主角阮天仇「見證」的人間悲劇，更是台灣的警惕！「今日不為自由鬥士，明天將為海上難民」；彼時談越南必須悲憫，因為那是台灣若不積極抗共的命運隱喻。

「淪陷敘事」的另一個側面，則是來自許多美國越戰電影所聚焦的，越戰刻劃在退伍軍人心中的創傷。小時候最早有印象的是藍波；小學同學只覺得藍波很強很酷，日後才看懂電影刻劃的戰爭創傷——一如更早的《現代啟示錄》、《越戰獵鹿人》等。

2002年我造訪華盛頓特區的越戰紀念碑。紀念碑像極某個巨大銳器重擊國家草坪，敲出的V字型傷口；石壁上刻著五萬多名死者姓名，越往深處堆疊越多，讓人感受到越戰犧牲的重量。但要到隔年，美國出兵伊拉克引爆的輿論爭議，我看到許多論者一再提到「越南」作為困局、慘敗的代名詞，回頭看到美國前總統尼克森寫的《不要再有越南》（*No More Vietnams*），以及雷根倡言美國要掙脫「越南綜合症」（Vietnam Syndrome），才真正體會「越南」不僅是許多退伍軍人的痛，更是美國整體國家記憶與文化的創傷。

馬丁路德金恩在1967年說過，「如果美國的靈魂完全中毒，驗屍報告中一定少不了『越南』。」我有時懷疑，金恩當時恐怕也無法充分看透，這句預言日後的重量。

冷戰落幕前後，越南也借鑑中共鄧小平的改革開放，推動經濟路線的「革新開放」（Đổi mới），逐漸躍升為東南亞的新經濟體，從昔日「淪陷區」轉身成為許多台商的轉進區。我也終於得以回到我生命起點，如今已改名為胡志明市的西貢。

胡志明市武文秦街（Võ Văn Tần）有座方正大樓，前身曾是美軍情報中心，1975年越共勝利後，該處改建為「美軍戰爭罪惡館」，藉著美軍留下來的設備軍火、關押戰俘的空間，越南人民死傷的影像，以及受到美軍橘劑毒害的受害者照片，控訴美軍對越南人民的殘暴，並證成越南軍民在艱苦卓絕中抗戰的正義與驕傲。1995年美越建交後，該館改名為戰爭遺跡博物館（War Ramnents Museum），但傳遞的記憶不變。

「如何記憶戰爭，是國家身分認同的中心要素。」正如獨立戰爭、南北戰爭的歷史敘事，奠定了美國的國家精神；辛亥革命、對日抗戰的記憶，形塑中華民國的價值與情感基礎；這場「對美救國抗戰」，也扮演著越南社會主義共和國自我認同的關鍵。

戰爭記憶的辯證：如何能公正地遺忘？

冷戰期間中華民國積極抗共的警惕、美國領導自由世界的重挫與創傷、越南國家認同的基礎——三種戰爭記憶，反映了三個國家的視角、嚮往與恐懼，也各自存在侷限。

多數人或能安身在某種版本的敘事，但本書作者阮越清不是。作為一位生在越南、成長在美國的越裔美籍學者，他長期面對美越兩端歷史敘事，無法掙脫其張力。「所有戰爭都會打兩次，一次在戰場上，一次在記憶裡。」阮越清雖有幸逃出越戰實體戰場，但從未能從其記憶戰場脫身。

這種在記憶戰場的混淆與掙扎，促使他寫出獲獎連連的小說《同情者》（*Sympathizer*）與故事集《流亡者》（*Refugee*），更催生他在本書關於「公正記憶」的辯證——

本書在倫理層面，探討了戰爭名稱反映的戰爭「身分危機」、隱喻的咎責方向，並指出「越戰」一詞不僅隱匿了戰爭隱性參與者，例如參與生產彈藥、交稅購買彈藥的美國人，也遮蔽了戰爭造成外溢傷害，例如沒算入「越戰」死傷的寮國、柬埔寨犧牲者。書中也探討到交戰雙方「我者」與「他者」記憶不對稱，牽涉的不正義，並指出公正的意義，要能看見人性中「非人性」。

在政治經濟層面，其指出「記憶」在權力鬥爭中的戰略價值，展示了政體如何基於政治需求建構記憶，並從影視、觀光產業等「記憶的工業化」，闡述資本主義體系如何把記憶與遺忘給商品化，並與權力者共謀。

在美學層次，作者從文學與藝術尋找受害者的聲音，盤點戰爭故事「追求真實」的各種挑戰，並倡言要兼備來自低處（關於人類的殘暴）與高處（關於人的理想）的「強大記憶」，同時體認到人們「尚未實現的人性」與「潛藏的非人性」，才能支撐起足以與現實對抗的和平運動。

人類不可能永遠記得所有事情，文明演進確實需要遺忘。但阮越清指出，面對戰爭與暴力衝突帶來的創傷，唯有透過真實、強大、公正、符合倫理的記憶，才能做到真正的和解與原諒，才能促成「明智的遺忘」（enlightened forgetting）而前進。

綜觀本書，阮越清闡述了一種複雜細膩的記憶倫理，對抗任何國家框架或記憶工業的化約。而不管是對受害者的同情，對人性中「非人性」的看見，或是對在美學與倫理理想的斟酌思辨，都透露著作者對人類心智能力的期許與信心。

台灣的記憶戰場：朝向人本史學

阮越清穿梭在美國與越南的記憶體系，催生了本書關於記憶的精彩辯證。台灣幸或不幸，小小島嶼上就同時傳承不同框架、持續拉扯中的歷史記憶。因此展讀本書各章論述，不時會聯想到台灣諸多歷史爭議。

若說戰爭記憶是「國家身分認同的中心要素」，對身為中華民國公民的台灣人而言，有哪些戰爭需要記憶？

從中華民國政體思考，自應包括推翻帝制、創建中華民國的辛亥革命，加入同盟對抗軸心的對日抗戰，守住台海，確立國共對峙格局的八二三、古寧頭戰役，以及站在自由主義陣營的冷戰；從台灣社會主體視角，不管是鄭荷戰爭、重要的分類械鬥、抗日的乙未戰爭、太平洋戰爭的社會動員與美軍轟炸，以及國府來台後的二二八、白恐等官民衝突，都有需釐清的意義；而要領略台灣地緣價值，則還要加上十九世紀羅妹號、牡丹社事件，以及清法戰爭。

這些戰爭與暴力衝突的記憶，有四個重要特徵：

首先，這些衝突凸顯了台灣戰略地位的重要，也往往牽涉到更大的地緣政治結構，需要在更大尺度的視野，才能充分詮釋其意義。例如1874年日軍因應牡丹社事件的出兵發展，須考慮其對琉球王國的圖謀才能解釋；而二戰後台海衝突乃至白色恐怖案件，也須放在冷戰脈絡才能理解。

其次，這些大大小小征戰衝突，牽涉過從泉漳，閩客原，鄭荷清，美日法，國共等多方勢力，也留下複雜、多元而充滿各種衝突介面的歷史記憶。僅舉一例：我們要用中華民國本位的「光復」、日本帝國台灣的「終戰」來稱呼1945那場戰爭的結束？我們該以「盟軍」還是「敵軍」概念，來看戰爭期間轟炸台灣的美軍？像這種在身分劃分、歷史視角與介面的多元複雜，直接的結果，是導致阮越清所倡議的那種，更能在「我者」與「他者」的記憶倫理平衡，更涵容的歷史記憶，變得更困難。

第三，近二十年間，隨著國民兩黨交替執政，執政者與其動員的知識文化體系，也沿著中華與台灣兩種「國族史學」（nationalist historiography）的裂解線，陷入長期對記憶詮釋的爭奪戰，作為權力合法化的基礎。而這兩種國族史學的對峙與動員，讓歷史記憶戰場上的和平工程更艱難，更造成對其他歷史敘事視角的排擠或騎劫。

第四，面對一些過往衝突記憶帶來的尷尬，也一直有人主張「不要沈溺過去，要面對未來」的主張。但這正是阮越清警告的「不公正的遺忘」。追求明智的遺忘，前提是有真實、強大、公正，符合倫理的記憶，不能便宜行事。

2014年馬政府對歷史課綱「微調」引爆爭議，當時我寫下〈我們為何學歷史〉一文，主張應以「人本史學」取代衝突的「國族史學」，主張歷史學習的目的，在於「如何面對時代，做好一個人」——「這包括學會認識過去；學會看見結構力量對命運的形塑，卻保有對人的信心；也包括對他人產生同理心，並在價值倫理層面形成一套判斷準據。」而這不包括以國家民族為出發點的目的。

讀這本書，我同樣讀到其以人為本，跨越國家框架的努力；心有戚戚。

「你們能保密多久，就平安多久」

父親在世時，一直與幾位逃往美加的越籍同事保持聯繫。有位楊鴻叔叔落腳美國，開起餐廳，逢年過節一定來電問候；父親還曾組團出遊時去捧場，把酒話當年。另有位陳幗梅落腳溫哥華，我小時候每年都會收到，她寄來一大本印滿加拿大漂亮風景的月曆，在我這個亞

熱帶島嶼男孩心中，建構起對北國森林雪景的嚮往。後來我理解，這延續四十多年的聯繫，重溫的不只是同事情誼，也是故鄉記憶

五年前在社群媒體的串連下，我還收到仍住在胡志明的陳銳鴻來信聯繫，開頭就自稱是當年天香味精廠潑酵B班家父的「門生」，表達對父親的感激與懷念。當年父親已罹癌，我還記得幫他唸到這封遠方來函時，他激動的淚水。

然而直到寫這篇序，我才發現自己未曾探究：這群曾與家父一起共事，如今離散各地的長輩，如何去記憶那場撼動其人生的戰爭？前幾日我跟陳叔聯繫上，他信中也提到家母記得的那次砲擊，還清楚指認是B40榴彈砲，描述到那次爆炸如何把家父辦公室的門窗都震碎。最後他提了一件往事：

「當時曾技師已經估計到，越南共和國是保不住了，因此將醱酵主要機密文件，傳給楊X和B班班長陳X藩，並交代絕不能輕易交給越共。我們以前進去天香有宣示，忠誠工廠工藝，也答應過曾技師絕不洩密菌種植法、糖化工藝。他當時說：工藝機密你們能保密多久，就平安多久；最好死後帶進棺材！」

時隔四十多年，他說「我們所有員工都沒有出賣公司，也都遵守曾技師的交代。」

獻給我的父親、母親

目次

丹佛摳著指甲。「如果它還在那裡，等待著，那一定表示什麼都不會死。」

塞絲直視丹佛的臉龐。「本來就什麼都不會死。」她說。

——童妮．摩里森（Toni Morrison），《寵兒》（*Beloved*）

序言

我在越南出生，但是在美國製造。我自認對美國的行為失望，卻仍不禁想相信其話語的越南人。我也自認往往不知如何看待越南，卻想知道該如何看待越南的美國人。美國人和世界許多人經常誤把越南和或褒或貶地以其命名的戰爭混為一談。我擁有兩個國家、繼承了兩場革命，身為這樣的人究竟意謂什麼，我無法確知，而這無疑有部分源自於越南和越戰間的混淆。

我花了大半輩子，想從自己與世界的這種混淆中理出頭緒，而我所找到對越戰的意義最簡潔的說明，至少對美國人而言，來自小馬丁．路德．金恩（Martin Luther King Jr.）。「如果美國的靈魂完全中毒，」他說，「驗屍報告中一定少不了『越南』。」[1]美國人認識金恩，多數是因為他的夢想，但這是他的預言，而接下來是這麼說的，「越南的戰爭，只是美國精神中更深層疾病的徵狀。如果忽視這令人警醒的現實，那到了下一代，我們將還在組織『關懷某某的神職人員與平信徒』委員會①。這些委員會關心的將是瓜地馬拉和祕魯、泰國和柬埔寨、莫三比克和南非。除非美國生活發生重大而深遠的改變，我們將無止境地為這些與其他十數個地方遊行示威、參與集會。」[2]說這些話的整整一年後，金恩遭到暗殺。

他並未提到伊拉克與阿富汗，但是從他那次演說以來，許多美國人都曾論及這些地方的衝突與越戰間的關係。[3]即使越南不是伊拉克，也不是阿富汗，但是對美國人而言，這個類比依舊揮之不去。舉出越南來代表困局、病徵與戰爭，反映的既不是越南的現實，也非當下在伊拉克與阿富汗的困難。它反映的是美國人的恐懼。美國人認為最糟糕的莫過於輸掉這些戰爭，即使今天在伊拉克和阿富汗打贏了，也僅代表同樣的事情明天再來一次：索馬利亞、巴基斯坦、葉門……這是美國人記得他們口中的越戰最重要的原因：那是在它之前與之後一長串慘烈戰爭中的一場衝突。這場戰爭的身分——事實上，任何一場戰爭的身分——都無法從戰爭本身的身分抽離出來。

對金恩而言，「種族主義、經濟剝削與戰爭問題，全都相互連結。」[4]其預言並不總是流暢優美，使用的語言僅偶爾指涉聖經，而且從不鼓舞人心。他不要求我們仰望山頂，而是要俯視平原、工廠、田野、貧民區和領失業救濟的人龍、徵兵委員會、稻田、池中綻放的蓮花、連美國士兵都說美麗的越南地貌，還有越南人稱之為美麗國家的美國。戰爭的記憶屬於這些地方。最惱人的記憶是，那場戰爭不僅在那裡發生，也在這裡發生，因為一場戰爭牽涉的不只是發射子彈，還牽涉到製造子彈、運送子彈，和或許是最重要的，付錢買子彈的人，他們是心不在焉的國民、是金恩稱為白人與黑人同胞「殘酷團結」（brutal solidarity）的合夥同謀。[5]

雖然金恩說的是美國，但他指的也可以是越南，兩國都是革命國家，也都沒有實現革命的追求。美國曾經有如山上的城②，而今，那個美國幾乎只存在於多情的幻想中，連戰時的越南似乎也很遙遠。那個國家曾讓革命家切．格瓦拉（Che Guevara）說出這樣的話，「如果地表綻放出兩個、三個、很多個越南，未來將顯得多麼接近、多麼光明。」[6]他說的是越南反抗美國占領的戰爭，在美洲、非洲和亞洲夢想解放與獨立的人之中所激起的希望。今天，誕生於革命的越南和美國製造記憶，只是要為其僵化的血脈免除罪責。對於像我這樣自認繼承了那一場或兩場革命的人，或是曾受其影響的人而言，我們必須知道如何製造記憶和遺忘記憶，才能以重擊幫助這兩個革命國家恢復心跳。這正是本書要做、或希望能做到的事。

① 譯註：越戰期間有「關懷越南的神職人員與平信徒組織」（Clergy and Laymen Concerned About Vietnam），為宗教界人士所創立的反戰團體。

② 譯註：city upon a hill，此為聖經典故，語出《馬太福音》第五章十四節耶穌登山寶訓中關於鹽和光的隱喻，「你們是世上的光。城立在山上，是不能隱藏的。」用於表示美國為世界典範、自由燈塔之意。

公正的記憶

這是關於戰爭、記憶和身分的一本書。它的起點是一個觀念，即所有戰爭都會打兩次，一次在戰場上，一次在記憶裡。任何一場戰爭都能佐證這個說法，但是對我個人而言，最能用以借代戰爭與記憶問題的是，有些人稱為越南戰爭、有些人稱為美國戰爭的那場衝突。這兩個不同的名稱，指向這場戰爭的身分危機，源自它該如何為人所知道和記憶的問題。戰爭與記憶的並置，在二十世紀的災難後至為常見，數千萬人似乎呼求著要被紀念、被供奉，甚至，若你相信鬼魂，要被安慰。[1]戰爭與記憶的問題，因而首先是關於如何記得無法為自己發言的死者。他們的沉默令人不安，驅使生者——或許沾染著不只一點倖存者的罪惡感——為他們發言。

與這段悲戚的歷史不可分割的，還有更複雜的問題。我們如何記得生者，以及他們在戰時的所作所為？我們如何記得死者，理論上為之付出生命的國家和人民？我們又如何記憶戰爭本身，不論是普遍而言的戰爭，或是形塑了我們的某一場戰爭。這些問題也指出，直到一個國家面對了過去的戰爭，不論有多少缺陷或遺漏，都不可能打新的戰爭。如何記憶戰爭的問題，是國家身分的中心要素，而國家本身幾乎總是建立在暴力征服領土與降伏人民之上。[2]對公民而言，這段血染的過往，籠罩在委婉說詞的花環和輝煌神話的迷霧下。塑造了國家的戰役，在國民的記憶中往往是為了捍衛國家，通常以服務和平、正義、自由或其他崇高想法為名。經此文飾後，過往的戰爭為現在的戰爭提供了正當性，讓國民願意參與戰鬥，或至少是繳納稅金、揮舞國旗、投下選票，並滿足所有確認其身分與國家一體的義務和儀式。

還有另一個身分牽涉在內，那就是戰爭的身分，小說家包柏・夏科奇斯（Bob Shacochis）稱之為「國家靈魂的起源」。[3]每場戰爭都有獨特的身分，一張細細描繪了特徵的面容，國民一望即知。任何一場戰爭若被記起，往往是以一、兩個細節為人記得。因此，第二次世界大戰對許多美國人而言是「良善之戰」（Good War），而在越南的悲劇是一場惡之戰、一個病徵、一場泥沼、一次痛苦的挫敗，需要療癒與復原。我們傾向如記憶個人般記憶戰爭，視之為各自分離而特色鮮明。戰爭成為各自獨立的事件，有明確的時空界線，由開戰與停戰宣告，以及史書、新聞報導與紀念牌上的日期所劃分。然而，所有戰爭都開端不清、終局也不明確，往往接續了前一場戰爭並預示後來的戰爭。這些戰爭往往不只發生在它們因以得名的土地上，也外溢到鄰近國家；形塑它們的則是遠離戰場的戰情室與會議間。戰爭與個人一樣複雜，但是卻以它們的名字為人所記憶，而這些名字就和人名一樣，透露得很少。菲律賓—美國戰爭之名，暗指兩國強弱對稱，然而是美國人占領了菲律賓，引發血洗屠殺。韓國戰爭暗指這是韓國人之間的衝突，但中國與美國也都參與了戰鬥。以越南戰爭而言，是美國人發明了這個名字，將兩個名詞彆扭地銬在一起，透過不斷重複而讓人習以為常。事實上，習以為常到了即使把名稱縮短為越南（經常如此），許多人還是會將之理解為那場戰爭。很多人因而抗議，越南是一個國家，不是一場戰爭。但是早在這樣的呼籲以前，有些越南人（後來贏了戰爭的那一方）已經開始稱那場戰爭為美國戰爭。[4] 儘管如此，如果越南戰爭之名並不理想，因為它誤導了我們對那場戰爭身分的理解，美國戰爭之名會比較好嗎？

這個名字免除了各方越南人也要為這場戰爭負的各種責任，不管是其中的勝利、災難、榮耀，還是罪行。更重要的是，這個名字鼓勵越南人自視為外國侵略的受害者。身為受害者，他們正好患上失憶症，不記得他們對彼此的行徑，和他們如何將戰爭往西擴張到了柬埔寨與寮國，而在戰後，統一的越南又致力於影響、支配、甚至入侵這些國家。[5] 美國戰爭之名，與越南戰爭之名同樣意義模糊。後者如今代表美國的挫敗與恥辱，但是裡面也有美國勝利與否認的成分，因為它限制了戰爭的時空規模。論及空間，兩個名字都抹除了參與這場戰爭的不僅是越南人或美國人的事實。論及時間，有其他美國戰爭在它之前（在菲律賓、太平洋群島和韓國），與它同時（在柬埔寨、寮國與多明尼加共和國），和在它之後（在格瑞納達、巴拿馬、科威特、伊拉克與阿富汗）。這些戰爭是美國在一世紀期間，為了在太平洋、亞洲，乃至後來的中東，即廣義上的東方（Orient）建立支配權的部分行為。[6]這個世紀的首尾由兩個重大年份所涵括。一八九八年，美國奪下古巴、菲律賓、波多黎各和夏威夷，啟動了美國利益的海外擴張，直到在二〇〇一年遭到意料之外的反抗，即九一一事件與後續在中東的衝突。真正的美國戰爭是這一整個美國世紀（American Century），這段擴張時期漫長而不平均，標誌著它的是少數週期性的高強度衝突，許多低強度戰鬥，和永遠準備中的戰爭機器持續的隆隆聲。結果是，「在美國，戰爭時期已經成為普通時期。」[7]

因此，為了該以越南戰爭或美國戰爭為名而爭論，是針對假選項的爭論。兩個名字都各自掩蓋了人命損失、財務代價、資本利得及戰火也延燒到柬埔寨與寮國的事實，這是越南人與美國人都不願承認或記得的。北越透過柬埔寨與寮國運送軍隊和物資，美國為此發動轟炸，兩國也都掀起內戰，在寮國造成約四十萬人死亡，在柬埔寨則在記者威廉・蕭克勞斯（William Shawcross）諷刺地稱為戰爭的「餘興節目」（sideshow）中造成七十萬人死亡。倘若我們將遭到轟炸破壞、政治不穩的柬埔寨，在一九七五至一九七九年間赤柬政權下發生的事，算成戰爭的附筆，那麼死亡人數還要再加上兩百萬人，或說柬埔寨近三分之一人口，雖然有些估計數字指出死者僅有一百七十萬人，即大約四分之一的人口。越南交戰各方的死亡人數接近人口的十分之一，美方的死者則為美國人口約百分之〇・〇三五。[8]

數算一場戰爭的成本與後果時，附筆和餘興節目都該計算在內，而這兩者不論在越南戰爭或美國戰爭之名中都遭到抹除。這兩個名字將損害限制在一九六五至一九七五年間的越南，以及大約三百萬人的死亡。若將柬埔寨與寮國的餘興節目計入，這個數字上升到四百萬左右，若加上附筆，總數則約為六百萬。拒絕接受這場戰爭既有的命名，就是承認這場戰爭正如多數戰爭一樣混亂，無法輕易或整齊的由日期與國界所限縮。不給它一個名字，如我在書中有時只稱之為那場戰爭（the war），能清理出一個以不同方式重新想像與記憶這場戰爭的空間。不給它一個名字，也就是承認每個活過戰爭的人都知道的事：他們的戰爭不需要名字，因為永遠都只會是**那一場**戰爭。作家娜塔麗亞．金茲伯格（Natalia Ginzburg）提到另一場戰爭——她的那一場戰爭時，曾說：「我們永遠不能在這場戰爭後獲得療癒。沒有用的。我們這個民族再也不會感覺安心，再也不會於平靜中思考、計畫，並安排我們的生活。看看我們的家園承受了什麼。看看我們承受了什麼。我們將永不得安心。」[9]

這場戰爭——不諱言，是我的戰爭——甚至不只在兩個名字所指稱的美國和越南間上演。事實上，這兩個國家是分裂的，美國分為支持和反對戰爭的派系，而越南分為南方與北方，以及共產主義和反共產主義的兩方，但這些意識型態立場並非清楚的依照地理劃分。戰爭也有其他國家的參與者，首當其衝的是柬埔寨和寮國的人民，但也有許多南韓人。我要做的是，看見他們如何記憶自己的戰爭，而他們本身又如何被記憶，但這不是要嘗試全面納入和全面召喚回憶，因為我並未針對其他參與者發聲（澳洲人、紐西蘭人、菲律賓人、泰國人、俄國人、北韓人、中國人……）。[10]不過，擴大這個敘事以納入越南和美國以外的人民是我的表態，既指向記得之必要，也指向全面記憶之不可得，因為遺忘是必然，而每本書都需要其邊際。儘管如此，盡可能多記得一些是我的反動，因為許多、或許是絕大多數戰爭回憶，或至少在公眾間流通的戰爭回憶，都欠缺包容性。這些公眾記憶所展現的是，多數時候，國家與人民透過我稱為「記憶己方」（remembering one's own）的倫理運作。這種倫理因國家而異，越南人比美國人更願意記住女性與平民，美國人比越南人更願意記得敵人，而兩方都未展現出記得南越人的任何意願，因為他們散發失敗、憂鬱、苦澀與憤怒的惡味。美國至少讓逃到美國的南越難民有機會講述他們的移民故事，藉此成為美國夢的一份子。[11]越南政府給他們的只有再教育營、新經濟區和從記憶中被抹除的待遇。既然如此，流亡的南越人多數也堅持不忘他們的自己人，亦不值得奇怪了。

對兩個國家和其多元的組成份子，包括戰敗和流亡的越南人，另一種倫理，即記得他者的倫理，是個例外，不是通則。這種記憶他者的倫理，讓記得自己人的傳統倫理改頭換面。它將誰在自己這一邊的定義加以擴大，以涵括更多他者，消除了接近而親愛之人（the near and dear）和遙遠而讓人畏懼者（far and feared）間的區別。這個倫理光譜的兩端，分別是記憶己方和記憶他者。我從這兩端出發，把這場戰爭中登場人物的回憶編織起來，他們有男有女、有老有少、有士兵和平民、多數和少數、贏家與輸家，還有許多無法歸入這些二分法、對立方和類別的人。戰爭牽涉到這麼多人，是因為它與一國多元的本地生活無法分割。將戰爭只想為戰鬥，其主角為士兵，而且在想像中通常為男性，只會阻礙對戰爭身分的理解，讓戰爭機器從中得益。

✢

更具包容性的戰爭記憶，也是努力建立社會學家莫里斯・哈布瓦赫（Maurice Halbwachs）稱為**集體記憶**（collective memory）的結果。集體記憶指的是，因為我們已經從所屬社群繼承而來的記憶而得以存在的個體記憶，也就是說，我們透過他人而記得。[12]批評家詹姆斯・楊格（James Young）以他提出的**收集的記憶**（collected memories）模型修改這種說法，指出不同群體的記憶可以透過令人安心的美國多元主義而匯集起來。[13]學者薩克文・伯科維奇（Sacvan Bercovitch）指出，這些群體及其記憶互相間的任何可能歧異，透過「共識的儀式」（ritual of consensus）所馴化，那正是有如神話的美國之道（American Way）。[14]不論我們談的是集體記憶或收集的記憶，這些模型要可信，都必須將定義它們的群體包含在內，不論那個群體是大是小。因此，戰爭的號召通常伴隨著對公民的要求，要他們只能記得有限的身分認同和對集體的狹隘認定，僅擴及家庭、部落和國族。因此，美國之道的包容性，從定義而言就排除了任何非美國的事物，也正因如此，直到今天，美國對這場戰爭的記憶往往遺忘或模糊了越南人，遑論柬埔寨人和寮國人。反對戰爭的人追求一種更廣泛的人類身分，可包含先前為我們所遺忘的人，希望這樣的開闊性能減少衝突的機會。

想要將更多自己人、甚或更多他者包容在內的渴望，會碰上個人的與政治性的問題，因為個體或集體記憶都無法達到完全包容。全面記憶（total memory）既不可能亦不實際，因為永遠有什麼會被遺忘。儘管我們很努力，還是會遺忘，我們也會因為強大的利益方，往往積極壓抑記憶而遺忘，形成米蘭．昆德拉所稱的「有組織的遺忘之沙漠」（the desert of organized forgetting）。[15]在這片沙漠中，記憶和水一樣重要，因為在權力的鬥爭中，記憶是重大戰略資源。要打仗，必然要能控制記憶，以及和其本質相反的遺忘（看似某種欠缺，實際上是資源）。國家培養記憶亦培養遺忘，若能夠，還會獨占兩者。他們敦促人民記得自己人、遺忘其他人，如此才能打造對戰爭至關重要的民族主義精神，這個自我中心的邏輯也在不同人種、族群和信仰社群中流通。這種記得自己人並遺忘其他人的主流邏輯極為強勢，連被遺忘的人一旦有機會也會遺忘他人。這場戰爭中輸家的故事顯示，在關於記憶的衝突中，沒有一個人在遺忘之事上是無辜的。

強勢與弱勢者爭奪記憶與遺忘的戰略資源時，鬥爭雖有時狂熱，甚至暴力，但更常是低強度的衝突，在其中，國家與其支持者使用的鬥爭手段，傳統與非傳統皆有。當權者控制政府、軍隊、警察，以及掌握監控機制與反叛亂手段的國家安全機器。這些當權者——政客、少數統治階級、企業與知識菁英——也直接或間接地影響多數媒體。他們對學者、大專院校、評論者、智庫與教育機器擁有龐大的說服力量。一般而言，這些當權者牢牢掌握戰爭機器，讓機器運轉的二元碼就是記憶己方的倫理，將世界劃分為我們與他們、善與惡的對立，便於建立同盟、瞄準敵人。另一方面，儀式、遊行、演講、紀念碑、陳腔濫調與「真實戰爭故事」，不斷召喚著公民去記憶國家的英雄與死者，而若公民也能遺忘敵方與他們的死者，這件事就更容易了。

反抗戰爭的人強調另一種記憶他者的倫理。他們認為應該記住敵人與受害者、弱小與被遺忘者、邊緣與少數族群、女性和兒童、環境與動物、遙遠與遭妖魔化的，這些人全都在戰爭中受苦，多數更往往在國家主義式的戰爭記憶中被遺忘。在國家內部與國家之間，為了戰爭的意義和正當化戰爭的理由而起的鬥爭中，抗拒戰爭並記憶他者的人，不是為了一國而鬥爭，而是為了想像。在想像中可以出現新的身分，在國家身分與國家賦予戰爭的身分之外成為不同選擇。然而，儘管記憶他者在某些人看來值得欽佩，這種記憶模式也可能帶有危險或欺騙，因為記憶他者可能只是將對自己人的記憶反轉，像一個鏡面，使他者成為善良而正直，我們成為邪惡而有瑕疵的。記憶己方或記憶他者的這些倫理互相競爭，卻都是簡單的記憶倫理模型。我在這本書中尋找並主張的，是一種複雜的記憶倫理和公正的記憶（just memory），盡力記得自己人也記得他者，同時喚起讀者關注記憶的生命週期和其工業化生產，看記憶如何被打造與遺忘、演化與改變。16

✣

藝術對於保存公正記憶的倫理工作格外重要。我在本書中收入的文字、攝影、電影、紀念碑和紀念館，都是記憶和見證的形式，有時是針對私密、家庭、易逝而微小的事物，有時是針對歷史、公眾、恆久而劃時代的事物。我轉向這些藝術作品，因為在官方的備忘錄和演講被人遺忘、歷史書無人聞問，而權勢者歸於塵土之後，藝術仍在。藝術是想像的文物，而想像是人類所擁有最能展現不朽之物，像個集體的石板，記錄著人性與非人性的行為和欲望。權勢者畏懼藝術潛藏的恆久特質和它對記憶的影響，因而試圖輕忽、收編或壓抑藝術。他們往往得遂所願，因為雖然藝術僅偶爾帶著明顯的國家主義和宣傳意圖，卻往往隱含這些特質。本書中，我檢視了光譜上各種關於戰爭和記憶的藝術作品，從為權勢者的價值背書到企圖顛覆這類價值的作品皆有。即使知道許多藝術家與權勢者同謀，我依舊樂觀認為，未來的世紀中，這場戰爭或任何戰爭留給人類的記憶，很可能會是與權勢和戰爭對抗的少數傑出藝術作品（外加一、兩部歷史書）。

記憶與遺忘不僅受到藝術的建構，也可能被企圖捕捉並馴化藝術的產業所商品化。已有一整個記憶產業存在，隨時準備對耽於懷舊的消費者販賣記憶，靠歷史牟利。[17]資本主義可以把任何東西變成商品，包括記憶與失憶。因此，記憶的業餘從業者打造出紀念品與紀念物；懷舊的愛好者穿上古著，重演過往戰役；遊客造訪戰場、歷史遺址和博物館；電視頻道播放紀錄片和娛樂片，畫質清晰但記憶模糊。情感與民族中心主義（ethnocentrism）是記憶產業的要素，將戰爭和經驗轉變為神聖之物，士兵則變成不容輕蔑的記憶象徵，這可見於美國人對打了所謂良善之戰（Good War）的最偉大一代（Greatest Generation）之執迷崇拜。評論者嘲諷記憶產業，視之為社會記憶氾濫的證據，將記憶轉化為可拋棄和遺忘的產品與體驗，卻忽略了當下的困難與未來的可能性。[18]但這種論點誤以為所謂的記憶產業（memory industry）只是徵狀，反映一個更普遍的現象：記憶的工業化（industrialization of memory）。記憶的工業化與戰爭的工業化平行發展，兩者都是資本主義社會的一部分，在其中，記憶的火力與戰爭中實際使用的火力相當，為戰爭的身分進行定義與美化。

因此，與五角大廈在越南打的消耗戰相對應的，是好萊塢的《現代啟示錄》（Apocalypse Now），以及在全球銀幕上重打一次越南戰爭的全面電影宣傳行動。這個行動預示了美國在波斯灣戰爭期間展開「震撼與威懾」（shock and awe）轟炸攻勢時，美國媒體也以不遑多讓的奇觀式報導充斥全球。從《00:30凌晨密令》（Zero Dark Thirty）和《美國狙擊手》（American Sniper）等電影的成功看來，美國在伊拉克與阿富汗的戰爭也已開始受到同樣的宣傳包裝。《凌晨密令》透過中情局探員的眼睛，觀看該局的虐待刑求和獵殺賓拉登行動，鼓勵觀者同理中情局的立場；而《美國狙擊手》的主角則是殺了一百六十名伊拉克士兵，這段經驗不僅透過他的眼睛觀看，也透過他步槍的瞄準鏡所見。無論美國人在螢幕上看到什麼恐怖畫面——斬首、自殺炸彈攻擊、集體處決、難民潮、無人機俯瞰的戰爭場景——並未親臨那些事件現場的觀影者都變得麻木無感，無奈接受，把這些新聞當成一種娛樂形式來看。而這正是理論家居伊・德波（Guy Debord）所說的「奇觀的社會」（society of the spectacle），在這個社會中，所有恐怖都被揭露，而一般公民沒有任何抵抗作為。

若我們將《美國狙擊手》這樣的奇觀式戰爭電影獨立來看，它顯然是記憶產業的一部分，但若將這部電影放入好萊塢來看，再把好萊塢視為軍事工業複合體（military-industrial complex）的一環，就可看見記憶工業（industry of memory）的運作。這個工業的最終目標是複製權勢與不公，並滿足戰爭機器的需求。[19]戰爭與記憶的科技，仰賴同一個軍事工業複合體，它致力於取得所有優勢，對抗現在與未來同樣欲控制記憶和遺忘領域的敵人。但是軍事工業複合體達到這個目的的方式，不是只簡單透過以販賣廉價小物、假期、歷史遺產或娛樂為基礎的記憶產業，或只有這個管道。記憶產業生產媚俗、濫情與奇觀，但記憶工業則將記憶當作戰略資源來利用。認清記憶產業只是記憶工業的一面，讓我們得以看見記憶不只是個體所經驗的影像，而是大量生產的幻想，為我們彼此所共享。記憶不僅是集體的或收集而來的，也是屬於企業和資本主義的。記憶是權力的符號和產物，也為權力服務。再者，就像各個國家與國民的經濟水準不同，他們的記憶也不在同樣的經濟水準上。正如芭比・澤利澤（Barbie Zelizer）所說，「每個人都參與生產記憶，但並非以平等的方式。」[20]這種不平等的徵象之一是，雖然事實上美國輸了戰爭，在越南以外，幾乎全世界的文化戰線上，卻是美國在記憶中贏了戰爭，因為它主宰了電影生產、圖書出版、美術和歷史檔案的建立。

但即使指認出工業化記憶的場域，尚不足以顯示，強國的強大工業如何比弱國的弱小工業獲得更多樂於接受的受眾與消費者。語言本身成為工業化記憶流通的管道，因此英文產品比越南文產品容易近用，至少被翻譯的可能性遠超過越南文，而美國記憶上塗覆的某種酷帥光采，是越南記憶所缺乏的。連韓國人對這場戰爭的記憶——南韓是美國當時最重要的盟友——都在以商品化與搶手度為尚的國際迴路中更為流動自如。越南、寮國與柬埔寨是遠為弱小的國家，結果是它們的記憶至多只在地方和國內流通，並發揮影響。這些弱勢的記憶外銷至國際時，幾乎總是透過傳播有限的藝術管道，或是封閉的海外與流亡社群。這些社群無法擴大傳播他們祖國的記憶，因為當他們在居住國生產記憶時，這些記憶對於社群以外的人，多數是不可見、不可聞而不可解的。因此，拍攝一場戰爭在記憶中上演的續集時，較小國家和其人民相形見絀，因為戰後的鬥爭不僅在他們擁有一些優勢的土地上發生，也在他們有許多劣勢的全世界上演。

✣

這本書關注工業化強權如何剝削記憶，並不只是要在過剩的記憶上添加更多記憶。記憶過剩往往發生在創傷事件之後，而且不是因為過去已被探討太多，而是因為探討太少。公正的記憶意謂我們必須理清過去，否則就將如佛洛伊德所說的，只能落入以行為宣洩（act out）。[21]不過，這點雖然沒錯，卻依然不足。要理清過去，只有偶爾才能純粹仰賴心理治療或個人努力而做到，因為過去的狀況往往超越個人，戰爭就是如此。許多歷史創傷的規模浩大，因此對許多倖存者、見證者和繼承者而言，過去只能透過集體與社群、奮鬥與團結去共同理清。這種眾人一起面對記憶的努力，應該牽涉到同時直面過去與現在，因為是今日的實質不平等協助形塑了記憶的不公。

因此，少了社會、經濟與政治生活其他方面的革命，就不可能有記憶的革命，反之亦然，儘管如此，有些學者主張，若我們記得太多，就會陷入過去的泥沼，無法前進。記得太多，或記得不對的事情，理論上是身分政治的一部分，是由受害感所驅動的負面政治，至少批評者是如此主張。對這些學者而言，身分政治促使人相信，自己是某個受迫害群體的成員，而非獨立個體，這會煽動他們重啟悲苦與憤恨的歷史，從內部分裂一個國家或使其與鄰國產生鴻溝。身分政治會削弱國家身分，理論上會讓我們從真正的政治上分心，也就是關注經濟與階級，金錢與流動性，對人民、國家和民族重要之事的那種政治。[22]但是堅稱我們應該忘掉過去、專注於經濟和階級不平等的人，卻忽視了要解決不平等，不可能少了公正的記憶。[23]這種記憶體認到國家主義是最強大的一種身分政治，全副武裝且亟欲將國家所有的資源收歸戰爭所用，包括記憶與死者。

公正的記憶站在這種身分政治的反面，喚起對弱小者、受壓迫者、異於常人者、敵人與遭遺忘者的記憶。公正的記憶表示，要理清楚過去，只有記憶自己人的倫理並不足夠，而較少見的記憶他者的倫理亦不足夠。兩種倫理途徑都需要，也需要有如何看待遺忘的倫理，因為遺忘是必然的。策略性的遺忘攸關所有個人和群體利益，我們必須遺忘，才能記憶並生存。[24]公正的記憶隨時在嘗試憶起可能被無心或蓄意遺忘的事情，遺忘的原因可能是自我利益，創傷導致的失能，或是被過度記憶其他事物分散了注意力，比如國家軍人的英雄事蹟。過度的記憶並不指向對待過往的公正方式，而是指向對待過往的不公方式，由哲學家保羅・呂格爾（Paul Ricoeur）稱為權勢者「浮濫召喚的記憶」（memory abusively summoned）所定義。[25]

要回應不公而重複的記憶，不是停止回憶已被一再咀嚼的事件，而是重新思考你我如何記憶那個事件，誰控制了記憶工業，又是誰在濫用記憶。對公正記憶的追求，為如何因應過度記憶的問題指出兩種方式。消極的途徑是體認時間和生命的有限就是解方，因為見證者必然逝去。他們固化的記憶化為一抔塵土，實現了尼采所宣告的「少了遺忘，根本不可能**活著**」[26]。另一個實現他主張的途徑是積極的，是努力以有倫理的方式去記憶觀點衝突的事件。運用想像力的行動，創造關於記憶的作品，以及整個藝術領域都對這種公正的記憶至關重要，但是公正的記憶永不可能僅透過這些而實現。少了權力，藝術與倫理工作永不足以帶來改變。只有在弱小、貧窮、邊緣、有別於常人、被妖魔化的人或他們的倡議者可以影響、甚或控制記憶工業時，公正的記憶才有可能。要爭取呂格爾稱為**明智的遺忘**（enlightened forgetting）以通往和解與原諒，唯一的途徑是透過有倫理的記憶，同時記得自己人和他者。[27]

這種倫理的實踐必然會導致對身分的質疑，因為如果記憶己方會確認有關身分的各種深植想法，記憶他者則會挑戰這些想法。針對戰爭所進行的公正記憶工作，因而也挑戰了戰爭的身分。如果我們不再接受當權者定義的敵人身分，可能也很難接受同樣由當權者定義的戰爭身分。在記憶己方與記憶他者之間遊走，並不代表互相競爭的記憶可以獲得化解，它代表的只是，若僅接受一種有倫理的記憶方式，卻為此排除了另一種，永遠都將有所不足。儘管如此，即使是兩種倫理途徑都採用了的公正記憶，也不必然會讓我們自我感覺比較好，或是能與我們自己的行為、疏漏或敵人和解。公正的記憶也許可通往對過往恐怖與衝突的明智遺忘，但也可能通往一種悲慘的自覺，即在我們自己內心和我們親近之人的內心，有著無可化解之事。論及戰爭，有倫理的記憶闡明了戰爭既不源自異域，打仗的也不是怪物。戰爭生長自親近的土壤，由朋友和鄰人所滋養，打仗的是我們的兒子、女兒、妻子、父親。我們對戰爭身分的模稜兩可，只是表達了對自身身分的模稜兩可，而我們的集體身分又與國家打過的戰爭無可分離。這些戰爭讓我們付出代價、從中得利，也受到創傷。戰爭裡的任何高貴與英勇也存在於我們身上，而戰爭裡的任何邪惡與恐怖，也可以在我們身上找到。

論及戰爭，記憶與失憶的基本辯證，因而不僅關乎記得或遺忘特定的事件和人群。反之，在更根本的層面上，記憶與失憶的基本辯證是關於記得我們的人性，和遺忘我們的非人性，同時卻相反地記得他者的非人性，並遺忘他們的人性。公正的記憶所要求的，是倫理記憶的辯證中的最後一個步驟——不只是游移在記憶己方的倫理和記憶他者的倫理之間，而是轉向一種肯認的倫理（an ethics of recognition），看見並記得非人性如何存在於人類身上。任何人文類計畫，比如這本書，因此也都應該是關於非人性的計畫，探討文明如何建立在被遺忘了的對他者的野蠻行徑之上，而黑暗之心又如何在人性中搏動著。這也就難怪對波赫士（Jorge Luis Borges）而言，記憶是一個**鬼魅般的動詞**（ghostly verb）。[28]記憶不僅被鬼魅般的他者糾纏，也被我們所犯下、見證和縱容的恐怖，或是我們從中得利的不可言說之事所糾纏。過往令人不安的重量，在我們談論戰爭和回憶戰爭的有限能力時，格外明顯。戰爭被鬼魅糾纏也糾纏著我們，既屬於人性又是非人性的，一直存在於我們身邊和內心，不可能遺忘，要記憶卻又艱難。

PART 01

ETHICS

／

倫理

On Remembering One's Own ／ On Remembering Others ／ On the Inhumanities

論記憶己方／論記憶他者／論非人性

1 論記憶己方

沿著越南公路駛出一段相當距離後，倘若你留心，可能會注意到鄰接道路的墓地。每片墓地都有一個標誌物，可能是方尖碑、紀念塔，抑或是多以三位英雄為主題，有時也包括一名女英雄的雕塑，全都是從遠方可見的高度。駛近點後會看到一個石碑，上面銘刻著亡者的姓名。每座城鎮與鄉村，都有自己的一片大墓地，獻給在二十世紀國家統一解放戰爭中死去的烈士。這種墓地美國也有，若我在公路和大街上開車尋找也能看到，並因此以為美國無時或忘它為國捐軀的戰士。在越南的情況似乎就是這樣，但也可能只是因為我賦予自己尋找這些死者之城的任務，乘著摩托車、公車、火車與私人轎車四處行旅搜尋。這些墓園影響地景的方式在美國是不可能的，因為即使這個國家比加州小、比新墨西哥州大，卻死了一百多萬人，這還只算為打贏那一方作戰的人。死去的勝利者住在每一個鄉里，他們的安息處是這個國家記憶自己人的倫理最顯眼且深沉的提醒。

這些墳場中，最壯觀的是長山烈士陵園（Truong Son Martyrs Cemetery）。我把它想成死者的都城，這裡埋葬了逾五萬人，幾乎和華盛頓特區越南退伍軍人紀念碑（Vietnam Veterans Memorial）所緬懷的美方死亡人數一樣多。烈士陵園位於廣治（Quang Tri）省的東河（Dong Ha）市外，市內最顯眼之物是一尊巨大的黎筍（Le Duan）白色雕像，他在胡志明的健康與影響力均衰退之際成為共產黨領袖。高約五十公尺的雕像聳立在市中心的遊行廣場旁，正如在北邊城市榮市（Vinh），也有一尊出生地就在附近的胡志明類似雕像。這些雕像也許會引發當地人的敬畏，這似乎也是它們的目的。但是對我及其他外來者而言，這些浮誇的雕像卻似乎徹底悖離了共產黨的理念，因而顯得荒謬。但是在講求民主與人人平等的另一塊土地上，也有一尊巨大的林肯雕像，坐在寶座上，眼神凝視著華盛頓紀念碑白色而仿如陽具的高塔。不論意識型態為何，人性似乎對高大的英雄與紀念碑有某種需求，正如我們也需要較為貼近地面認同大眾的紀念物。在黎筍的誕生地，同時也是見證了慘烈轟炸與戰事的廣治省，便能看到那些較為民主的紀念物。這些紀念物以墓地的形式展現，埋葬的數萬戰爭亡魂在死後和生前一樣排列整齊。他們曾經昂然挺立，如今仰躺在地。

廣治，曾是劃分南北越的非軍事區所在地。附近就是傳奇的長山路（Truong Son Road），亦即美國人與世界多數其他人口中的胡志明小徑（Ho Chi Minh Trail）。這片土地記得戰爭，且緊抱不放。戰爭的殘餘炸裂物，那些未如預期引爆的炸彈、砲彈和地雷，鑲嵌在泥土裡。這些沉寂而致命之物有時會啟動，繼續實現它們的命運，自從正式終戰後已奪去超過七千名廣治省居民的性命，造成更多人肢體殘缺。這些意外的死者沒有任何紀念碑，唯以失去肢體的廣治居民身上的義肢為標記。在乾淨有效率的實驗室裡，外國單位訓練當地技師製作這些人工手臂和腿。我的旅伴是名專業攝影師，他嘗試拍攝這些義肢，但是找不到滿意的角度。每場戰爭都有一些人性代價難以用任何方式框架得較易接受，那些截肢的、失明的、憂鬱的、尋死的、瘋狂的、無業的、無家的，那些副作用和延遲效應，以它們的存在延續著戰爭的記憶，儘管多數人民寧願遺忘，或最多以有限的方式記得。[1]

死者之城滿足了將記憶隔離在一定時空之內的渴望，因為埋葬死者就是埋葬會傳染的記憶。正如馬克．歐傑（Marc Augé）提到諾曼第戰爭公墓時所說：「沒有人能說這整理妥當的美麗不動人，但它激起的情感源自形式的和諧，」而這「無法讓人回想起激烈的戰役，或士兵的恐懼，喚不起任何一點什麼，以真正復原埋葬在此的士兵真實活過的往昔」[2]。美麗靜謐的戰爭公墓掩蔽了為許多照片所記錄的確然事實，即這些亡者是成堆的死去，是碎裂的、層疊的、成塊的，肢體彎折成不可思議的角度，在奪去他們生命的人造力量高速衝擊下，泥濘的衣服有時被猛然扯離了他們的身體。他們的墓碑成了米蘭．昆德拉說的「憂鬱的遺忘之花」。[3]在陣亡將士紀念日或私密的週年日，家族聚集在死時往往年方少年或二十出頭的死者墓碑前。但是在一年的其餘日子裡，會注意死者的只有墓地管理員，他們工作時，牛隻在墳間漫步。

白晝之下，死者的都城氛圍祥和而崇敬，免除了生者之城的人潮與喧囂。氣氛嚴肅卻不慘淡，紅頂而屋簷華美的寺廟幽靜，墳墓照料妥善而整齊。都城的許多特色在較小的死者之城也可見到，其中最重要的是河內的枚驛烈士墓園（Mai Dich Martyrs Cemetery），是專供共產黨英雄長眠之處。門牆後方，十九名顯赫之人安息在一條菁英大道上，黑色大理石墳墓沿著這尊貴的地段分布，裡面葬的都是像黎筍這樣的人物，如黨的桂冠詩人素友（To Huu），和因為商定巴黎和平協議而與亨利．季辛吉同獲諾貝爾和平獎的黎德壽（Le Duc Tho，季辛吉接受了獎項，但黎德壽拒絕接受，因為一九七三年其時並無和平可言）。大道通往修剪整齊的墓園中心，那裡立著一座方尖碑，上面銘刻To Quoc Ghi Cong，意思是祖國銘記你的犧牲。這口號刻在所有死者安住的地方。共產黨從他們的骨髓中汲取活力，但多數骸骨存在於遠不如枚驛堂皇的墓地裡。[4]在這些屬於普羅大眾的埋葬地，許多墓碑上標記著Vo Danh——無名無姓，沒人知曉。多數死者都死在離家很遠的地方，雖然他們並未遭到不敬對待，但存在的處境往往簡陋，親戚離得太遠而造訪不易，自認被這些烈士征服的當地人則斜眼以對。埋葬這些死者的省立公墓往往塵土滿布、無人照料、墓草枯萎，墳塚排列在光禿禿的土地上，墓碑和牌位上的名字皆已淡去。

這些墓地中，大量的死者和冰冷的事實一樣了無生氣的躺著，若不計入戰敗者與旁觀者所抱持的不同事實，死者有一百萬。這些事實不是記憶，而是由記憶的機制詮釋、復生而置入到故事中，這些故事又為了符合生者的利益不時改變。「記憶會消逝，」作家瓊・蒂蒂安（Joan Didion）說，「記憶會調整，記憶會符合我們以為自己所記得的。」[5]記憶可變又易於形塑，需要一種倫理感，導引我們以恰當的方式回憶。也許這種對導引的需求在記憶死者時分外急迫，因為他們可能為了我們或我們所屬的群體而死，或者可能是我們或他人以我們之名所殺的。這種恰當記憶死者的需求，延伸到所有我們因為血脈、從屬團體、身分、社群、同情與共感而視為親緣者。這些就是和我們靠近與親愛之人，如哲學家阿維賽・馬格利特（Avishai Margalit）所說，我們對他們自然感到有所連結，因為他們透過家庭、朋友和同胞這些馬格利特所稱的「厚」關係（thick relations），而屬於我們。[6]

正是這種自然的親近感，讓記憶己方的倫理擁有那麼強大的力量，得以汲用我們的情感，激發從溫暖感動到怒火中燒的種種感受。涉及這種倫理時我們完全投入，情感深刻而反應快速，不論談的是私人領域裡的愛情，還是公共領域中的愛國情操。由於這些倫理源自我們視為自然而然的關係，它們往往引發對我們記憶之人毫不質疑的忠誠，至少以針對英雄的這類倫理而言是如此。論及戰爭，我們記憶中的己方往往高貴、正直、受盡苦難和犧牲。有關這些英雄的難堪問題想都不可想，或者會逐漸淡化，除非情況迫使我們面對。當我們終於承認己方犯下了有違法律和道德的行為，我們有時會免除這些行為和其行動者的過錯，將事情歸咎於情有可原的狀況，例如作戰的壓力。在最嚴重的情況下，我們會將這些行為視為正當回應，是因是敵人先有了不道德的作為。即使如此，我們仍持續認同己方的人性，要求把他們當作擁有複雜情感、經歷和觀點的人，予以了解和同理。敵人那一方的人，或至少是對我們不友善或陌生的人，則缺乏那些複雜性。挪用小說家佛斯特（E. M. Forster）的用語，在我們的感知中，他們是「扁平」（flat）人物。[7]我們自己人通常是立體的「圓形」（round）人物，可從各個角度觀察，有血有肉，有情感和歷史。我們與他們感同身受。

這類英雄倫理以圓形人物為主，唯一的例外是自己人也可以是扁平人物，只要形象正面即可。畢竟，論扁平，沒什麼比得上墓園中的死者，他們被召集起來，在非他們所寫的敘事中成為登場人物。他們依然服從將軍和政客，這些人持續為他們代言，訴說著祖國銘記犧牲戰士的故事。這一則哀傷但最終取得勝利的越南故事，是典型記憶自己人的倫理，統合了墓園與紀念戰爭的建築、碑塔和博物館，在這些地方，死者和生者都顯得既圓形又扁平。[8]當代越南敘事和記憶中最偉大也最扁平的人物就是「胡伯伯」（Uncle Ho）。歷史上的胡志明，是個圓形而複雜的人物，但是在生活與傳記中的虛構人物胡伯伯是扁平的，這個形象無所不在，最顯眼的出現在越南紙幣上。[9]這個胡伯伯純潔、真誠、具犧牲精神，體現了痛苦而輝煌的革命時期所有的理想。這個人物如此吸引人，以致連戰敗方都有人甘於稱他為伯伯。雄辯滔滔而巍然聳立的英雄胡伯伯證明了佛斯特的主張，亦即從美學而言，扁平人物不見得比圓形人物遜色。扁平與圓形人物只是滿足不同目的。扁平化的胡伯伯是革命必須記得的那個人，他的形象與圖像持續鼓勵人民接受以英雄版本記憶己方的倫理，在這個倫理中，他們的身分與黨、政府和國家合而為一。

在越南，扁平的英雄人物很常見，甚至是時興的。他們出現在遍布越南、敦促人民為國家敦品勵行的看板上。這些看板的風格源自戰時的宣傳海報，海報上，相貌堂堂的革命英雄面露微笑，健壯而威武，鼓勵人民團結戰鬥。扁平人物也在博物館中占大宗，從河內美術館到西貢的戰爭遺跡博物館皆如此，裡面呈現的故事相似到讓人麻木。在越南各個博物館訴說的相同敘事中，外國入侵者（法國人與後來的美國人）占領越南，以恐怖的手段對待人民。共產黨革命家付出極大的個人代價動員並組織人民。在胡伯伯的引導下，共產黨帶領人民贏得勝利。戰後，雖然胡伯伯已經不在，但共產黨在其慈愛的眼神下，從全面戰爭轉向集體產業，打造國家日益繁榮的經濟。河內簡陋的革命博物館呈現了整個國家的故事，開端是殖民者暴行和傳奇革命人物的黑白紀實照，結尾是經濟勝利的展現，但卻在無意間給人少得可憐的感覺：玻璃櫥窗後陳列著紡織品、縫紉機和電鍋。

越南中部的美萊村（My Lai）屠殺紀念館則呈現較小規模的故事，專注在五百人遭到美軍屠殺——有些人被強暴——的單一慘劇上。這個故事的後續發展與全國共同的敘事一樣，革命勝利，最後將戰爭蹂躪的村落和省分轉變成有著蒼翠田園、新建橋梁、生氣盎然的學校和可愛人民之地。妝點這些博物館的照片裡雖然是真實的人，但是照片下方的圖說卻把他們壓成扁平。在美萊村屠殺紀念館的展示中，羅納德．黑柏勒（Ronald Haeberle）最著名的照片下面這樣寫著，「木棉樹下，村中婦孺遭美軍謀殺前的生命最後一刻。」不論這些平民與士兵複雜的生命與歷史為何，在為革命和黨提供正當性的劇本中，他們在圖說中只以受害者與惡徒存在。圖說做為一種文類，呼應了口號這一文類，不論是「追隨胡伯伯的光輝典範」，還是「獨立與自由最珍貴」。這類口號代表了共產黨典型的自我敘事，也是現今越南國家與民族官方敘事。

在這些圖說、口號與官方紀念外，還是有圓形人物存在，他們也是記憶己方的倫理一部分。他們行走呼吸在少數藝術作品中，這些作品偏離主流故事，但仍然來到了讀者與觀賞者面前。其中之一是保寧（Bao Ninh）的《戰爭悲歌》（*The Sorrow of War*），這是部劃時代的小說，它首度表現出解放祖國的高貴戰爭對於戰鬥的士兵而言往往恐怖無比。小說的開端是戰爭結束後的幾個月，有一支隊伍在「呼號靈魂叢林」（Jungle of Screaming Souls）中尋找失蹤者和死者。小說主角是名為建（Kien）的士兵，他能聽到死者的聲音。建曾經是充滿理想的志願兵，如今成了屍體的收集者，「被戰爭壓垮了。」[10]身為全排唯一的倖存者，他鮮明的記得自己殺過的男男女女和他死去的同袍。儘管如此，若非戰後年間幻滅感如壞疽擴散，他本來或許還能承受那些恐怖。「要這種和平做什麼？」載運死者的卡車司機這麼問，而建就睡在屍體之間。「人們脫下面具，顯露出真實而恐怖的面目。流了這麼多血，犧牲了這麼多生命——為了什麼？」[11]這是幻滅的士兵普世共通的提問。

為了從死亡與幻滅和被死者環繞中找到意義，建成為作家。他一心想為過去套上劇情，「但他的筆一再違抗他。每一頁都讓一個個死亡故事復活，逐漸地，故事打轉迴旋到戰爭的原始叢林深處，默默地重燃起他戰爭記憶的恐怖火爐。」[12]影像如一陣陣風般從這個火爐迴旋而出，直到在小說近尾聲處塵埃落定，留下兩個創傷記憶給他。[13]第一個是女嚮導花

（Hoa）的命運，她帶領他和同袍朝安全的柬埔寨前進。美國部隊追獵他們時，花留下來當誘餌，殺死了美軍的追蹤犬。擒獲她以後，美國的黑人與白人士兵輪暴了她。建從遠方觀看，不敢救她。記起這恐怖的一幕，引發建想起在那之前的另一幕。在較早的事件中，還是青少年的建出發打仗，美麗的女友芳（Phuong）陪他搭上火車。儘管她一再示意，他卻愛她到無法與她做愛。這種純潔不是力量，而是軟弱的徵象，至少，以他對自己男性氣概的感知而言是如此。當其他士兵想要輪暴芳而他無能保護她時，他的軟弱就在火車上暴露出來。多年後，「他突然想起他認為他在貨車上所目睹，而至今可能仍在那裡發生的事情。他記得那是他的第一個戰爭傷口……從芳被殘暴地從他身邊奪走的那一刻起，流血真正開始，而他的生命也進入血淋淋的受苦和挫敗。」[14]

要拯救芳免於受到強暴已經太遲，他也太膽怯，於是少年建第一次殺了人，對象是打算接著強暴芳的水手。他逐漸成為熟練的殺手，但儘管有了致命的能力，他還是不會拯救花，也無法拯救芳免於「可能仍在那裡發生的事情」，免於被與建同樣受到殺人衝動驅使的男性強暴。若說他臣服於殺人的衝動，而那些其他男人臣服於強暴的衝動，那極端的情慾與殺人的欲望可說沒有分別。強暴是隱形的創傷，它在小說高潮處被揭露出來，摧毀了虛構的男性敘事，即戰爭是士兵的冒險和男人的經驗。或者發生在別處的戰爭可以從此處的、家庭的世界分開。「你看不到嗎？」芳遭到強暴後哭喊。「這不是傷口！沒辦法包紮！」[15]小說尾聲令人不安的性侵犯景象，焚化了小說稍早的溫柔語言，建想著「一個士兵內心對戰爭的悲傷，奇異地與愛的悲傷相似。那是一種愁緒，像黃昏時的世界那樣遼闊的悲傷。那是一種悲傷、一種想念、一種痛楚，能使人飛回過去」[16]。小說追溯這段回到過去的旅程，在那裡，戰爭與輕如薄紙的抽象愛情，被用以餵養記憶炙熱的火爐，灰燼揭示的是使人飄然的愛情、純潔與愛國主義理想，如何沉淪為強暴、屠殺與創傷。

但是，在這些讓人難忘的小說中出現的圓形人物，與國家公墓、博物館和宣傳品中出現的扁平人物，關係為何？雖然自己那方的圓形人物有時是反英雄，而扁平人物通常是英雄，但兩者都動用了記憶己方的倫理。無論我們記憶的是聖人或凡人，記憶己方的倫理力量總是強化了家庭、國家、宗教或種族的共同身分。在記憶己方的倫理中，記得自己那一方的人，即使他們犯下駭人的惡行，還是勝過完全忽略他們。沒有什麼比遭到忽視、抹除或消失更糟的事，這是任何戰爭或衝突的輸家都可以證實的。在記憶的戰爭中，只是被記得和能夠記得就是一場勝利，即使一個人或他的同胞顯得受盡困擾和折磨，甚至仿如惡魔。這類倫理的反英雄版本存在於明暗對照的朦朧世界之中，一半被照亮，一半隱沒在黑暗裡。既然如此，到故事最後，敘事者建從居住的公寓消失，遁入陰影中，只留下他的手稿，也就不足為奇了。小說最後的話語出自發現他手稿的不知名人物，記錄了這名戰士和作家為什麼必須消失，「我羨慕他的靈感、羨慕他回首關注那段痛苦但光輝日子的樂觀。那是大家還在乎什麼的日子，知道自己為何而活、為何而戰，也知道為什麼我們必須受苦犧牲。在那些日子，我們都還年輕，非常純潔，也非常真誠。」[17]戰爭與共產黨也許在小說的頁面裡受到譴責，但是犧牲自己的年輕人和純粹的愛國者沒有。建是過去的理想主義者，也是當下的憤世嫉俗者，他並不適合生活在只談論戰爭耀眼光輝的戰後社會。他與不分男女的許多戰爭倖存者一樣，都生存在憂鬱、失落和悲傷的昏暗邊緣裡。

✢

即使並不足夠，至少這些革命老兵仍以某種方式為他們的國家所記憶。相對的，打輸那方的戰士則不被記得。要找到他們，只需從長山烈士陵園沿著1A公路繼續往南行駛。這條公路是越南的主要幹道，兩線道路上壅塞、嘈雜而車流緩慢，沿著海岸與內陸低地綿延。這條縱貫越南的路線最後抵達胡志明市的郊區；也有許多人為了反動或念舊的原因，或純粹因比較悅耳，依然稱此地為西貢（這個名字本身也反映記憶與遺忘，由越南人在偉大的「南進」中征服這座城市後加以命名。在越南人的記憶裡，這段歷史是國族建構中的功績，而非血腥的帝國主義）。過了西貢邊緣，天空總是為煙霧籠罩的工業區，你會看到公路沿邊有座宏偉的烈士墓園。一座高聳的母親雕像哀悼著這些烈士，眼光越過公路凝望。她看到的地景上是擁擠的工廠、看板和路邊住宅，並無特出之處，除非你知道那裡曾經有過什麼。多年前，在戰爭期間而勝利者還未建起烈士墓園前，公路對面曾有另一座雕像，那是名越南共和國陸軍士兵，他坐在石頭上，從僅有六公尺高處凝望著公路，若有所思。[18]其後方是廣大的南方軍隊國家公墓。

這名哀悼的士兵當時眺望的地貌荒蕪且少有人居，他後方的墓園與寶塔從公路上就可看到。記者麥可．赫爾（Michael Herr）曾經寫過這段時期和這個地方：

> 有一個紀念越戰陣亡者的地方，是這個國家少數僅存的優雅之物。這是一座簡樸的寶塔，聳立在道路旁，可由一道緩升的階梯抵達。某個星期天，我看到一群工程師騎著他們的哈雷重機沿級而上，在午後的陽光下大笑大叫。越南人對這種人有一個特別的名字，將他們與其他美國人區分開來，翻譯過來大概是「惡劣的人」（The Terrible Ones）。不過，有人告訴我，這翻譯與原文中帶有的憎惡差得遠了。[19]

三十多年後，地貌已經改變，但是對公墓的破壞沒有改變。以「哀悼的士兵」為人所知的雕像已經消失，這是戰爭結束或政權垮台後常有的事。墓園本身沒有任何標記，從公路上是看不到的。沿公路的某條支線行駛個一百公尺後，才終於看見墓園入口，這個紀念牌樓上長滿綠色植物，褪色門柱上的字跡宣告著犧牲與奮鬥的必要。午休的工人坐在布滿垃圾的階

梯上抽菸。階梯頂端，有張吊床懸掛在一根柱子和寶塔褪色的藍色門框間，一名工人躺在上面打盹兒，寶塔的白牆成了一句句塗鴉文字的頁面。寶塔內空蕩蕩的，只有一個簡陋的神龕擺在木桌上，桌上以瓶花和香爐妝點。我第一次造訪時，房內一角有因燒東西而留下的焦痕，可能是某個冷夜裡升起的火堆，或是燒給死者的紙紮。沒有其他東西可看。

墓園位於往西再幾百公尺處。沒有路標指示前往墓園的路徑。我抵達時發現墓園因午休而關閉，有欄杆的門已經拉起，辦公室空無一人，也看不出何時會有人回來。我在熱天裡大老遠來到這裡，心中不耐，而且我這輩子從越南人身上學到的教訓是，不要讓任何事阻擋我們。我從大門底下爬進去。眼前的墓園，是公路對面頌揚勝利者的那座墓園見不得人的表親，醜陋而破敗。這裡也有一排排幾乎與地面同高的墳墓，但是它們躺在蔓草綠原和遮蔭樹林間，乏人關愛，未經油漆，無人照料。墓園中心有座未完成的灰色紀念方尖碑，看起來像座工廠煙囪。多數墳墓只是乏人照料的石板或墓碑，但有少數幾座近日重新整建過。這些墳墓以花崗岩和大理石為材，看來經過清掃乾淨，也新放了墓主的照片。遭破壞的墳墓遠多過重建的。

在遭破壞的墳墓，有人毀損了死者的照片，把眼睛和臉部挖除。我無暇數算被抹除了面容的死者。我擔心自己非法闖入會惹麻煩而回到門口時，工作人員已經回來了。我的出現讓穿著涼鞋和短袖襯衫的幾名員工有些困惑，他們在名簿裡登記了我的護照資料。次年，我再度造訪時，一道厚實的藍色金屬滾動門取代了下方有空隙的欄杆門。這次我無法從下面鑽過去了。門旁裝了嶄新的招牌，宣告這裡是平安人民公墓（People's Cemetery of Binh An），與戰時的名稱不同，那時的名稱是越南共和國陸軍國家公墓。我再度出示護照，而這一次我在墳間漫步時，有名員工騎著篤篤響的摩托車尾隨。

頹毀的墓碑和乏人照料的墓園，引發了我有時在舊日圖書館裡會有的感受，在碰到書本裡還有借書卡，記錄著書本在數十年前與讀者最後相遇的時候。被遺忘的人與被遺忘的書散發同樣的憂鬱，因為書同樣會經歷生與死。保寧描寫建的小說有自主性，「似乎自有邏輯和文氣。從那時起，它似乎自我建構、自我掌控時間、自行迂迴繞路。」[20]在《戰爭悲歌》與

卐
TRUNG ÚY
LÊ.MINH.CHÂU
18SD5

邊和的這座墓園中，讓憂鬱得以緩解的是書本與死者同樣以自己的方式活著的感覺。「至於建，他只是寫的人，主導一切的似乎是小說，而他軟弱的接受了這一點。」[21]小說家消失後，他的書依然存在。在墓園的情況中，死者太危險了，必須加以看守，但是要剷平他們也同樣危險，至少不可能完全剷平。他們仍是珍貴的資源，因為國家有天可能會利用他們與戰敗的流亡者和解。

✢

流亡者也要在記憶裡占一個位置。他們已經擬定了翻新這座墓園的計畫，並將之展示在唯一一座紀念他們經驗的博物館中：船民與越南共和國博物館（Museum of the Boat People and the Republic of Vietnam）。它位在加州聖荷西的歷史公園，聖荷西是我長大的城市，更是越南以外第二大越南社區的所在地。這座博物館也稱為越南人博物館（Viet Museum），位在一棟兩層樓的維多利亞時期小屋內，在別人的家裡塞滿了業餘的展覽和歷史的遺物，是流亡記憶的貼切隱喻。它的開放時間很不固定，前兩次造訪時都碰上大門深鎖。我透過窗戶窺入，看到穿著共和國軍制服的人偶，還有一個比真人略大的南越士兵銅像，都位在昔日的客廳裡。我第三度嘗試造訪時，博物館開門了，由一對夫妻管理經營。幾個展間裡，圖說和展覽說明傳達的氣氛是悲傷的記憶，哀悼著死亡的士兵、被遺忘的英雄及我認為應該被稱為海洋難民（oceanic refugees）的人，相對於西方媒體所稱的船民（boat people），這個稱呼為其經歷的折磨和展現的英勇賦予了一點高貴性。士兵並不以戰鬥姿態呈現，而是跪在一名同袍的墓前，近處還有一個國家墓園的立體模型，呈現出若勝利的那方允許，這片墓園得以維護良好而綠意盎然的樣貌。直到和解的那一刻，政府與黨將持續將流亡者和他們的死者排除在記憶外，因為記憶己方的倫理，有一部分就是對他者的排除與遺忘。

但是這種遺忘也會使人記得（有時可說是被記憶糾纏）。若遺忘並非意外，而是刻意、策略性，甚至惡意為之，易言之就是去記憶（disremembering）的時候，尤其如此。因此，在任何戰爭或衝突的餘波中，被擊敗與去記憶的一方，必然會尋求記憶自己，但不是以他者的身分。於是，源自這個國家與這場戰爭的難民，知道自己的母國已經抹除或壓抑了他們的存在，因而投入了記憶自己人的倫理。這些戰敗者最偉大的集體記憶之作，不是一座博物館、紀念碑或虛構作品，而是海外社群所形成的列島，其中最大也最著名的是加州橘郡的小西貢（Little Saigon）。小西貢與世界各地的類似社區，是學者凱琳・阿圭勒－聖璜（Karin Aguilar-San Juan）所稱的「策略性的記憶計畫」（strategic memory projects）。[22]小西貢的居民視之為「以越南文表現的美國夢」的體現，在這裡資本主義和自由選擇稱王。[23]小西貢的博薩大道（Bolsa Avenue）是離散海外的難民社群中最有名的大道，它的八線道比越南的１Ａ高速公路還寬敞，人行道比母國的任何一條都好走，餐廳更潔淨，提供的家鄉菜往往比在家鄉的還美味。戰後十年、也許二十年期間，母國在集體經濟政策、飆升的通貨膨脹、必需品配給制，以及自「美國抗越戰爭」延續而來的美國禁運之下受苦時，小西貢的購物中心相較下更為華麗，娛樂產業更有活力。[24]小西貢代表資本主義的勝利，也是對共產主義的反詰，以這種方式成為了南越政府和美國顧問團曾經熱望的戰略村（strategic hamlet）最極致的樣貌，只是明顯已經太遲了。

當初的戰略村計畫，是為了說服農民他們的最佳利益與南越政府和美國人相連，並迫使農民遷入有防禦工事的營地，將游擊隊孤立起來，無法獲得農民支持。實際上，游擊隊員滲透了這些村落，居民則往往因為政府強迫他們遷離原本的農田與祖居而心懷怨恨。這些戰略村是簡陋而笨拙的工具，但小西貢則是美國資本主義與民主制度運作良好的軟實力展現。倘若對許多特權人士而言，胡志明市如今住起來比小西貢舒服，那是因為共產黨採用了小西貢的資本主義措施和消費者意識型態。做為戰略村，多年間小西貢召喚著祖國的人民前來美國，不管是以海洋難民、美亞混血者、再教育營倖存者、透過移民政策重聚的家人，還是公民配偶的身分來到。這些人都在祖國共產黨統治下被邊緣化或受到懲罰，因而選擇出逃或移民到一塊許諾財富與包容的土地。但小西貢並不只是占據實體空間的戰略村。它也占據記憶空間，因為，在與美國約定的不成文條件下，少數族群聚集愈多財富，買下愈多房產，所累積的實力就更雄厚、能見度更高，也更會被其他美國人正面肯定和記得。歸屬感可以取代對故土的眷戀；成為新國家的一員，可以為不被記憶提供彌補。要成為美國政治體的成員，不僅可透過經濟成功，亦可透過贏取自我呈現的政治與文化權利，這是流亡者和難民生活在共產主義下時被剝奪的。記憶和自我呈現因而不可分離，因為能呈現自己的人也在告訴你：記得我們。

在美越南人深知，力量與利益來自數量的集中。因此，就像其他新來者一樣，他們防禦性地集中在族群聚居地、底層郊區和戰略村，這些是美國夢的新興地貌，與美國噩夢中只能待在邊緣上的貧民窟、西班牙語區和保留區明顯不同。聚居地、郊區、村落、貧民窟、西班牙語區和保留區，都是「記憶所繫之處」（lieux de memoire）的例子，而在現代，至少依學者皮耶．諾哈（Pierre Nora）所說，這些記憶所繫之處已經取代了歷史。[25]美國社會透過數世紀的戰爭、剝削、占用和歧視，告訴特定地方的居民不要僭越他們的身分，從而創造了這些記憶所繫之處。這些居民也會告訴自己不要僭越身分。他們了解，如果他們有任何期望能被美國人所記得，就必須先記得自己的身分。對越南難民而言，最重要的紀念日是四月三十日，那是西貢陷落之日，他們稱之為黑色四月（雖然在越南社會中，白色才是哀悼的顏色，但是稱這天為白色四月恐怕會冒犯、或至少是造成美國白人的困惑，而在美越南人通常碰上美國白人都規矩有禮，即使不是殷勤奉承，也至少是客客氣氣。）在黑色四月這一天，數百名越南共和國的老兵會聚集在越南戰爭紀念碑（Vietnam War Monument）周圍。這個紀念碑位於橘郡園林市（Garden Grove）全美大道（All American Way）上的自由公園（Freedom Park）裡。有一個移動式的陳列處用來展示共產黨暴行和衣衫襤褸的船民照片。紀念花圈點綴著對陣亡將士致敬的神龕。當地政治人物和昔日的陸海軍將領會代表致詞，而其中一人在二〇〇三年紀念碑揭幕時宣告，美國入侵伊拉克是越南戰爭的延續。又一次地，美國起而捍衛自由，現場無人反對該說法。美國與越南共和國的國歌雙雙奏起，儀隊帶著兩國國旗向前行進，在以各種方式重現昔日制服的老兵面前遊行。老兵年事已高，揭幕儀式時有數千名支持者出席，後續年間也總有數百人。他們強烈展現的愛國情操，既壯觀又渺小，無意間呈現了弗拉基米爾．納博科夫（Vladimir Nabokov）所說的「流亡的黯淡與輝煌」。[26]

這黯淡與輝煌，源自流亡者及與其相似的難民、移民和少數族群因為失落所承受的傷痛。他們因個人選擇或環境使然而失去了原居國，地主國又總視他們為他者。這種失落感與他者性（otherness）對他們的記憶產生與多數人不同的影響。對多數人，記憶己方的倫理可以涵蓋英雄與反英雄。身為多數的權力與特權所賦予的安全感，通常足以容納反英雄，不過也有例外。因為在威權社會，國家對權力的幾近全面掌握，反而滋生了對權力極大的不安全感。相似地，對於自視被邊緣化，任人宰制、排除、剝削或壓迫的人，反英雄的倫理需要時間發展。這是因為弱勢人口沒有本錢在權力者面前示弱。因此，在權力較弱者的實踐中，記憶己方的倫理往往先以英雄模式進行。他們對過去的渴望是學者斯維特蘭娜．博伊姆

（Svetlana Boym）所說的「修復型懷舊」（restorative nostalgia），意欲全面複製曾有的事物。[27]只有在後來，當弱勢者在地主國較有安全感了，或是他們對地主國的承諾失望了，反英雄模式才會在有道德瑕疵或文化上無法融入者的故事中蓬勃發展。大致來說，反英雄模式在美國越南人之間尚未發展出來，有一個最顯眼的例外是作家林丁（Linh Dinh），後文將提及其作品中的種種怪誕。此外，越裔美國人的藝術、文學與電影雖然經常描繪難民生活的艱困與揮之不去的過往，卻仍然偏好美麗而非怪誕、英雄而非反英雄。整體而言，不論是好是壞，越裔美國人文化強調的是越南人的適應性和美國夢的承諾，儘管帶著一定程度的模稜兩可。

對於流亡美國的越南人和他們的許多後代，記憶己方，是相對於越南和美國記憶己方的國家計畫所發生，也往往與其敵對。這些國家計畫往往忽視他們，而注意到他們的時候，通常並不將他們塑造為英雄。因此，越裔美國人現在仍堅決以英雄的模式記憶自己。由於最大的英雄是死者，也許這些記憶倫理的實踐最具象徵性的和解方式，就是透過死者的屍體。但即使在多元主義的美國，弱者與戰敗者仍不被接受。在堪薩斯城等地，美國退伍軍人拒絕越南退伍軍人要求被納入戰爭紀念碑的請求，華盛頓特區的越戰紀念碑對越南退伍軍人亦隻字未提。[28]若這些退伍軍人要求葬在阿靈頓國家公墓，想來也會被拒絕。畢竟，這就是另一名美國盟友王寶（Vang Pao）將軍的遭遇，他帶領寮國蒙族（Hmong）士兵在所謂的祕密戰爭

（the Secret War）中，為美國中情局作戰（當然，這場戰爭對打仗的蒙人不是祕密，正如冷戰對於為它而戰而死的亞洲人來說並不冷）。這些蒙族士兵夠格為了美國利益而大量戰死，把家園輸給美國的敵人，卻不夠格葬在美國士兵身旁。他們的死亡對美國公民而言也將保持祕密。

那麼，回家吧。未來，這應該是原居國透過他們對待死者的方式，傳達給流亡者的訊息。在邊和公墓，死者靜躺著，隨時待命，再一次為國家目標服務，這次是為了和解。另一方面，在廣治省，清除未爆炸彈、地雷與砲彈的艱辛工作，也挖掘出了交戰雙方的死者骨骸。在陽光炙烤的原野上，逐公尺搜尋地雷的拆雷小隊，同時也找到六、七名南越士兵的遺體。他們葬在當地的墓園。在不遠的東河，近日也找到兩名北越士兵的遺體。除雷組織派給我的嚮導告訴我，全國和解意謂著我們不該區分北越與南越的死者。他的語氣不帶任何苦澀或憂鬱，儘管法國人殺了他爺爺，而美國人殺了他外公。我的嚮導戴著眼鏡，身著牛仔褲和T恤，看起來與海外歸來的越南人沒有任何不同。但是我憤恨不平的越裔美國同胞，始終記得他們所失落的東西與己方的死者，可能無法這麼輕易地與他有相同感受。這對他們很難，因為像難民阮縣中（Hien Trong Nguyen，音譯）所回憶的這類故事會持續介入：

〔我哥哥〕一九七四年死的時候才二十二歲。他死去五年後，共產黨為了建一座軍事訓練中心，犁開了南方士兵的墓園，我哥哥就葬在那裡。我母親決定把他的遺體挖出來，葬到其他地方。接下來幾天，我爸媽、叔伯、堂兄弟和我前去移走他的屍體。第一眼看到時，我既驚訝又害怕，他看起來好像只是睡著了。他的屍體裹在一個塑膠袋裡，而棺材是特製的，防止水滲入。我的家人取出他的遺體，把所有的皮肉都去除，只剩下骨頭。取下皮膚時就像脫下手套一樣。骨頭清洗後再放到比較小的盒子裡。29

慷慨對於戰勝方總是比較容易，而勝利者發現對戰敗者寬容大度最符合他們的利益。看著穿卡其制服的男子探測著原野，在炎熱中緩慢的工作時，我並未把這些話告訴我的嚮導。我想我們都明白，倖存者不會這麼輕易忘記歷史。這裡曾經發生的事情，對許多人而言可能仍在發生，而過去，就像埋藏在這片土地下的遺留物一樣，充滿爆炸性。

2 論記憶他者

一道黑牆矗立於美國首府，嵌在土地裡。牆上銘刻超過五萬八千名美國陣亡將士之名。對許多造訪者而言，這道牆的力量源自這些死者的名字，讓人想起這段聖經經文，「他們當中有人留名後世，受人的稱讚；當中也有些沒留下紀念，他們逝去，就如從未存在。這樣他們雖有若無，其子孫也是如此。」[1]這道黑牆讓有段時間被美國同胞遺忘或至少是忽視的士兵之名不致湮滅。雖然批評這道牆的人鄙夷其美學，認為它的黑暗讓人想到羞恥，但是不少人卻視其為美國最有力量的紀念碑。[2]由建築師林櫻（Maya Lin）設計的這道牆，是地理上的記憶所繫之處（site of memory），使人無法不注意到它所仰賴的文字與視覺雙關：記憶所見之物（sight of memory）。許多事物在這裡被看到，其中最重要的三個是死者的名字、他者的存在和訪客在黑鏡般牆面中自身的反射。名字召喚著訪客，而身為朝聖者與哀悼者的訪客也召喚這些名字，有時呼喊出聲。這個地點、這些名字和這些訪客創造出一場集會，一種

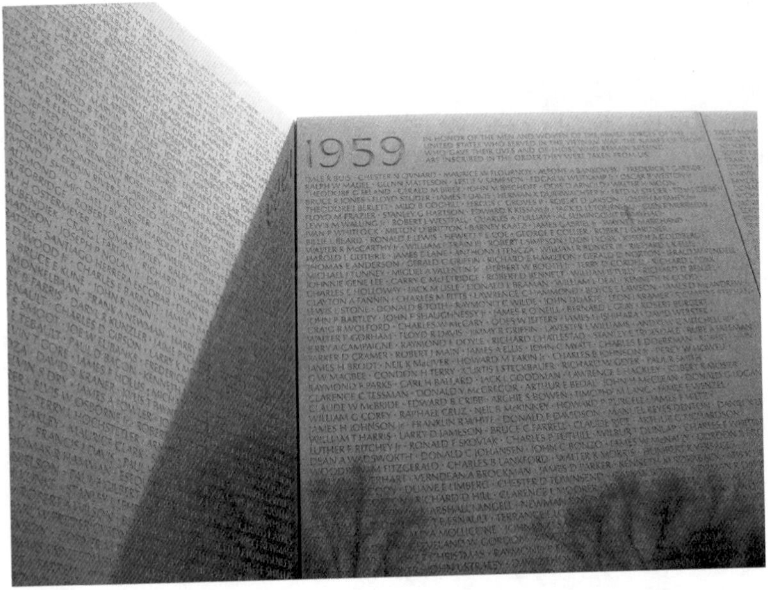

可見而有時可聞的共同記憶經驗。

這道黑牆對美國人如何記憶其陣亡將士扮演重要角色，因此讓人很容易誤以為這道牆與其召喚出的哀悼之情，是記憶己方倫理的純粹表現。這道牆，是自一九八〇年代至今，美國為了記憶其死者龐大努力的中心物與象徵，源自美國人的越戰經驗。那是涉及美國靈魂的一場內戰，是自南北戰爭那場真正的內戰以來，造成美國最大分裂的戰爭。這次分裂，催化了美國軍隊與其士兵崇高地位的衰退。許多人將這些軍人視為失敗者，打了一場奪取無辜者、平民與自由鬥士生命的骯髒戰爭，以致在整個一九七〇年代，這場戰爭對許多人都是難以碰觸的主題，包括退伍士兵在內。[3]

也許是受到民權與反戰運動激發，有些退伍士兵決定他們也應該為自己發聲，要求受到肯認。他們帶領的運動催生了越南退伍軍人紀念碑，用意在鼓勵美國人把這些士兵當成自己人來記憶，而非只會引發羞恥與屈辱的他者。

各種精準的記憶手術修復了美國士兵受傷的名聲。黑牆是其中最具象徵性的一個——它是土地裡的一道切痕與傷口，卻也是一道傷疤與縫線。政客與總統造訪這道牆，讚譽這些士兵。製片人與小說家以這些士兵為主角，在電影和文學中將這場戰爭打了一次又一次。[4]不論他們以英雄或反英雄之姿出現（經常是反英雄），他們的美德與挫敗都讓人不能不給予同情和同理。美國大眾對美國士兵憐恤之心的提升，協助推動了愛國情感捲土重來，為記憶的技藝如何為世界所塑造、也反過來塑造世界，提供了堅實證據。美國自一九八〇年代以來日益採取的戰鬥姿態，就是以這種愛國情感為根本。當時美國開始以在格瑞納達與巴拿馬的小規模行動，測試它修正後的全募兵制軍隊。與人數遠少於美軍的敵手對戰初期結果很出色，而美國大眾也沒有排斥這些行動。受此鼓勵，美國於是在科威特對薩達姆．海珊（Saddam Hussein）的軍隊發動攻擊。這一次波灣戰爭，應用了一些美國人從較早那場戰爭學到的教訓：避免游擊戰與國家建構；讓美國的科技優勢更完備；同時在傳統的地面、海面與空中戰鬥運用壓倒性武力。以壯觀手法擊潰海珊的部隊後，老布希總統得以宣告「老天為證，我們一舉擺脫了越南症候群」[5]。

總統與論者所理解的「越南症候群」（Vietnam syndrome），是美國人自從在越南打敗仗後，對失敗的恐懼與對戰爭的道德嫌惡始終揮之不去。受辱的美國士兵和反戰運動是這個症候群的病徵。兩者都必須在戰後的記憶手術中治療，因為在記憶裡，缺席所透露的訊息並不比在場所透露的少。黑牆上，在場的是名聲獲得洗刷的美國士兵。正如這個紀念碑最犀利的批評者瑪莉塔．史特肯（Marita Sturken）所指出，缺席的是較易被遺忘的傷亡者，那些仍為創傷所苦、無家可歸或自己結束生命的退伍士兵；整體而言，這些戰後的亡者與傷者，遠比戰時死亡的人數還多，但是這個國家就和其他國家一樣，很難正視這些人和他們的傷病。國家要的是快速結束的戰爭，並透過傳統意義上的「戰爭故事」在記憶中將傷口電灼止血，而非讓傷口維持開放，受到感染。戰後有句讓人琅琅上口的口號，傳達了戰爭故事的一個版本，簡直就像廣告公司文案：反對戰爭但支持部隊（Oppose the War but Support the Troops）。如歷史學者克里斯提安．阿皮（Christian Appy）指出，這句口號「經常被用作打壓反戰異議的棍棒」[6]。這個口號在許多美國人心中，隱然喚起他們在越戰時沒有支持部隊的回憶，並召喚他們現在支持正在打仗的部隊。透過此，這句口號也壓抑了艱難的問題。也許，倘若一個人只是在外交政策議題上反對戰爭，或者純粹不同意美國將財富花在軍事冒險主義上，還是可以支持部隊。但如果一個人因為戰爭造成無辜人民死亡而反戰，那要如何支持造成這種傷害的部隊？難道他們不會背負殺人的道德責任嗎？有沒有可能，他們也要為了自己透過選票、態度與行為，而在不知不覺間支持的這場戰爭，負一些政治責任？相對於有許多義務兵的軍隊，一如越戰當時，責任問題對於全志願兵的軍隊格外重大。小馬丁・路德・金恩當年認定，由多元種族士兵組成的義務兵軍隊對越南人的行為是「殘酷的團結」。一支志願兵軍隊難道不會更容易受到這樣的評判嗎？

那句口號在拒絕評判士兵的同時，也隱含了拒絕評判平民的意思。口號背後所代表的不僅是對部隊的支持，也讓說出這句口號的平民免於責任。如果部隊的雙手是乾淨的，那這些平民的也是。至於戰死的美國人，他們終究不是徒然死去。這句口號以他們的記憶而生，再次證明了生者為死者創造的記憶——以及死者本身——都是未來戰爭行動中的戰略資源。曾經，死者似乎呼喊著反戰，但如今，死者似乎同樣可能對發動新戰爭的部隊呼喊著支持。至少，生者是這樣說的，而生者說的話才真正算數。學者揚・阿斯曼（Jan Assman）寫過，「如果『我們是我們所記得的』（We Are What We Remember），那記憶的真相便在於它所塑造的認同之中……如果『我們是我們所記得的』，那我們就在於我們所能述說的自身故事之中。」[7]支持部隊的故事，確認了一種美國認同，它與美國戰爭的正義與美國意圖的純良息息相關。這種認同才是真正的「越南症候群」，是一個想像自己永遠純良的國家之選擇性記憶。

格雷安・葛林（Graham Greene）在其小說《沉靜的美國人》（*The Quiet American*）中診斷出並嘲諷了這一版本的越南症候群。小說主角是頭腦清醒而懷抱理想主義、近乎純潔的中情局探員艾登・派爾（Alden Pyle）。他以支持反共的「第三勢力」之名，偷運爆裂物進入法國人已離開而美國人尚未抵達的一九五〇年代越南。雖然派爾的本意不是要讓第三勢力在恐怖炸彈攻擊中利用這些爆裂物殺害平民，但發生的事情就是如此。葛林要說的是，對於美國介入所必然帶來的致命後果，不論訴諸純真或本意都只是藉口。在越南症候群的這個版本中，美國是危險的天真者，而戰爭是美國人所熱愛而非恐懼的對象，儘管他們矢口否認。否則該如何解釋美國在美國世紀裡所打的那麼多場戰爭？對美國人而言，越戰之所以獨特，是因為這個熱愛沒有獲得回報，戰爭是以悲劇收尾的慘事，而這一點由葛林透過派爾善變而神祕的情人小鳳（Phuong）所點出。派爾真心愛著小鳳，想娶她為妻，但是他被越南獨立同盟會（Viet Minh）的特務謀殺後，小鳳似乎並不太在意。美國在格瑞納達與巴拿馬的軍事行動，以及在科威特、伊拉克和阿富汗的戰爭，雖然並未產生這類愛情寓言故事，但都是美國領導階層重建美國人民對戰爭熱愛的努力。參與這些戰爭的美國士兵，很容易在過去與現在的衝突間建立情感連結，或者，前海軍陸戰隊員安東尼・斯沃福德（Anthony Swofford）是這樣認為的。他如此描述為科威特戰爭做準備的陸戰隊員：

連續三天，我們就坐在休息室裡，喝一大堆啤酒，看一大堆該死的電影，我們大喊Semper fi①，用頭互撞，打爆彼此，就著各種血腥、暴力、欺騙、強暴、殺戮、劫掠的畫面而高潮。我們專看越戰電影，因為那是最近的一場戰爭，而那場戰爭的成功與失敗，寫入了我們的訓練手冊。8

這些軍人熱愛戰爭，或至少是戰爭的概念，這並不讓人意外，畢竟戰爭是他們的天職。為了愛戰爭和愛自己這一方，同時憎恨另一方，他們記憶自己人。黑牆並不參與如此明顯的記憶倫理，雖然政治利益方曾以此為目標而利用它。如果黑牆直接召喚人只去記憶自己人，尤其是以海軍陸戰隊員那種陽剛的方式記憶，它就不會是一個充滿力量的紀念碑。許多紀念碑對戰爭、陽剛特質、英雄主義和犧牲奉獻的讚揚比較透明而誠實，但很少能和黑牆一樣，在造訪者心中引發那麼深的依附感。這道牆的力量並不源自對戰爭與士兵的全然支持，而是來自其對戰爭與士兵深刻的矛盾態度，這些士兵甚至沒有化身為輪廓、面容或身形出現在上面。黑牆既是鏡子也是壁壘，並正是以此形塑和創造了模稜兩可的感覺。做為鏡子，這道牆在死者的姓名上疊映出了訪客的輪廓、面容或身形；而做為壁壘，這道牆隔離了生者與死

① 譯註：此為拉丁文，是美國海軍陸戰隊的格言，意為「永遠忠誠」。

者。透過這種方式，黑牆凸顯了認可與異化、親近與疏離的感受，以及生者與死者間的關係。這道牆既是鏡子也是壁壘、既是召喚視覺之處也是一個地點，傳達出死者是生者的自己人，同時也是無可挽回的他者。然而這個他者性——亡者所體現的死亡之神祕與恐怖——卻又是生者必然也會經歷的，他們感覺到自身必然老朽的他者性從黑牆之後呼喚著他們。黑牆之所以有力量，正在於它體現了自我記憶，同時又喚起了他者性。

林櫻對黑牆設計的思考，顯示出她周圍的世界塑造了她的美學，以及她既身為自己也身為他者的記憶。**「對某些人而言，我不是真正的美國人。」**她以強調語氣寫道，思索著自己在美國中西部的童年，以及環繞其作品獲選而起的爭議。贏得紀念碑的設計競賽時，林櫻還是大學生，有些人認為她的作品獲選是一種冒犯。他們無法了解一名年輕的華裔美國女性如何能為美國的男性軍人設計紀念碑。「身為他者的感覺……深刻形塑了我看待世界的方式——彷彿從一段距離之外觀看——是個第三人旁觀者。」[9]我們可以將此二十世紀晚期的經驗與一九〇三年杜博依斯（W. E. B. DuBois）在《黑人的靈魂》（*The Souls of Black Folk*）中提出的說法相比較：

> 黑人像美國世界的第七個兒子，出生時即以紗遮面，並擁有天賦的第二視覺（second-sight）——這個世界不給他自我意識，只讓他透過另一個世界的揭露看到自己。這是一

種奇特的感覺，一種雙重意識（double-consciousness），永遠得透過他者的眼睛觀看自身。[10]

非裔美國人之外的許多少數族群，也都宣稱自己擁有雙重意識。他們經歷了在美國的優勢自我——白人自我——與膚色較深的他者間的差異，不僅以他者群體一員的社會身分經歷，也以個人的方式經歷。「一個人感受到他的雙重性（two-ness）——既是美國人，也是黑人；兩個靈魂，兩種思維，兩股不能和解的力量；兩個交鋒的理念同在一個黑色身體，只是它頑強的力量抵住了自身的粉碎。」[11]黑牆源自林櫻這種觀看世界的分裂方式，但雙重意識的力量同時來自其普世特質，雖然它弔詭地源自黑人經驗的特殊性。

少數族群經常、甚至每天都有雙重意識的經驗，但黑牆的力量在於能將這種感覺傳達給不常有這種經驗的個人，繼而化解這種雙重性。造訪者經歷到看見自己和被死者看見的雙重意識，士兵的亡魂共同構成了古典學者詹姆士．泰坦姆（James Tatum）所說的「死者的起義」。[12]也許，撫觸黑牆也被黑牆觸動的造訪者所感受到的是，不論他的種族或文化為何，他也是少數。在此例子裡，一個人的少數身分源自他屬於生者，在諸多的死者面前寡不及眾。但是對許多人、甚至對所有人而言，這雙重意識的一刻，透過歷任總統、士兵與退伍軍人曾在黑牆周圍發表過的紀念演說與國家主義的召喚所化解。國家主義式的召喚讓訪客得以與死者一起為死者哀悼，並將可能帶來困擾的雙重意識的顯現，隱沒在國家身分、美國人、愛國者與好公民的單一意識中。

黑牆透過其設計與效果，揭露出記憶己方與記憶他者這兩種記憶倫理模式間的多孔隙特質。在記憶己方的倫理最粗糙的版本中，我們畫下清楚界線，兩邊分別是我們和他們、善良與邪惡、此時此地和當時當地，以及生者與死者（因為若敵人尚未死亡，我們也會將他們擊斃）。這種倫理驅使人與敵人打仗，並從哲學家馬格利特描述的家人、朋友與同胞間的「厚」關係汲取力量。對馬格利特而言，厚關係顯然是自然而然的，但實際上這些連結必須由我們與原本是他者的對象建立起來。隨著時間過去，我們告訴自己，我們對家庭、朋友與同胞之愛的故事，讓這些連結更為強固。家庭的概念模糊了這種「增厚」（thickening）的過程，因為許多人認為家庭牽繫是自然而生的，儘管多得是證據顯示家庭內的疏離，不論是謀殺、虐待、暴力與戀童，還是冷漠、競爭與怨恨。該隱與亞伯的聖經故事告訴我們，殺死親近之人與愛他們同樣自然，而佛洛伊德的心理分析故事則告訴我們，自我與他者間的距離，在誕生後不久即在內心開始產生，這段時間稱為鏡像階段，正是林櫻那道如鏡面反射的黑牆召喚出的意象。但儘管與他人和自我疏離，我們之中的幸運者會發現家人是愛我們的，我們也學會以愛回報他們。漸漸地，我們將親近的圈子擴大，納入陌生人，成為我們的朋友和鄰居，繼而是我們的同胞，直到其中有些人學會最終的教訓，正如保寧筆下的建，「他將了解真正的犧牲：為了拯救他人而死的朋友。」[13]但是在愛國主義和民族主義的影響下，我們忘記自己是透過學習才知道如何記憶這些他者、忘記我們的愛是習得而非自發的。

黑牆與環繞它的爭議既闡明也模糊了記憶己方與記憶他者永遠在互動的事實。對許多美國人，黑牆訴說的故事，是關於我們當中有些人如何被放逐，之後回來，受到我們歡迎，最終，平民與士兵間的友誼、家庭牽繫、愛國感受和良好關係獲得恢復。然而，環繞黑牆的一些爭議會興起，是因為有些訪客覺得它的包容性或映照性不足。這是記憶己方的倫理中弔詭之處，亦即這種倫理要成功，就必須說服正確的他者，讓他們相信他們受到肯認，或應該希望受到肯認。這也是鏡子與記憶所見的問題：鏡子映照的是我們，還是我們想看到的自我形象？鏡子是讓我們覺得完整，還是讓我們感覺自己是他者？有些退伍士兵和他們的支持者，在黑鏡的記憶中看不到自己的映像。他們覺得自己被排除了，成為他者，要求獲得更好的呈現。越戰紀念碑的訪客因此邂逅的不僅是黑牆，還有附近的兩座雕塑，一座刻畫黑人、白人與拉丁裔美國大兵，他們疲憊而若有所思地凝望黑牆，另一座是三名護士在照顧一名受傷士兵。

這些雕塑中的士兵與護士是英雄、人性而具體的，由紀念碑官方單位委託創作，以回應黑牆沒有身體也沒有臉，無法代表也不能表彰退伍士兵的顧慮。因此，這些雕塑的存在也是為了記憶國家的自己人。

這些雕塑要能滿足這個目的，就需要這個國家的人也記得其歷史上的一些他者——少數族群與女性。僅僅在黑牆創作之前的一、二十年，關於美國軍人的紀念碑、電影或故事，如果罕見地有少數族群或女性出現，也不會與白人男性平起平坐。在美國士兵由約翰・韋恩（John Wayne）或喬治・華盛頓這類人物為代表的世界裡，出現這些他者是不自然的。在以白人男性權力者為中心的社會，女性和少數族群是馬格利特所稱的「陌生人」（strangers）[14]和呂格爾所說的「遙遠他者」（distant others）。[15]然而，黑牆創作的三十年後，雕塑家所呈現的是缺了少數族群就不可想像的美國軍隊。美國因為多元而強大的這種敘事，體現在美國第一任黑人總統歐巴馬身上。他曾針對越戰說過一段話：

> 越戰是背景、膚色與信念不同的軍職人員共同完成一項艱鉅任務的故事。這是來自國內每個角落的美國人離開家庭的溫暖，為他們所愛的國家服務的故事。這是愛國者站上火線，不惜受傷以拯救朋友，為了保存我們珍視的自由而日復一日在每個時刻作戰的愛國者故事。[16]

將這場戰爭重新塑造為一項英勇愛國的大業，因此和化解美國社會與軍隊內部歧異的樂觀期望，交織在一起。有可能再過三十年，少了女性或同性戀者的美國軍隊將會變得不可想像，即使對馬格利特而言，今日這些族群對「我們」之中的許多人來說是陌生人與遙遠他者。在他認為，倫理涵蓋我們和親近之人間的厚關係，而道德掌管了「我們」和陌生人及遙遠他者間的「薄」關係。[17]如果馬格利特確實認為關係的厚薄之分是自然產生的，紀念碑的例子則讓我們看到，這種差異並非必然，而是習得的。我們能學會恨也能學會愛，於是我們將親近的圈圈擴大以涵括他者，原本的薄關係隨之變厚。

與其將「我們」與他者的關係想成存在於道德領域的薄關係，受到宗教規範影響，我視這種關係為存在於倫理領域，在其中，人可以努力透過包容、對話、肯認和希望等世俗行為去努力記憶他者。這些陌生人與遙遠他者的距離感，不只如馬格利特所暗指是地理因素的結果。有時我們也憎惡鄰居，感覺和遠方的人更親近，正如某些美國人對墨西哥和英國的不同態度。懷有這種親近感的人相信這很自然，儘管這其實是學得的感受。會覺得自然，是因為我們遺忘了自己如何產生這種親近感，讓某些美國人認為他們與英國人的文化共通點比與墨西哥人的更多。相對於心理親近感，生理上的鄰近並不保證能創造接近和親愛的感覺。美國人沒有奴役住在遠方的人，而是奴役了與他們同住之人或隔壁鄰居，包括他們的情人與私生子女。男人不讓他們的妻子和女兒擁有投票權，並限縮了她們的生活。當然，現今奴隸制度和否定大群人口的政治權利似乎不再是實際可行的選項。但是目前種族與性別關係這種脆弱而局部和解的現狀，並無任何「自然」可言。是艱苦的政治努力帶領美國人走到了現在。這些努力牽涉到許多人，他們選擇去認識他者，並與他者共存，甚至去愛他們，由此產生各種私密的舉動和關係。待人如己的道德要求透過政治努力變成一種倫理，這種倫理將他人視為我們「自然」群體的一員，和我們共享同一個國家身分。

✣

我們學會發展出肯認的習慣，將陌生人視為親族，而這往往是透過創造共同身分的場域（sites of communal identity），我們在這個場域裡看到他者後，確立其為自己人。記憶他者的倫理帶有明確的政治性，這是因為它悖反自然，因而變得明顯易見。相反的，記憶己方的倫理，其政治性是內隱的，因為它享有看似自然的餘裕，因此隱而不顯。正如呂格爾帶著相當反諷意味說：「訴諸意識型態的總是他者。」因為意識型態是「身分的守衛者」（guardian of identity）。[18]他暗指的是，有權力以相對於他者的關係來界定自我的人享有特權，可以相信自己既無身分認同也沒有意識型態、既無偏見也沒有政治傾向。這些世俗的事務留給其他者，那些困在自己小憂小慮和狹隘地域泥沼中的人，其身體並非天生黝暗，而是因為權力者居住的高塔投下陰影而變暗。這些權力者相信自己不偏袒、無偏見、公正、客觀而擁有普世性，並且不喜歡有人提醒他們實非如此，或是他們的權力其實仰賴製造並以他者為攻擊目標而維持。因此，當有人呼籲自己的同胞記憶他者，他就因為做出政治行為而標誌了自己——

變得與眾不同。要求己方記憶他者的同時，她也冒著被稱為背叛者的風險。充其量，己方可能會帶貶意的稱她為世界主義者（cosmopolitan），意指她或許是個世界公民，卻不是自己國家的公民。

並非巧合的是，背叛的指控往往對女性最為惡毒，她們體內理應承載國家的未來與過去，分別透過兒童與文化而體現。[19]參與過越戰也是前共產黨員的越南作家楊秋香（Duong Thu Huong）就是一個例子。革命勝利後那些年間，越南共產黨帶給她的幻滅塑造了她的小說，最初是《盲人的天堂》（*The Paradise of the Blind*）。這本小說中，她審視了一九五〇年代惡名昭著的土地改革，共產黨企圖將土地從地主手中重新分配給農民，並鼓勵農民批鬥地主。過度的行為導致連小地主與無辜農民都遭到處決，只因他們被同為農民者與狂熱的幹部鎖定為目標。數千人死去，胡志明則為此道歉。[20]楊秋香對黨的批判在《沒有名字的小說》（*Novel without a Name*）變得愈發尖銳和具有當代性，書中稱戰後的共產黨幹部為「黃皮膚的小暴君」。[21]他們的「盲目賦予他們無比精力」[22]，但是追隨他們的「滿腦子幻夢的好戰羊群」，也必須背負部分罪責。[23]這部小說另一個特殊之處在於，它所召喚的越南帝國主義歷史：為了逃避中國勢力，也為了併吞屬於高棉人與占人（Cham）等許多部族與國家的土地，它曾進行漫長的南征。小說主角造訪了占人的土地，夢想著他的祖先如何逃離「來自北方的蠻族」，他們「獵殺你。而你拿起武器攻擊住在南方的人。那是無盡循環的罪行……歷史陷在罪行的泥沼中」[24]。她回憶了被黨視為他者的人，而為了這個罪行，共產黨批鬥她、審查她，將她軟禁在家。更嚴重的是，她記得己方的人曾經犯下罪行。不過，雖然共產黨視她為叛徒，西方出版社與讀者則認為她是為正義發聲的異議者，是無法被共產主義狹隘意識型態所局限的英勇作家。她的小說在家鄉遭禁，卻在海外出版，因為西方最喜歡翻譯其敵人的敵人的作品。

楊秋香的例子代表了記憶他者使人不安、造成威脅，以及似乎並不自然的特質。她揭示出，同樣一個回憶的行為，可以導致一個人被自己人批判，同時獲得他者的讚美。批判或讚美都不是單純天真的，因為二者都源自某一方的意識型態。兩方——如果只有兩方——都寧願相信自己是沒有意識型態的那一方，而另一方則犯下政治操弄，彷彿政治是個骯髒的字眼。這些骯髒的政治，在從記憶他者轉而將他者當成自己人一樣記憶的動作中被洗白了。「我們」一詞再度被搬出來，只是忘了這次包括在「我們」之內的人，一度是交戰的兩方。那三名士兵的雕像描繪出仁愛的團結，表達的就是這種希望，但這個希望已經被小馬丁．路德．金恩博士所粉碎，因為他要求美國人正視這些男子殘忍的團結，他們並肩對抗的越南他者，在越戰紀念碑所在之處是隱形不可見的。學者保羅．福塞爾（Paul Fussell）也想將美國同胞從只記憶自己人的舒適中搖醒。在其書寫第一次世界大戰和現代記憶時，那場戰爭已經是他人生中六十年前的事了，他看到的是：

> 透過越戰，我的美國讀者也經歷了屬於他們悲慘而顯然徒勞的消耗戰，讓死亡人數（body counts）成了家喻戶曉的用語……我希望這本書對這類讀者的影響也許能說服他們，就連越南佬（Gooks）也是有感情的，連他們也憎恨死亡。而就像我們一樣，在痛苦難以承受的時候，他們也呼求援手、上帝或母親。[25]

難道我不正是福塞爾以專有名詞「越南佬」稱呼，卻沒有賦予我們正確名字的他者之一嗎？如果我是，那我可以告訴你，他說得沒錯：越南佬也有感情。

身為某些人眼中的越南佬，我可以作證，以他者的身分被記憶是一個被肢解的經驗（dismembering experience），不妨稱之為一種去記憶（disremembering）。去記憶並非單純的未能記得。去記憶是一種不倫理且矛盾的模式，在記憶的同時遺忘，或者，從被去記憶的他者角度而言，是同時被看見又不被看見。去記憶讓人的**視線直接穿過他者**，這種經驗在拉爾夫．艾里森（Ralph Ellison）《看不見的人》（*Invisible Man*）開篇的頁面中有令人難忘的描繪。書中的敘事者就是書名所指的男子，他碰上一名拒絕看見他的白人男子後，在憤怒中動了手，迫使那名白人男子看見他。然而，即使挨了打，白人男子依然拒絕用這名男子想要被看見的方式看見他。這是因為當他者使用物理力量時，也許能讓自己變得可見，但只是把自己變成目標。如果他者希望改變看見的方式，必須也使用記憶、想像和敘事的心理力量。由於不願被去記憶，身為他者的我們發現，我們得靠自己記憶自己。從另一邊而來或是被帶來的我們——我們這些越南佬、韓國佬（goo-goos）、倒八眼（slopes）、小越共（dinks）、拉鍊頭（zipperheads）、吊眼仔（slant-eyes）、黃皮膚的人（yellow ones）、棕皮膚的人（brown ones）、日本鬼子（Japs）、中國人（Chinks）、包破布頭巾的（ragheads）、沙漠黑鬼（sand niggers）、東方人（Orientals），我們這些長得都一樣分不清楚的人——我們知道自己存在和自我呈現的處境是，我們既是自己也是他者。我們永遠不會沒有身分認同，也永遠不會沒有意識型態，不管我們喜歡與否，不管我們承認與否。如果我們膽敢犯下那最不自然的行為，為自己對外發聲，那麼自認超越身分認同和意識型態的那些人，遲早會指控我們抱著這兩者不放。

因此，儘管沒人當面用越南佬或相當的用語叫過我，我仍知道有這個貶抑語的存在，對象是我。沒人需要那樣叫我，因為美國文化已經透過關於越南佬的論述做過了，身為他者的我早已被流行文化的電波拋擲而出的歧視用語打中過。我察覺到自己被「種族化」（racialization），第一次被某種神經性疾病刺痛（任何藥物或手術都無法治療，除非在記憶中），是在青春期早期，透過與小說和他人的記憶讓我驚詫的邂逅。我還沒十三歲時就太早讀到了拉里．海涅曼（Larry Heinemann）的《近身戰》（*Close Quarters*, 1977），也看了《現代啟示錄》（*Apocalypse Now*, 1979）。《近身戰》裡我從未忘記的一幕是，美國士兵輪暴一名沒有牙齒的越南妓女，用槍抵著她的頭要她選，是幫他們所有人吹喇叭或被轟爆。「那次之後，坑疤臉②就沒再怎麼來過，也沒人太在乎。」[26]我也從沒忘記《現代啟示錄》裡美國水手屠殺舢舨上所有平民的那一刻，最後一擊來自韋勒上尉，他處決了唯一的倖存者——也是一名女性，因為越南女性是最極致的越南佬，與美國士兵在種族、文化、語言和性別上都不同。掠奪式的欲望和欲殺之而後快的恐懼都以她為受體，她是條件齊備且具威脅性的對象，代表越南這一整個神祕、引人、令人卻步而危險的國度。關於強暴和謀殺的這些敘述，只是一名作家和藝術家創造的故事，他們決意毫不妥協的呈現戰爭的恐怖，但是虛構故事是與歷史敘事同樣成立的另一種經驗。故事與武器一樣具有毀滅的力量，哲學家尚．布希亞（Jean Baudrillard）在他對《現代啟示錄》的評論中展現了這一點。觀看電影時，布希亞想著：

> 越南戰爭「本身」或許其實從未發生，而是一場夢，一場關於燒夷彈和熱帶的怪誕浮誇之夢，一場精神性之夢，不為爭取勝利或某項政策，卻是一個強權以人命為獻祭的

② 譯註：坑疤臉原文為Claymore Face，Claymore為越戰時使用的克萊莫人員殺傷地雷，Claymore Face為俚俗貶抑用語，指一名女性長相醜陋，尤指臉上因痤瘡而留下許多疤痕，彷彿被克萊莫地雷炸到。

> 過度部署，在發生的同時已然在拍攝自己，也許等待的只是一部將它聖化的超級電影，完成這場戰爭的大眾奇觀（mass-spectacle）效應。[27]

從美學而言，布希亞對故事與奇觀之力量的看法沒有錯。他只是在道德上和倫理上錯了。戰爭確實發生了，而像他那樣暗指有其他可能，只是確認了西方流行文化的恐懼力（dread power），這個文化製造的奇觀，甚至不承認有真正的死者屍體，只承認螢幕上死去的臨時演員。

在此可援用童妮・摩里森（Toni Morrison）在小說《寵兒》（*Beloved*）中提出的「重記憶」（rememories）概念，不僅可凸顯故事將生者肢解、使死者復生的力量，也藉以指出針對這類重記憶必須有所作為。重記憶是會打擊身體與心靈的記憶；那是一種過去沒有消失的感覺，非但沒有消失，反而像一棟房子般堅固，帶著所有的創傷與惡意存在。力量最強大的故事，比如《近身戰》和《現代啟示錄》，都是重記憶。每次想起，我就會再度經歷閱讀與觀賞時的情緒，那是因為目睹了學者張欣慧（Sylvia Chong）所稱的「東方惡畫面」（the Oriental obscene）而引發的強烈厭惡、驚駭、羞恥和憤怒感受。[28]我的身體戰慄而聲音顫抖，這是我情感激動的見證，見證這些作品的美學力量，也見證它們參與了對越南佬（本身也是一個重記憶）的論述。並不是說我在這些故事中被遺忘了，或是我在其中沒有看到自己的反映；不，我看到了我自己，不過我看到是一個他者、一個越南佬，而我知道別人或許也是這樣看我，不只是在電影院裡呵呵笑的觀眾，也包括像布希亞這樣的思想家。對他而言，死者是抽象的，可以忽略，他寧願轉而關注更有趣的主題，也就是戰爭機器和其電影戰隊的力量。

✢

徹底被遺忘或去記憶——這是在關於越南佬的論述中，昔日印度支那（Indochina，中南半島）的東南亞人民，或其他不幸被誤認為越南佬的任何亞洲人，僅餘的兩個選擇。林櫻的越戰紀念碑（本身即為一種重記憶）是美學上的勝利，但即使是這個紀念碑也以這樣的論述為語言，儘管——也或許正因為——林櫻自己也可能以這種種族主義的方式被看待。身處對你有敵意或漠然無感的國家，最能確保生存的方式，就是保持沉默和隱形，或用林櫻的話來說，是以第三方旁觀者的身分隔著一段距離觀看事物，遠離火線。如果她的身體在紀念碑是不可見的，那所有和她一樣的身體皆如此，那是名字並不出現在紀念碑上的東南亞人的身體。史特肯說得明白：

> 越南人成為不可言說之人；這場戰爭在他們的土地上發生且（名義上）為了他們而

> 打，但是身為合作者、受害者和敵人，或單純只是那片土地上的人民，他們在這裡明顯缺席了……在華盛頓廣場的國家主義脈絡下，越戰紀念碑必須「遺忘」越南人，並將越南退伍士兵塑造為這場戰爭的主要受害者。[29]

越戰紀念碑顯示「記憶本身即為一種遺忘」[30]，這是記憶術的巧妙戲法，曾為許多研究記憶的學者所指出，而在此處討論的情況中，是三百萬越南士兵被以五萬八千名美國士兵調包了。如攝影師菲利普・瓊斯・葛里菲斯（Philip Jones Griffiths）指出，「每個人都該知道一個簡單的統計數字：華盛頓特區的美國越戰陣亡士兵紀念碑長一百五十公尺；如果要建一座相似的紀念碑，以同樣密度呈現越南死者姓名，那座紀念碑的長度會是十四公里。」[31]許多美國人記憶中的真實是，美國人和美國士兵才是受害者，不是那三百萬越南人，這實在像極了歐威爾小說中的詭辯。

但隱而不現、可被遺忘而不受承認的，不只是越南人。越南戰爭之名抹除了其他東南亞國家的人民，以至於連史特肯的記憶和視線中都沒有他們（因為如果看不見他們，你也不可能記得他們，反之亦然）。柬埔寨和寮國的東南亞人民並沒有忘記他們的生者與死者，如詩人馬麥能（Mai Neng Moua）在她的詩〈華府〉（D.C.）裡所描述的：

我堅守原地
僅是我在這裡還不足夠
我要擁有他們名字的印記
某種美國證據以顯示他們為人所知
他們的勇氣受到肯定
他們犧牲的生命獲得承認。

與在美國的南越士兵一樣，馬麥能要求蒙族士兵以越戰退伍軍人的身分獲得肯定與承認。[32]

我認得六個在那裡死去的人
爺爺吳修吉
叔叔吳祖寬
叔叔吳金姆
叔叔馬盧傑。

這些陌生的名字必須被言說、被寫下、被強推入美國人的視線領域中，因為一個人只有被記得，才會受到肯定與承認。少了這樣的肯定和承認，被遺忘和去記憶的人就必須記憶自己，即使如馬麥能所坦言，紀念碑這樣的形式無法保證任何事情。遊人聚集

在紀念碑周圍，彷彿
那是異國風的展示品
大聲談笑，在悶熱中灌下
他們的Evian礦泉水
擾動那些關於混亂的記憶
只是華府遊的又一個行程。[33]

沒有任何美學作品的力量是固有的。對這場戰爭沒有記憶的外國人、青年或漠然無感的人，也許對紀念碑無動於衷、輕忽以對、滿不在乎、覺得無聊或感到不安。對他們而言，也許對未來多數的訪客而言，在生者對於戰爭的記憶消亡後，這道牆就只是一道牆了。

儘管如此，擁有一個可以被忽略的紀念碑，還是比完全沒有紀念碑好。馬麥能詩中隱含著被遺忘與去記憶之人常有的信念，亦即被遺忘，或者遺忘他人，是不正義的，尤其若我們談的是一場衝突，而壓抑他者的記憶符合某一方的利益時。對於被遺忘和去記憶的人而言，重要的是這個問題：我們該如何回憶過去，才是對於被遺忘、排除、壓迫、死亡的人和他們的鬼魂最正義的方式？這個問題是記憶他者的倫理核心。它以遺忘他者的不公和記憶他者的正義為前提。呂格爾在其巨著《記憶、歷史、遺忘》（*Memory, History, Forgetting*）中為這樣的倫理勾勒出輪廓，主張正義這種美德應永遠「對外朝向他人……記憶的責任，是透過記憶為自身以外的他者帶來正義。」以及「道德優先性屬於受害者……此處談的受害者是受害的他者，是我們自身以外的人」[34]。簡言之，正義永遠存在於對他者的記憶之中。

呂格爾看待記憶的方式深具力量和說服力，至少，對於抵抗遺忘或受壓制者對正義的要求有所關心的人是這樣覺得。批評家保羅．吉爾羅伊（Paul Gilroy）依循相似脈絡，呼籲要「有原則的接觸關於他者性的主張」。[35]吉爾羅伊提倡的想法與呂格爾和我相同，即「苦難的歷史不應只分派給苦難下的受害者。果真如此，創傷的記憶將會隨著生者的記憶凋零而消失」[36]。也就是說，記住他們所承受的不公，不該只是受害者的擔子。讓記憶的重量完全由受損害的一方承受，會促使他們只以受害（victimization）的方式看待自己。被當成憐憫的對象時，受害者面對的誘惑是錯把他者性當成自己唯一的身分——這是能見度最高也最受到貶抑的一種身分政治，雖然不是唯一一種。弔詭的是，記憶他者的倫理，是以承認我們視為他者的人既非他者也不完美而界定。若以我們自視為主體而言，那這些他者從他們自身的觀點來看，也是主體。

身為主體，他者會抗拒遺忘，要求被納入記憶的史冊。和控制既有記憶手段並滿足於只記憶己方的那些人一樣，這個他者會力言**永遠記得**和**絕不遺忘**他的經驗、歷史和記憶。他會要求讓自己的名字寫在牆上、他的臉刻畫在雕塑裡、他民族的故事收入史書中。由於永遠有什麼正在被遺忘，而陌生人總是不斷出現，這種記憶他者的模式因而是一個永動機，以包容與和解為導向。這種倫理最常見的形式有一個最終目標，即使他者被納入公民群體，在國家的儀典中被紀念，在國族的史詩中扮演一角，並融入記憶己方的倫理模式中，直到他者與自身之間已無重大差別。這種倫理的次要目標，尤其對於之前被塑造為他者的人，則是要對前仆後繼的新來他者保持同理心。

若說記憶己方的倫理運行於每個社會中，那記憶他者的倫理則是對記憶己方這件事的提升，只運行於自視為較包容、開放與寬大的社會裡。但這樣的倫理模式儘管強大，卻也可能為戰爭服務。這種願意記憶他者並容許他者記憶自身的態度，為開放寬容的社會攻擊倫理上不這麼進步的他者提供了理據。美國正代表這種記憶他者的倫理，一方面用它來呼籲對美國境內的少數族群更為包容，一方面用它來合理化對國境外的陌生人發動戰爭。東南亞人民曾經就是那些陌生人，也可能再次如此，而成功抵達美國的東南亞人，則依然感覺自己是美國社會中的外來者。有鑑於此，許多東南亞難民和其後代因為一場美國戰爭而來到這個國家之後，會那麼願意加入美國軍隊與美國社會的反恐戰爭，也就不足為奇。正如美國歷史所一再顯示，會有更新、更可怕的陌生人出現的前景，促使了我們將熟悉的他者拉近我們，特別是在對抗陌生人的戰爭中拉他們加入我們這一方。藉由對抗恐怖主義和恐怖行為，這些昔日的他者希望確認他們歸屬於美國，不管是在他們自己眼中，還是他們的美國同胞眼中。

3 論非人性

這些難民及其後代想要成為美國人，是為了獲得肯認，因為這與記憶緊密相依。我們記得我們所肯認的人，也肯認我們所記得的人。我們有些人，也許是多數人，都渴望被我們親近的人和共事者及社會和歷史記得與肯認。我們希望我們渴求其認可的個人能肯定我們，也希望在我們生活或稱為家園的地方被視為一份子，可以主張我們屬於那裡，要求獲得公民身分。肯認成為推動記憶的關鍵，再由這些運動產生為了受害者、退伍軍人、暴行、戰役、戰爭……等等所設立的紀念碑、博物館和紀念活動。這些肯認自我與他者的倫理，有助於建立包容的社會，並療癒傷口，但也會讓我們忽略自己傷害他人的能力。

我們總想否認自己也可能造成缺乏正當理由的傷害；會被我們視為缺乏正當理由的，往往是他人造成傷害的能力。「如果一切真有這麼簡單就好了！」亞歷山大．索忍尼辛（Aleksandr Solzhenitsyn）曾經抗議。「如果哪裡有邪惡之人在暗中作惡，只需將他們與我們其他人加以區分再摧毀就好了。但是善惡之間的那條線貫穿了每個人的心臟。而有誰願意摧毀自己的一小塊心臟呢？」[1]索忍尼辛暗指，記憶他者與受害者固然符合倫理與正義，但同樣符合倫理與正義的，是體認我們自己也有潛力傷害、損傷及殺害他人，或容許這些行為在我們的同謀或視而不見下發生。少了這樣的體認，我們雖與舊敵人和解，卻只會繼續與我們不視為朋友、甚至不視為人類的新敵人交戰。懷抱同情心去**認同**受害者與他者，或是帶著同理心去**自我認同**為受害者與他者，都具有意料之外而非人的副作用，那就是讓更多加害的條件得以持續存在。[2]

當我們體認到自己潛藏的非人性，而與此相對的，是驅動我們呼籲記憶己方和記憶他者，將己方視為人類、繼而最終將他者亦視為人類的衝動。不過，寬容而人本的社會在呼籲平等與人權的同時，也從不曾缺乏能夠為戰爭與暴力提供理由的非人他者。認同自身的人性、並否認自身與己方的非人性，是最極致的身分政治。它透過國族主義、資本主義和種族主義流通，也透過人性流通。我們必須提醒自己，身為人類也代表有非人的部分，這很重要，純粹是因為要忘記自己的非人性，或是把它錯置到其他人身上，實在太過容易。公正記憶的計畫因而是非人性而不是人性的工作，因為如果人性無法記得文明和文化核心中的非人性，則非人性的（inhumanities）就必須記得本就存在於其名稱中的人性（human）。

如果我們不體認自己的加害能力，就很難預防以我們的名義或我們自己做出的加害行為。同樣的，**永遠記得**和**絕不遺忘**的口號雖然表面上看來無可辯駁，卻有時甚或經常沾染了過分虔誠、感性或偽善的色彩。當我們說**永遠記得**和**絕不遺忘**的時候，通常指的是永遠記得和絕不遺忘施加於我們或我們的朋友與同盟之事。至於我們自己犯下或縱容的惡行，則是談論和記得的愈少愈好。不僅如此，我們真正想要記住並絕不遺忘的，是自己的人性和他者的非人性。這種模式輕易將記憶己方的倫理納入其中。至於記憶他者的倫理則往往鼓勵我們看到他者的人性，這似乎是良善且無可辯駁的。然而相對的，肯認的倫理告訴我們，他者既是人性的也是非人性的，如同我們一樣。當我們體認到自己造成傷害的能力，就能與我們認為傷害了自己的他者和解。相較於記憶他者，這種肯認的倫理也許更能成為戰爭與衝突的解方，因為若我們體認到自己會造成傷害，也許就不會這麼輕易宣戰，也會對於在戰後達成和解持更開放的態度。拒絕體認我們帶來損傷的能力，雖然並不會排除與傷害我們的人達成和解之可能性，卻能促使我們尋求這些他者的讓步與認罪，而他們對我們可能也有同樣要求。歷史上難解的衝突於焉持續，雙方都自視為受害者，或拒絕看到自己是可能或實際的加害者。[3]

呂格爾倫理模型的前提是永遠認同他者、視他者為受害者，這對於自視為受害者或同情與同理受害者的人而言很有力量。這個模型督促我們看到他者因為不正義而受到傷害，並驅使我們為他者爭取正義。但這種倫理模型亦誘引著我們相信，我們視為他者的人，永遠都會是他者。這種錯認的根源，是我們自認擁有不盡完美的主體性，卻不願賦予他者同樣的主體性。我們並非總是正義的，他者也一樣。他者可以是不正義的，因為連他或她也能製造他者。然而，呂格爾忽視了這一點，只堅持他者是受害者，或用他的話說是「受害的他者」（the other victim）。呂格爾傾向於將他者錯認為必然而永遠的受害者，反過來，受害者也永遠是他者。這種錯認吸引了少數族群和西方左派，並揭露出記憶他者的倫理有兩個潛在問題——誤認自己是理想化的無辜他者，或是將他者理想化為完全無罪並入罪於己。兩者都是身分政治的變化形式。周蕾（Rey Chow）提出「理想主義之後的倫理學」（an ethics after idealism）時，她所正確指出並拒斥的便是這種對身分與他者的理想化，雖然她的批評聚焦在參與身分政治的少數族群。但國族主義也不過是極為成功的身分政治，只是由於太成功了，得以否認它與身分和政治有關，因為國族主義者接受國族身分與國家政治都是天生自然的。

✣

論及將他者理想化，全球反戰運動當時看待越南人的方式（現在往往也是），是將他者當成受害者、並將受害者當成他者對待的原型範例，將他們凍結在永遠的苦難與高貴的英雄主義之中。因此，反戰運動將胡志明提升至偶像地位，揮舞民族解放陣線的旗幟，讚揚越共是反抗美帝主義的革命英雄，在共產黨宣傳下相信南越人是叛國者或傀儡，並對越南共產黨的史達林式路線幾乎視而不見。戰後年間，呂格爾與其哲學盟友雅克．德希達（Jacques

Derrida）和伊曼紐・列維納斯（Emmanuel Levinas）的介入，並未能完全說服西方某些藝術家、評論者和左派人士避免將他者理想化。舉例而言，繼越南佬論述而來的，是關於包破布頭巾的（raghead）、哈吉（hajji）①和沙漠黑鬼（sand nigger）的相似論述，這些分別是對於穆斯林、阿拉伯人及恐怖分子等他者的諢名。今日，依然有人想要以反戰運動看待越南人的理想化方式，看待穆斯林與阿拉伯人，對恐怖分子亦如此，只是程度較小。

哲學家朱迪斯・巴特勒（Judith Butler）在九一一後的一些著作展現了這種想法，不過她並非唯一臣服於其誘惑的人。我不是說巴特勒是理想主義者，或不知道恐怖分子應該為他們的行為負責。在其著作《危殆的生命：哀悼與暴力的力量》（*Precarious Life: The Powers of Mourning and Violence*）中，巴特勒強調九一一恐怖攻擊罪大惡極，而為了反擊，美國在阿富汗、伊拉克與關塔那摩（Guantanamo）拘留營的作為亦凶狠殘忍。但這本書主要的批判力道是對準美國應負的責任，以及美國人無能哀悼他者的死亡。她要求我們重新框架對戰爭的理解以納入他者的損失，並針對決定我們看到什麼和肯認誰的條件提出詰問。她在書的結論中召喚越南，「是孩童因為燃燒彈而焚燒死亡的照片，讓美國大眾產生了震驚、憤怒、悔恨與悲傷的感覺。這些正是我們不該看到的照片。」少了阿富汗人、伊拉克人或關塔那摩關押囚犯的這類照片，「我們無法再度生出一種出自倫理的憤慨感，而且是明確的為了他者、以他者之名而生。」[4]從越戰到反恐戰爭，美國人對美國的他者造成遠遠不成比例的死亡與苦難，巴特勒對此感到憤慨理所當然。不過，光是出於倫理的憤慨並不夠，即使這可能已經超過許多人所願意感受的。出於倫理的憤慨之所以危險，是因為它會持續確立感受到此種情緒之人的中心性，而這又將視他者為永遠的受害者合理化了——也因此才會又回頭看那些惡名昭著且駭人的越南影像（越南至今還是容易讓人直接聯想到一場戰爭而非一個國家），以及被燃燒彈攻擊的潘氏金福（Tran Thi Kim Phuc），她的傳記作者稱她為「照片裡的女孩」，雙臂永遠以彷如被釘上十字架的姿勢往兩側張開。[5]對美國人而言，同樣的罪惡感、否認與憤慨之情，讓他們在未來想到伊拉克與阿富汗時，也把它們與戰爭而非國家聯想在一起。

巴特勒的作品是為了回應美國人的漠然無感與持續中的戰爭，帶著急迫性與切身感，她因而無法或不願將他者做為受害者以外的對象看待，至多視他們為動機與歷史都被模糊理解的行動者。我也與巴特勒感到同樣出自倫理的憤慨，但在我看來，只把他者視為受害者，是將他者當成同情或憐憫的客體，只能被理想化或彷彿施捨的對待。他者的存在若只是為某人的理論或憤慨提供客體或理由，在最差的情況下這會讓他者成為不值得研究的對象，充其量只是個無可批評的對象。不批評他者，但是以他們之名而提出理論，是進一步的壓制他們，

①譯註：指完成麥加朝覲的伊斯蘭教徒。

將同理的真正工作分派給我們自己。我們是反英雄，是應受批評的有罪之人，這讓我們成為關注的中心。在巴特勒的情況中，「我們」是西方，西方左派既是其一部分又獨立於外。西方也許應該受到批評，但是這種評斷不需要以將他者變成（接近）完美的受害者或（幾乎）不可知的敵人為代價。巴特勒的著作《戰爭的框架：生命的可弔唁性》（*Frames of War: When Is Life Grievable?*）聚焦於伊拉克戰爭，她在書中提出西方的責任與伊拉克的受害必須獲得承認，這是正確的。但她沒有提出伊拉克人的政治主體性也必須被承認，他們不僅是他者，也會創造他者。她正確指出伊拉克損失的人命不會受到西方世界哀悼，儘管如此，她卻劃定了太過明確的二元對立：一邊是殺人與施虐的美國人，一邊是受害的伊拉克人。伊拉克人也會彼此殺害和虐待，而不論美國對於創造這種戰爭的條件有多少罪責，殺害與虐待的責任仍應歸屬於犯下這些行為的伊拉克人。身為主體而非他者，表示一個人可以有罪，而這種罪責可以、也應該與西方的罪責受到同樣完整的檢視。

將他者維持在他們（無辜）的位置上的反戰情緒，同樣使（有罪的）西方得以維持高於（可憐的）其餘人的優勢。這個延續優越感的巧妙手段，透過西方自我鞭笞的劇本而上演，使他們得以感覺到罪惡感，成為關注焦點。因此，美國多數有關越戰的藝術與文化作品在進行反美批判的同時，也將美國人牢牢地放置於故事中心，且手段拙劣。證物一：布萊恩・狄帕瑪（Brian de Palma）執導的電影《越戰創傷》（Casualties of War）。這部電影描寫美國士兵綁架、輪暴並殺害一名年輕越南女性的真實故事。就電影而言，結果是對於加害他人的駭人演繹，士兵和狄帕瑪都對這名年輕女性施暴，並使她永遠沉默。以某種方式看，狄帕瑪視越南人為受害者的眼光，迫使觀影者面對新聞記者尼克・特爾斯（Nick Turse）口中的美國標準政策，「任何移動物格殺勿論。」[6]但以另一種方式看，狄帕瑪的故事與越南完全無關；它只關心美國人的罪惡感，透過一個可憐的受害者而展演。他後來還拍出《伊戰創傷》（Redacted），同樣以美國士兵綁架、輪暴並殺害一名年輕伊拉克女性的真實故事為本。這部電影不僅重複了赤裸裸的加害畫面，同時也暗指伊拉克戰爭是越南戰爭的重複。兩部電影中的受害者都引發憐憫與同情，但也永遠沉默了。她失去了聲音，因而美國人得以替她代言。她與所有和她一樣的人被轉變為永遠的受害者，與她們的創傷可互相代換，只有在激發美國人的罪惡感時才被美國人看見。[7]身為受害者，或是反派與革命英雄，這些他者從未被西方世界賦予完整的主體性，這樣的主體性是只有憎恨或同情他們的西方人才擁有的。

肯認的倫理牽涉到我們看待他者的方式改變，以及我們看待自身方式的改變，尤其是相對於他者而言。列維納斯主張，「倫理是一種光學，」（Ethics is an optics），與戰爭、暴力和對他者的感知緊密相繫。[8]對列維納斯而言，「他者的面孔」（face of the Other）可以煽動我們的暴力行為，也可能引發良善與正義。[9]「與他者面對面後，本質上對他者懷抱殺意的權力，『違反所有常理的』面對了殺人之不可能、對他者的顧慮，或是正義〔原文如此〕。」[10]

他暗指，絕對他者（the Other）的面孔——即他者性（otherness）的符號——會出現在現實中的他者（the others）身上，如孀婦、陌生人和孤兒；或許我們可說他者的面孔亦出現在奴隸、難民、游擊隊戰士和敵人身上。一個是實際的他者（other），一個是絕對他者（Other，這是個艱澀的哲學概念，指先驗和超越自我的對象），而這兩者間的區別，正是呂格爾論及記憶永遠為了他者和正義而存在時所掩蓋的。談到正義，不論是他或列維納斯都不太關心現實中的他者，僅管列維納斯曾將他們做為類別而稍微提及。要處理實際他者的議題，我們必須面對他們的生活、文化、特性和名字等等。與此同時，我們也會看到他們和我們一樣，一般而言是自利的。隨著自利而來的，是俗世政治和歷史這些令人不安而矛盾的雜質。

因此，呂格爾雖然假設倫理的記憶永遠以正義和他者為導向，卻迴避了一個問題：當對於正義的相競要求同時存在時該怎麼辦。針對任何有爭議的事件，比如戰爭及其餘波，永遠都有對於正義的相競要求存在，但呂格爾並未言明，正義，或至少是現實中的他者所在乎的骯髒、不純粹而實際的正義，應該如何裁量。在另一個相關問題上他也保持沉默：如果我們視某些記憶為倫理的記憶，那相衝突的記憶必然是不倫理的嗎？許多處於對立記憶兩邊之人（應該是多數人），都認為自己對過去的回憶是倫理的，雖然這類主觀感受並不代表他們確實是倫理的。呂格爾所暗指而列維納斯較明白指出的一個觀念是，實際他者對倫理和正義的這些世俗要求，屬於列維納斯稱為「整體」（totality）的領域。戰爭、暴力和自利主宰了整體，我們在其中爭取「自由」，並以他者為代價，意欲把他們變成「同者」（same）。[11]對列維納斯而言，絕對他者的面孔屬於「無限」（infinity），[12]在其中，絕對他者的力量已然是道德的，此後也都如此。[13]對列維納斯和呂格爾，以及援引列維納斯的巴特勒而言，正義的倫理導向和意義沒有疑義，因為倫理與正義總以他者及消失中的他者性為導向，而非以自身或同者為導向。[14]

✢

對於正義毫不妥協的倫理追求有其啟發性，也指向一個烏托邦式的未來，在彼時，毫無限度或妥協的和解、接納與和平都有可能。但如同列維納斯和他之後的德希達所說，以及德希達的諸多追隨者所一再複誦的，那個彼時是一個永遠「將臨」（to come）的未來，隨著絕對他者而到來。[15]那麼，針對實際他者，現在該怎麼做？在這個領域中，為了倫理和正義而起的鬥爭，往往與人們對相互攻訐的過往所深植的感受相繫，任何倫理成果勢將有所妥協，任何正義之舉都有限度，而小型戰爭與全面戰爭會持續發生。在世俗的整體領域中。許多人覺得自己是需要獲得正義之人，即使他們才是入侵、征服或占領者。肯認的倫理不僅針對烏托邦式的無限世界，也針對這個令人不喜且骯髒的整體世界、針對自身行為及讓這些行為得以發生的條件。肯認所取用的視覺語言，來自列維納斯將倫理當作一種光學透射的思索，那是一種全新的看見——在此處的例子中，是看見我們身為個人和集體所能做出的事，和我們在創造個人行動的條件中所扮演的角色。少了後者這種全景式的肯認，亦即巴特勒所說的重新框架（reframing）和口語化的看見大局，會產生一種危險，即罪過和責任只會落在自我與個人身上，而非歸屬於社會、文化、產業、國家和戰爭機器。

儘管如此，倫理的肯認往往是私密而非全景式的，它明確地與個人相關，且始於面對面的衝突，尤其在暴力時刻。與倫理肯認的視覺向度相對的，是創傷的視覺衝擊，亦即麥可．赫爾（Michael Herr）所說，目睹恐怖事情後的創傷「儲存在你的眼睛裡」。[16]殺人者，甚至是殺人的目擊者，會因為殺人行為而留下創傷，尤其是可以看到受害者的面孔，最私密的那種殺人。以砲彈和飛彈遠距離殺人對於砲手、飛行員和轟炸員的影響，不等同於用刀、槍或無人機殺人的影響，因為殺人者可以看到受害者的面孔。[17]他者的面孔會如鬼魅般糾纏殺人者，如同楊秋香在《沒有名字的小說》中所描述，戰爭的死者「永不會遠離我們，那些臉孔……帶著指責，要求正義」[18]。也許正因如此，在西貢市郊的共和軍公墓裡，才會有人刮除了南越死者的眼睛和臉孔。

強暴則只能面對面行之，這是它會讓受害者、或許也讓加害者留下創傷的原因之一；後者是否真會留下創傷很難說，因為很多人會承認殺人，但很少人會承認強暴。強暴者的自訴，是海涅曼的《近身戰》中最驚人且令人不安的段落之一。若我們同意列維納斯所說，認為「暴力只能對準一個面孔」，坑疤臉（Claymore Face）這個綽號的意義便格外重大。[19]她布滿青春痘疤的面容滿目瘡痍，彷彿被會噴發致命鋼珠的克萊莫（claymore）人員殺傷地雷炸過。坑疤臉已經因為海軍陸戰隊員所起綽號的意象與文字而面容毀棄，之後又因為被迫為他們口交而再一次被湮滅了臉孔。在其身上發生的事，以及讀者對其命運的感受，說明了列維納斯的主張，即面孔「讓謀殺變得可能也不可能」（我們可以用強暴取代謀殺，因為強暴與謀殺是同在一個連續體上的暴力行為）。[20]一方面，她的名字召喚出他者的面孔，引發美國軍事機器殺人、性侵和工業化的暴力，體現在克萊莫地雷和海軍陸戰隊員的身上。另一方面，她的面孔應該使得謀殺或強暴變得不可能，至少，對於為了自己見證之事而憤怒、悲傷或不安的讀者而言應該如此。他者的面孔讓謀殺與強暴變得既可能又不可能，這個事實顯示，視他者為人性或不人性的我們，本身也是既人性又不人性的。我們既想認同他者，又想消滅他者，這兩種衝動可以存在於同一個人體內，當然也可以存在於同一個文化中。

我們往往只記得自己屬於正義和倫理、會認同他者的部分，卻遺忘自己會殺害他者、不正義而不倫理的部分，這樣的傾向，可以在另一個有關記憶而安慰人心的老生常談中看到，「人類對抗權力的鬥爭，就是記憶對抗遺忘的鬥爭。」[21]米蘭．昆德拉這個句子經常被引用，是對人類意志的美好陳述。每個同意昆德拉的人，都能認同與權力和遺忘對抗的人類和記憶。然而，這樣的抗衡是虛假的，始於將人與權力分開，一邊是和「記憶」站在一起的人，另一邊是意欲「遺忘」的權力。也許真正的權力並不存在於任何個體身上，如哲學家米歇爾．傅科（Michel Foucault）所主張，而是流通於超越任何個人能掌握之處，以至於「權力無所不在」。[22]但即使依照傅科的說法，人以整體而言仍與權力緊密交織。人或人性的概念透過權力而建構，透過某些人主張自己的人性（同時否定他者的人性）而建構。在傅科的關心範圍之外，個人確實有源自權力的行為，而國家或濫用權力並希望湮滅其證據的群體，也是由個人所組成。人，不論個體或集體，對於遺忘自己的行為，和記得別人對自己犯下的行為，同樣感興趣。而權力者不僅想遺忘遭他們濫權對待的人，也想記得自己的成就。人永遠並隨時都涉入權力，沒有人無辜，除了嬰兒與最悲慘的受害者。權力一定會被使用，唯一的問題是使用它的方式是否符合倫理。昆德拉的警句把權力變成只能被濫用的東西，卻同時又凸顯與權力的鬥爭，而這樣的鬥爭本身只能是一種權力。與其因為涉入權力的可能而退卻，我們應該將行使權力視為必要的行動，只是需要倫理原則以超越英雄與惡人、好與壞、我們與他們的概念。若既沒有倫理原則，也少了對自身涉入權力的認知，我們就可能如昆德拉在警句中所說，在人本主義以記憶人性對抗非人國家的號召下，起而響應，卻便宜地遺忘了一件事：若不是人類有不人性的部分，一個不人性的國家不可能存在，反之亦然。無庸置疑，我們即國家。

如果我們無法體認自己使用和濫用權力的能力，就更容易自視為純粹的受害者。更有甚者，這還讓我們有了理據，得以對我們認為傷害自己的人施行報復。昆德拉在冷戰環境中寫下這些話並非巧合，其反共語句成為陳腔濫調，流通於反共世界，這個世界自視與共產世界不同，卻看不見自己亦可能濫用權力。關於記憶與遺忘間的動態有種令人安心的刻板印象，即（自由的）人對抗失憶的國家與其對權力的濫用，而與這種印象不可分的是冷戰下的氛圍，我們在其中為某些陳腐的說法而沾沾自喜，認為自己站在記憶與解放的一方，不可能加害他人。反恐戰爭繼承了這些主張和與之相連的邏輯，亦即只看見自己是受害者，如九一一事件後的美國人。從某個框架看，美國人確實是受害者。若依照巴特勒的主張換一個框架看，則受害者觀點是把九一一事件孤立於在其之前的複雜歷史之外，讓美國有理由對其眼中的敵人發動不人性的戰爭行為。但是肯認的倫理不應該僅適用於美國人，它應該也適用於美國的敵人或其所認知的敵人，他們同樣自視為受害者。衝突中的任何一方都需要這種倫理折射所提供的人格辨識能力，即不只看見敵人與他者的缺陷，也看見自身人格的根本缺陷。少了這種相互肯認，很難達成真正的和解。

也許這樣一種肯認的倫理，只會導致報復或放棄。報復可見於戰後某些美國人身上，借用前國防部長羅勃．麥納瑪拉（Robert McNamara）的話，這些美國人學到，他們需要做的是「同理敵人」（empathize with the enemy）。[23]此話暗指，這種同理模式有助於我們更理解他者，藉此控制他（或殺掉他）。因此，伊拉克與阿富汗戰爭的反叛亂野戰手冊，由大衛．

裴卓斯（David Petraeus）將軍撰寫，他汲取自己的越戰經驗以改良軍事技巧，並鼓勵美軍對他們占領土地的人民懷抱更多文化敏感性。對美國人而言，國內的多元文化主義透過保有文化敏感度的戰爭，而有了海外的相伴版本。在兩個情況中，研究差異並了解他者都不可或缺：它們滿足了馴化他者並使他們變得無害的目的。至於放棄，這是指如果我們確實兼具人性和非人性，那對於我們犯下的非人之事，我們其實無能為力的感覺。放棄的表現是無作為，自認人性的人最常以這種方式姑息非人行為。

✢

報復與放棄可見於紅色高棉（Khmer Rouge，或稱赤柬）時期的柬埔寨及其餘波，但我們在其中也看到肯認的倫理和他者面孔的努力。代表這種倫理的是導演潘禮德（Rithy Panh）的作品，他是直面大屠殺最重要的創作者。對他和許多其他人而言，紅色高棉政權的政策與恐怖行為由S-21所象徵，這座惡名昭彰的監獄和死亡營位於首都金邊。[24]在紅色高棉統治的一九七五至一九七九年間，約一萬七千名男性、女性和小孩被關進S-21，在那裡被拍下照片、拷問、虐待、殺害。有一個數據指出生存者僅七人，另一個說法是十二、三人，最多兩百人（一如在貧窮國家所常見，官僚體系的進度還沒趕上災難）。S-21是一個極端政權最極端的展現，這個政權的處決和強迫勞動政策，導致在人口約七百萬的柬埔寨，有約莫一百七十萬人死於謀殺、飢餓和疾病。這段期間，紅色高棉創立了無臉的「組織」（Angkar），徹底掌控柬埔寨社會，規定一致的髮型和服裝，抹滅家庭關係和人類情感，將整個人口改造為強制勞動力。紅色高棉的政策是針對一整個社會和「新民」的報復，這群人口代表西方勢力和階級不公（與他們相對的是「基礎人民」，即農民）。[25]「只有聾、啞與無聲者才能生存。」成為革命社會中臉孔空白的一員，而這個烏托邦將抹除不公的過往，以「元年」為新開始。[26]這是列維納斯所談的追求整體的驅力，也就是使一切事物、差異和他者都歸為同一的衝動。殖民主義也是這種追求整體趨力的表現。法國人對高棉人所做之事，預示了高棉人對自身及柬埔寨境內所有他者的滅絕。

聯合國拒絕以**種族滅絕**描述柬埔寨人民所遭遇之事，原因是多數情況中是高棉人殺高棉人，但種族滅絕是一個族群刻意針對另一個族群所為之事。潘禮德駁斥這種官僚詮釋，他（與共同作者克里斯陶夫．巴泰耶）指出，「在較大群體中另創一個群體，這個群體中的人被認為異己、危險、有害而適於被毀滅——這不正是種族滅絕的定義？」[27]潘禮德稱這種揀選殺為「淘汰」（elimination），他動人、疏淡而冷靜的回憶錄也以此為書名，描述他青少年時歷經大屠殺後倖存，最後與當時唯一反人道罪定讞的紅色高棉官員，S-21死亡營指揮官杜赫（Duch）面對面的經過。《淘汰》（*The Elimination*）是對種族滅絕的效應和加害者心理的思索，代表加害者的是杜赫，他多次接受潘禮德面對面訪談。「他是找出並攫奪住他者弱點的人。他潛行伏擊人性。他令人不安。我不記得他有哪次離開時不是笑出聲或面帶微笑。」[28]杜赫的辯護律師薩魯斯（Kar Savuth）本身亦是大屠殺倖存者，他說：

他自一次見到杜赫時，這名前紅色高棉指揮官因為強烈的罪惡感而哭了，接著他平靜下來，指出S-21的第一任指揮官被殺了，他知道自己遲早也會步其後塵。杜赫問薩魯斯一個問題：如果他們告訴你，他們會殺了你的家人，你會怎麼做？薩魯斯說：「我會做和你一模一樣的事。」[29]

杜赫試圖說服潘禮德，換作他也一樣，但潘禮德並不接受這樣的暗示。杜赫說他說服了薩魯斯相信自己或許也會做一樣的事，但潘禮德則嘗試說服杜赫，他必須為自己的行為負責。這兩者都展現了體認人性中非人之處，以及體認非人中人性之處的倫理需求。「他在每一刻都是人性的，」潘禮德如此描述杜赫，「正因如此，他可以受到審判與定罪。沒人可自以為有權賦予他人人性，或去除其人性。但在人類群體中沒人可以取代杜赫的位置。沒人可以複製他的生命、智識與心理軌跡。」[30]杜赫是人，他有人性，但他也是人類群體之外的人。消滅他者時，他本身也是他者，只能透過承認自己的行為重獲其人性。

潘禮德並不只鼓勵在個人層面的這種肯認。杜赫是「人，完全是人」，但他也是代表政權的臉。[31]杜赫是一個獨特的加害者，或許也是受害者，但是在他手下所發生、超越了好萊塢任何想像的種種恐怖行為，是歷史與人類這一物種導致的結果：

柬埔寨民主國犯下的罪行，以及罪行背後的意圖，都無可置疑地屬於人性；牽涉到普世和全體的人，以及人的歷史和政治信仰。沒有人能視那些罪行為一地所特有或歷史的異數；相反的，二十世紀在那個地方獲得實現；在柬埔寨發生的罪行，甚至可用以代表整個二十世紀。誠然，這種說法很極端，但是其極端正揭露了一個事實：那些罪行根源自啟蒙時代。但同時我並不相信這種說法。[32]

關於種族滅絕是否為西方思想的最終結果，潘禮德猶豫了，但最終他沒有猶豫地要求我們看見，「在最深刻的意義上，柬埔寨的歷史就是我們的歷史，人類的歷史。」[33]種族滅絕雖然極端，但並不是邊緣、地方性或異常的現象，而是與在它之前和之後的恐怖事件一樣，同為非人性的根本表現，其醜惡就像偉大藝術之美一樣具有普世性。「我認為紅色高棉的罪行具有普世性，」潘禮德說，「正如紅色高棉相信他們的烏托邦具有普世性。」[34]

面對大屠殺的普世性，以及紅色高棉的平凡人（Everyman）杜赫同時具有的人性與非人性，潘禮德不容許自己報復或放棄。如果非人性的徵象之一是破壞，那人性的徵象之一就是創造，這是身為創作者的潘禮德所熟知的。潘禮德創造藝術以回應杜赫、大屠殺，以及他倖存並目睹多數家人死於飢餓和疾病的個人經驗。他透過《淘汰》一書和長片《遺失的映像》（The Missing Picture）回顧這段經驗，後者是動人而出色的自傳與紀錄片，講述他的家族和國族命運。潘禮德以出人意表的手法重現紅色高棉時期的世界，用手刻人偶代替自己和他所談論的人物出現。這個美學決定深具說服力並打動人心，不下於亞特·史畢格曼（Art Spiegelman）在處理猶太人大屠殺主題的《鼠族》（*Maus*）中採取的漫畫手法。他將納粹畫成貓、猶太人畫作老鼠，而面對同樣無可理解的死亡世界，潘禮德以無生命的人偶為逼近非人性的一個途徑。這些人偶僵硬的面孔與電影的音樂、旁白和微型場面調度融合之後，搖身一變，充滿了表現力與情感。以彷彿全景模型重現的場景，包括潘禮德的家人在那裡勞動而後死於飢餓和疾病的勞動營、農田、茅舍和醫院，還有他躺在佛洛伊德的照片之下，在死去親人旁觀下質問自己記憶的那個房間。靜止不動是其電影美學的一環，因為正如照片中的人物，這些人偶並不移動，而是固定的，記憶有時也是如此。然而與照片不同的是，這些人偶和它們置身的場景是立體的，由藝術家薩利孟（Mang Satire）雕刻而存在。潘禮德和薩利孟投入創作的努力，正是放棄的相反，也不是報復。反之，這些藝術家尋求的是一再回到犯罪現場以求得了解。他們的創作是看見他者（others），甚或是絕對他者（Other）的面孔，最重要的方式之一。

談及過去和最駭人的恐怖，潘禮德對他藝術的力量表達信心，「我的電影以知識為導向；其中一切都以閱讀、思考和研究工作為基礎。但我也相信形式、色彩、光線、構圖和剪接。我相信詩歌。這想法讓人震驚嗎？並不。紅色高棉沒有毀壞所有事情。」[35]形式，也是紅色高棉政權所關注的。人民的行為、衣著和話語都有特定方式，不符合的懲罰是死亡。「控制身體，控制心智：計畫很明確。我沒有依歸之所、沒有面容、沒有名字、沒有家庭。我沒入了組織巨大的黑衫中。」[36]脫離「組織」獲得自由後，潘禮德在其後數十年透過多部創作尋找表現形式，用以表達過去，傳達在非人中看見人性和在人性中看見非人性的艱難。成果便是《淘汰》和《遺失的映像》，兩部都是處理大屠殺最出色的藝術和回憶之作，而它們之所以有力量，是因為有別於許多其他柬埔寨人有關大屠殺的作品，屏棄了限制這些作品成就的濫情、美學上的軟弱，以及怯於歸責於西方國家的恐懼。他直面一個艱難的可能，亦即

經過三十年，紅色高棉依然保持勝利：死者已矣，從地球表面被抹除了。紀念他們的石碑就是我們。但還有另一個石碑：研究、了解和說明的工作。這不是可悲的追求；這是對抗淘汰的奮鬥。當然，這種工作無法讓死者復生。它並不尋找惡地或灰燼。當然它也不為我們帶來安歇、不會使我們柔軟。但它會將我們的人性、智慧和歷史還給我們。有時它甚至讓我們變得高貴。它使我們真正活著。[37]

淘汰的特徵是，不僅抹除死者，也透過剝奪個體性抹滅了生者。「我沒有家人。沒有名字。沒有臉孔。於是，因為我什麼也不是了，我依然活著。」潘禮德說，[38]「沒有了名字，就彷彿沒有了臉孔；容易被遺忘。」[39]

努力於記憶時，潘禮德也關注「施虐者的臉孔。當然我見過不少。有時他們會笑。有時他們很傲慢。有時他們煩躁不安。經常，他們顯得麻木不仁。固執。而且，施虐者也會悲傷」[40]。在他的紀錄片《S-21：赤柬殺人機器》（S-21）中，潘禮德與S-21監獄的數名警衛和施虐者見面，說服他們再現並重複日常行為，那些審問與拷打之舉，讓成年男子回憶他們青少年時期的生活。從潘禮德的觀點，這些男子是他者，是他想要了解之謎團活生生的體現——這場大屠殺是怎麼發生的？那些人是怎麼做的？為什麼沒人被究責？這些問題也是導演波索契塔（Socheata Poeuv）關注的。在紀錄片《新年寶貝》（New Year Baby）中，她帶父親從美國回到柬埔寨，並在他不知情的情況下安排與一名前紅色高棉幹部見面。她父親是那個年代的倖存者，痛恨紅色高棉政權，不願與那名幹部見面，但波索契塔說：「我想看到他的臉。」和許多人一樣，「我不懂怎麼有一整個國家經歷了這種事情，卻不要求正義。」但是在被區分為新民與基礎人民的國家，雖然許多人是主動的死亡代理人，卻有更多人是沉默的見證者與同謀的觀看者，為了生存而袖手旁觀，在這樣的國家裡，求得正義的艱難有何出奇？誰該負責？聯合國與柬埔寨政府共同起訴了紅色高棉最高階的五名領袖（其中位階最低的杜赫是第一個被定罪的），儘管如此，追求正義的法律努力至多是象徵性的，因為數千名真正的殺人者並不會被起訴，而數十萬參與同謀的高棉人也不會受影響或被指認。

與或多或少認罪的一些紅色高棉分子一樣，杜赫承認某些行為（其他的則否），但為了卸責而指出一個超越他的力量，也就是以其面目不明的存在讓紅色高棉的受害者心驚膽戰的「組織」。組織透過其幹部發聲，但是幾乎所有人，包括多數幹部在內，都不清楚組織究竟是誰。對柬埔寨人而言，難道組織不正是權力本身，獨立於任何個人之外？是這樣的切割，讓走過紅色高棉時代的柬埔寨人將自己排除在權力之外、排除在屬於組織一員或與其同謀之外，因而得以否認自己的責任嗎？即使是最高階的紅色高棉幹部，在接受審判時，都否認知道有數十萬人死亡（他們甚至質疑是否真有數十萬人死亡）。若加害者無法承認罪責，但至少承認參與同謀，那受害者與加害者之間是否有和解的可能？問題在於，即使承認做出某些傷害行為之後，還是很少人願意坦言自己是加害者。他們能面對自己的行為嗎？他們能面對自己的無作為嗎？他們能面對自己嗎？

在S-21監獄，潘禮德拍攝了昔日的警衛並指出，「施虐者的臉孔：消失在缺乏說明的影像之中，彷彿有一道難以超越的界線。無可名狀之物。」[41]潘禮德此處暗指的，是存在於見證者和僅聽過這些罪行者心靈之眼中的恐怖影像，也是進入S-21之後被拍下照片的所有囚犯的面容。

有些照片現在展示在S-21博物館中。照片裡的人是受害者，但少了圖說、姓名和身分識別，多數訪客並不知道，這些受害者中有不少人是觸怒了「組織」的紅色高棉幹部，包括原本在S-21擔任施虐者和警衛的人。[42]在外國人、少數族群、知識分子……之外，紅色高棉政權還利用S-21折磨並殺害自身的幹部。成為受害者的加害者臉孔以最顯眼的方式演繹，對於一段人性和非人性的歷史而言，紅色高棉時代及其餘波所代表的普遍問題：不願體認一個人傷害他人的能力並與之和解。當我們拒絕看到受害者施暴的能力，就是讓自己想像我們也是如此。

於是，世界其餘人驚駭的看著柬埔寨和紅色高棉，納悶大屠殺是怎麼發生的，但實情是，借用謝平（Pheng Cheah）的書名，只要具備對的「非人境況」（inhuman conditions），這在任何地方都有可能發生。謝平的思維闡明了人文學科中某一分支的後結構主義傾向，但潘禮德背離此一傾向。謝平與影響他甚深的傅科一樣，認為不應將人類與靈魂視為神的創造。反之，它們是由權力所創造，應被視為權力的效果。這種權力並不是任何個人所能完全行使的，因而在這個意義上是非人的。權力超越個人，而我們受其宰制。根據謝平，這就是非人境況。謝平也受德希達影響，並以典型的德希達式反轉，主張非人先於人性，不是人性先於非人。在傳統思維中，非人性是某種原初人性的毀變，因而諸多個人、部族、黨派和國家的非人行為，通常會引發帶著感性和人本主義式的焦慮難安。在謝平看來，堅信人性優先是一種根本的錯認，導致焦點從非人性是一種人類境況，變成它是一種道德異常。但是，雖然謝平對於從較為世俗和道德的角度看待非人性不感興趣，潘禮德卻堅信不可能只以謝平提出的哲學方式思考非人性。

體認到非人性是文明和其以人性為優先的結果，固然重要，但我們也必須從其他角度探討非人性，包括其中的個人罪責與行動。非人性做為人性之毀變，以及責任問題，那是轉而談論權力如何塑造結構也無法迴避的。以柬埔寨社會整體而言，構成恐怖的不僅是受害，也包括加害他者。以這種方式談論柬埔寨人，並非要否認歷史或權力的影響：法國人殖民，美國人轟炸，北越將其戰爭延伸到這個國家，或中國人明知赤柬暴行仍支持該政權，這些國家都有責任。指出柬埔寨人對大屠殺普遍負有責任，並不是說他們殺人或容許殺人發生的能力有何文化獨特性。誠如作家澤巴爾德（W. G. Sebald）論及德國人所說：「早死的是有良心的人，良心會逐漸磨蝕他們。活得長長久久的是法西斯主義的支持者，或是消極抵抗者。現在他們都是這樣想自己的……消極抵抗與被動合作之間沒有差別——是同一件事情。」[43]獨特的也許是，與德國或其他大規模殺人的情況不同，在柬埔寨，互相殘殺或目睹彼此死亡的多數族群，有著同一張（族裔）面孔。因此，柬埔寨人無法將他們的罪行單獨歸咎於外人或（族裔）他者的煽動，這迫使他們將自己當成事情的肇因之一進行審視，而這對他們可能是困難的。

✣

紅色高棉為了以非人的行為摧毀他者，而把他們非人化，但是在統治終結之後，那些差異消失殆盡，留下來的明顯事實是，若只談多數族群，則所謂他者其實不是他者。對潘禮德來說，杜赫正是這個情況的代表，他跨越了人性與非人之間的那條線，正如前紅色高棉政權的其他所有人一樣，而他們如今已深植於柬埔寨社會，難以輕易拔除。但是在受害者與加害者之間，存在一群中間人口——那些同謀的、見證的、旁觀的、放棄的。紅色高棉以這群人為他們奮鬥的理由——這些農民先被法國殖民者和柬埔寨階級制度剝削，復遭美國飛機轟炸，又被紅色高棉政權欺騙。潘禮德指出，這些人依然貧窮。若說他們在紅色高棉時期沒有

站在正義的一方，他們也是在戰後並未獲得正義的一方。他們的處境荒謬而悲慘，是維持了數百年的低階而持續的犯罪。

杜赫會笑，是因為看到其中的荒謬嗎？「我簡直難以相信——太完美、得來太容易了：笑聲在大規模犯罪的場景爆發出來。杜赫的笑聲是『扯開喉嚨』的那種笑聲：我想不出其他方式形容。」[44]奇怪的是，在S-21所有死者和將死之人的臉孔之間，竟有一張顯眼的笑臉。在我到過的博物館或紀念館中，包括歐洲的滅絕營在內，這裡最令人不安，而任何人能在這個地方笑出來，似乎都讓人難以理解。

那是一張畫出來的臉，不是真正的人臉，而劃過那張笑臉的斜線是舉世皆同的禁制標誌，擺在此處命令訪客不准笑。標誌上面寫著**保持安靜**。這個標誌和這張臉證明，曾經有人在這裡笑過，而且不只是杜赫。我造訪時，外國青少年遊客在禁閉室的走廊大笑。為什麼有些訪客會笑？也許是出自緊張，因為如果一個外國人是在午休或放假時造訪此處，他能說什麼？抑或造訪的是當地人，也許笑聲掩蓋的是淚水或難以置信的心情，禮貌的隱藏了一個人有多難過或不自在。也許笑聲嘲諷的不是死者，而是紀念館體現的權威。這種權威是訓示性質的，而有誰從不曾想要嘲笑權威和訓示呢？這個權威針對記憶與哀悼的適當禮節規訓造訪者。這個權威告訴你**這不是好笑的事情**，而且要**永遠記得**、**絕不遺忘**。這個權威要我們忘記它自身的權力、忘記這些紀念館所記錄的罪行，並非由怪物與國家公敵所犯下。犯下這些罪行的是人，若勝利的是他們所屬的政府與陣營，其行為會大受吹捧。儘管發笑也許並不有禮、甚至是非人的回應，我們仍有可能加以理解，如米蘭・昆德拉在《笑忘書》（*The Book of Laughter and Forgetting*）中所主張的那樣，將發笑的人與笑聲具有顛覆性的魔鬼視為同屬一方。昆德拉說，天使的笑聲是掌權者的聲音。但我們應該永遠與天使站在同一方嗎？與其單純相信魔鬼是墮落的天使，難道天使不可能是勝利的魔鬼嗎？[45]

以列維納斯的用語來看，絕對他者的面孔呼喚著善良與正義，要求「禁止殺人」，尤其是他所說的「陌生人」（the Stranger）。[46]在他類宗教的語言中——絕對他者存在於高處，在神的領域，在無限之中[47]——列維納斯站在天使那一邊，同情陌生人而非魔鬼，鄙視以戰爭和帝國主義為法則的世俗整體。他迫使自己相信他所主張的倫理，相信「支持他者就是良善」的想法。[48]但是他也承認「他者……處在死亡，可能還有謀殺，所源出之地」[49]。紅色高棉於一九七五年四月十七日以勝利之姿抵達金邊時，他們對城內居民而言是陌生人與他者。如果各方所有人在對待相對於己方的他者時，都能做到彷彿自己就戴著絕對他者的面孔，那列維納斯所呼籲的倫理和道德良善就有可能達到。但是身為他者的紅色高棉帶來了死亡，而誰能說他們戴著的絕對他者的臉孔，不比列維納斯所企盼的那一張臉真實？如果絕對他者的臉龐昭示的不是正義，而是恐怖呢？在當代為支持與對抗極端伊斯蘭主義而起的戰爭中，有沒有可能，恐怖分子戴著面罩的臉，對西方而言就是絕對他者的臉？如果正義與恐怖是同一件事呢？紅色高棉與極端伊斯蘭主義者絕對相信自己是正義的一方，以包容、言論自由、宗教自由和空中武力為信仰的西方國家亦然。

這就難怪某些哲學家和許多人一樣，迴避地獄的可能性，轉而信仰天堂，那將臨的未來。哲學中相當於信仰的世俗信念是，絕對他者會驅使我們追求正義（而在後結構主義思維中，正義為何無需被定義）。如果我們希望人類能生存下去，就必須抱持這個信仰，但也必須面對我們的懷疑。絕對他者有可能是殺人者，我們自己也有可能是殺人者或殺人的同謀。果真如此，而若杜赫單純只是「平庸之惡」的又一例證——漢娜．鄂蘭創造出這個詞以討論納粹軍官阿道夫．艾希曼（Adolf Eichmann）——則杜赫的例子所提供的啟示是，平庸之惡一般只被西方世界保留給自身所用，做為主體性、能動性和中心性的標誌，連只是戰爭機器中的小齒輪、最無足輕重的西方人都適用。將他者排除於平庸之惡以外，是否定了他們在惡行中同樣擁有主體性的權利。相對的，使他者成為平庸之惡的主體，則是棄絕了西方那種居高臨下的憐憫，雖然他者可能會受到自我憐憫的誘惑。對他者而言，自憐總是有害的，因為自覺不可能作惡之人終究會作惡，這正是在柬埔寨和許多擺脫西方宰制的國家所發生的事情。

若盡可能將這個絕對他者的道德難題以最精簡的方式呈現，以下是各種倫理記憶模式的運作方式。在記憶己方的倫理中，也就是最簡單而最明顯保守的模式中，我們記得自己的人性和他者的非人性，同時遺忘自己的非人性與他者的人性。這是對戰爭、愛國主義和武力外交最有利的倫理模式，因為它將他者貶損為最扁平的敵人。記憶他者的倫理較為複雜，並以兩種調性運作，自由主義調性會記憶自己的人性，激進調性則記憶自己的非人性。在兩種調性中，我們都會記得他者的人性並遺忘他們的非人性。會讓我們記得自身人性的自由調性也對戰爭有利，不過通常是在人道偽裝下發起的戰爭，是為了良善他者所進行的救援任務（為此，很遺憾的，我們可能必須殺掉邪惡他者）。較為激進的版本讓我們記得自己的非人性，這是反戰情緒背後的驅動力量，因為我們擔心自己可能做出的恐怖事情。然而在這個激進的調性中也有一定程度的欺騙，因為若我們也只看到他者的人性，看不到他們的非人性，就不是以看待自己的相同方式看待他們。於是，我們以他者的人性為名，將他們分派到相對於我們複雜的自我而言較為從屬、簡化而次要的地位。我們可以戰死和殺人，有悲劇與負疚，經歷種種人性和非人的行動與感受，而他者只能被殺死，永遠只能是我們看似善意的憐憫對象。要避免簡化他者，肯認的倫理要求我們記得自己的人性與非人性，也要記得他者的人性與非人性。若問肯認的倫理要求我們遺忘什麼——是任何人或國家或民族認為人性、磨難、痛苦和殊異受害者的身分獨屬於他們的想法，這樣的主張幾乎必然將我們帶向更多以受害者之名而施行的報復。事實是，不論有幾百萬人在我們獨有的悲劇中死去，還有其他幾百萬人在其他同樣悲慘的悲劇中死去。

潘禮德的回憶錄和電影凸顯了這種肯認的倫理，也提出大膽的主張：高棉人的人性與非人性，理應使柬埔寨位於世界歷史的中心。這個主張很重要，原因有二。首先也最明顯的原因很簡單，即這樣的主張會讓柬埔寨與高棉人從邊緣移動至核心。這也是比較無趣的原因，因為提升邊緣化之人的能見度，並無損於邊緣，只會讓新的他者進駐。更重要的原因是對於非人性的主張，因為在西方論述中，他者從邊緣移動至中心往往以主張他者的人性為前提。潘禮德的作品拒絕這種濫情暖心的論述，從而確認了面對並處理非人性的重要與艱難，不論是西方的非人性，還是相對於西方的他者的非人性（從這些他者的觀點而言，就是我們）。因而，「絕對他者的面孔」（the face of the Other）從名稱而言就是錯誤的。它誘使我們憐憫他

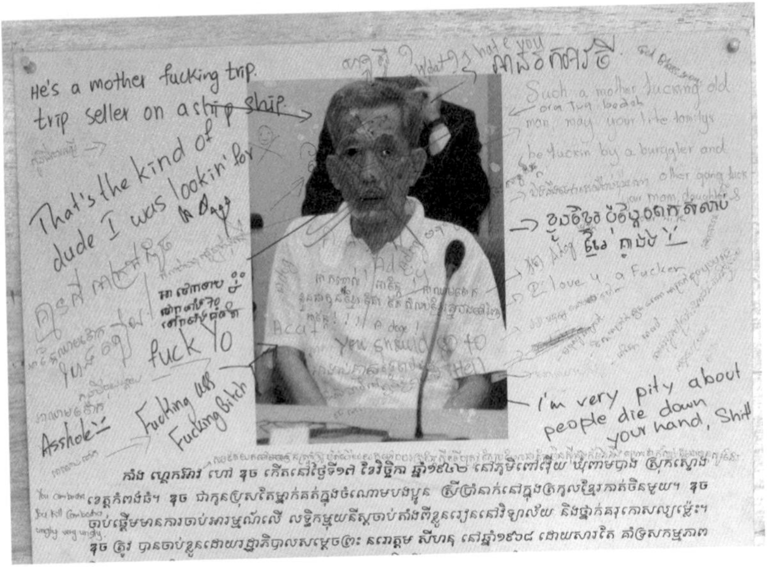

者，只看到他們受苦的單一面孔。事實上，絕對他者永遠有至少兩張面孔（faces），人性的與非人的。

這兩張臉在S-21牆上的一幅照片裡同時可見。

這張照片位於二樓展間，攝於杜赫的審判期間。他的臉就在那裡，但是已遭塗抹毀損。訪客在上面寫滿了辱罵與汙言穢語。他只是一個人，也許具有特異的能力，但並不是外星人，訪客不喜歡他們眼前所見，正是因為他看起來和我們沒有兩樣。他與我們的相似和我們與他的相似都引發恐懼，這也是某些訪客汙損他面容的原因。肯認的倫理會防止我們因為錯認他為魔鬼化身而汙損他的面容，若我們希望避免重複暴行，就必須記住他與人的相似性。倫理是一種光學，需要

我們看到杜赫是人，擁有人性也擁有非人性。我們必須持續直視像他這樣的人類犯下的駭人行為，才能有所學習，才能想像不只是充滿希望的烏托邦式未來。還有一個不同的、反烏托邦的未來，在那個未來，如果紅色高棉成功了，杜赫不會是魔鬼，反會是天使。這將迫使我們提問：今日我們想像為天使的人，會不會只是勝利的魔鬼，就像發射炸彈的許多官僚和民選官員，透過由人捉刀的回憶錄書寫了自己的故事。

對創作者而言，觀看、記憶和創作藝術本身，就是體認人性與非人性曖昧特質的方式。誠如潘禮德在《遺失的映像》近尾聲處所說，「人不該看到或知道的事情太多了。若看到了，他死了還比較好。但我們當中任何人若看到或知道這些事情，就必須活下來告訴其他人……我拍了這部電影。我觀看它、珍惜它，將它捧在手心彷如一張摯愛的臉龐。現在我將這部電影交給你，使它永不停止找到我們。」與列維納斯不同，潘禮德沒有把絕對他者的面孔變成良善的面孔，而是看到兩張臉——他獻給我們的摯愛的臉，以及拷問者、施虐者和學校教師杜赫的臉。不過，潘禮德仍有追隨列維納斯之處，因為列維納斯說「正義的途徑是面對面，透過交談」[50]，而這是「一個倫理關係」[51]。與杜赫的訪談就是這種交談，就是與他者透過對話求取正義的關係。《淘汰》與讀者之間及《遺失的映像》與觀者之間的關係，也是對話；潘禮德是相對於我們的他者，而我們是相對於他的他者。正義也在這種美學關係中求取——立基於藝術、甚或是更世俗之物，立基於歷史和我們對人性與非人性的理解之上的正義。為了肯認杜赫兼具的人性與非人性，潘禮德採行肯認的倫理，既確立了無限與正義的重要性，亦即我們所企盼的世界樣貌，也要求我們面對整體，即世界曾經或現在的樣貌。肯認的倫理直面我們周圍與內在的整體性，揭示了人性與非人性彷彿經立體鏡疊加後的同時性。於是，潘禮德採用人偶以描摹受害者的人性，而S-21博物館以笑臉畫像描摹面對苦難的非人反應。兩種詮釋都少了真正的人臉，如S-21博物館那張照片裡的臉。隨著這種缺乏而來的可能是，我們需要哲學家也需要藝術家，才能為我們描繪出一種肯認的倫理，創造出一張非人臉孔的圖像。

PART 02

INDUSTRIES

／

產業

On War Machines ／ On Becoming Human ／ On Asymmetry

戰爭機器／成為人類／論不對稱

4 戰爭機器

尼采寫過，「一件事若要留在記憶中，必須被燒灼進去：只有從不停止疼痛的事情才會留存在記憶裡。」[1] 戰爭已燒灼進許多人的記憶，那時我們還太年幼，連疤痕在哪裡都不確切知道。那些出生太早，記不清楚、甚至什麼也不記得的人，視網膜上可能仍留有戰爭的殘影，這是澤巴爾德讓人難忘的稱之為「二手記憶」（secondhand memory）的後果。[2] 這位自我放逐到英國的德國作家，終其一生都在嘗試記憶一場他還沒爬出搖籃就結束的戰爭。二手記憶也是難民包袱的一部分。有時候，這些記憶是私密的遺產，由第一手見證戰爭的親友留給我們；有時候，這些記憶是好萊塢的幻想，其原型是《現代啟示錄》，在這則現代格林童話裡，燃燒彈點亮了黑暗的森林。許多美國人，還有世界其他地方的人，以為自己看過《現代啟示錄》這樣的電影，就對越南戰爭有所了解。只因為花了一張電影票的錢，他們便也能像麥可．赫爾一樣說：「越南，我們都去過的。」[3]

我想，即使對那些僅有最微弱二手記憶之人，這話也成立。以曾經在銀幕上和照片裡看過它燃燒的意義而言，他們到過越南，畢竟這場戰爭是「史上受到最多記載、紀錄、報導、拍攝、錄音——很有可能也是受到最多敘述的一場戰爭」[4]。學生告訴我，他們聽說過這場戰爭，儘管不太明白發生了什麼事、美國人又是如何到了那裡。這些學生不是戰後世代，而是戰爭世代，他們生於一九八〇和一九九〇年代，正在經歷伊拉克與阿富汗的戰爭。對每二十年就打一場戰爭的美國社會而言，戰前、戰時與戰後的區別是模糊的。戰爭不是獨立事件，而是一個連續體，強度起起伏伏，偶爾驟然升高。戰爭一直是我們生活的一部分，像白噪音的單調嗡鳴，融入冷氣機、電腦與車水馬龍的聲音。像我學生一樣的人，已經習於在唱片封面上看到燃燒的僧人，或在搖滾明星牆上看到這場戰爭的代表性照片。[5] MTV實境節目《名人豪宅秀》（MTV Cribs）的攝影機停留在放大到覆蓋一整面牆的相片上，搖滾明星在一旁描述照片裡的景象。「這是《生活》（Life）雜誌一張有名的影像，」他說，「顯然是個男的被射中頭部。我把照片放在這裡，提醒自己人類的苦難。我想，我每天走出房間看到這個，都會對自己現在的生活有種感恩的感覺。」他生活的地方是好萊塢山（Hollywood Hills）的華宅，可以俯瞰整個洛杉磯。在鬧區一間時髦飯店的屋頂酒吧，我看著類似的洛杉磯風景，注意到《現代啟示錄》正投影到鄰近一座建築的牆面上。電影無聲的放映，渾身泥巴的馬丁．辛（Martin Sheen）從沼澤裡浮出，準備去砍死馬龍．白蘭度（Marlon Brando）。屋頂上沒人多看一眼。

即使對許多人而言，戰火不再燃燒，其殘影依舊難以遺忘。這類帶著火光的殘影還有另一個名稱，瑪莉塔．史特肯引用佛洛伊德，稱之為「屏蔽記憶」（screen memories）。[6]這些記憶一方面將其他記憶屏蔽在外，同時也是一面屏幕，上面投射了我們私密與集體的過去，是我們自己的家庭電影。雖然屏蔽記憶不必然是視覺影像，但我們對越南最鮮明的屏蔽記憶幾乎都是如此：黃幼公（Nick Ut）一九七二年的照片中被燃燒彈攻擊，赤裸在道路上奔跑的潘氏金福；一九六三年，佛教僧人釋廣德（Thich Quang Duc）為了抗議總統吳廷琰（Ngo Dinh Diem）對佛教徒的迫害，在西貢路口引火自焚的一幕，被相機和攝影機同時捕捉；而搖滾明星牆上那張照片，是一九六八年新春攻勢期間，阮玉鑾（Nguyen Ngoc Loan）上校持槍處決越共嫌疑犯阮文斂（Nguyen Van Lem），這個行為被艾迪．亞當斯（Eddie Adams）的相機和一組電視攝影人員拍下。

這些影像不僅是越南人苦難的證據，也見證了將這些影像送到我們眼前的整個機器強大的力量。這個機器從攝影師延伸至他的設備，到付錢買他時間和底片的新聞社，到將底片空運出戰區的機器，到將這些影像註冊版權、發送、歸檔並永遠流通的本國新聞辦公室，而在照片裡的是被電影導演哈倫．法洛基（Harun Farocki）稱為「無法熄滅之火」（inextinguishable fire）所燒傷而留下疤痕的越南人。[7]他們的苦難被永遠定格，他們痛苦的影像掩蓋或消除了這場戰爭其他受害者的記憶。這些影像、屏蔽記憶和二手記憶，不僅確認了銘印在底片上、放映到銀幕上或無可抹滅地刻在我們雙眼玻璃體上的事情——也見證了記憶工業的力量。這些畫面在世界各地都可看到，這是因為西方媒體擁有的機器可以帶著用不完的底片的記者用直升機載運進出戰場，幾乎是立即將這些負片沖洗出來，並且在事件發生的當天或次日在全球刊印。相對的，北越攝影師以叢林為家，將少數的底片膠卷囤積起來，要將負片穿過艱險路途送到河內，則必須靠著經常死於轟炸的信差。[8]這些情況限制了北越人的眼睛能看到的畫面，也限制了哪種越南人能被世界所認得。

✢

認得一個人的臉孔，甚或是一個民族集體的面貌，是重要的，尤其若我們談的是遭到戰爭機器毀滅的面容。但同樣重要的是了解「認識」如何產生，了解記憶工業如何創造記憶。「記憶工業」（industry of memory）有別於「記憶產業」（memory industry），正如「戰爭機器」（war machine）不等於「軍事工業」（arms industry）。

在最壞的情況下，提起記憶產業可能令人聯想到家庭手工業，是一種地方性的經濟，目的在製造容易購買而諷刺地容易遺忘的東西：鑰匙圈、咖啡杯、T恤、觀賞動物或人類的旅遊行程，或者如在越南可以看到的，據稱用美製子彈做成的原子筆或項鍊。充其量，記憶產

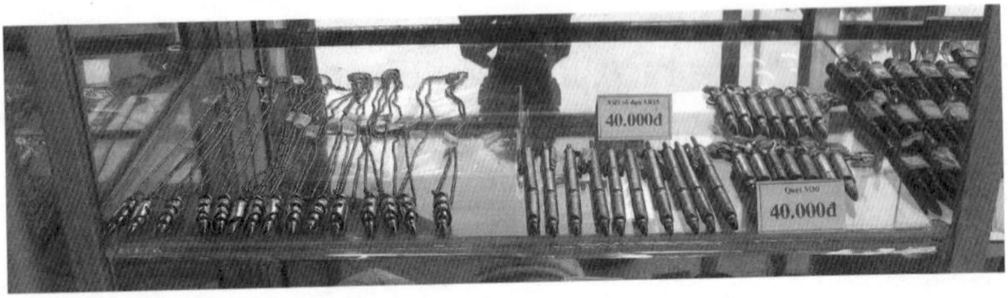

業所召喚的是透過博物館、檔案庫、慶典、紀錄片、歷史頻道、訪問等等所達成的記憶專業化（professionalization of memory）。然而記憶產業所做的，只是記憶工業的一環。將記憶錯認為只是一種待價而沽的商品，或是由專家傳遞的訊息，就好像把一支槍和其生產者，或是一套監視系統與其設計者，單純視為軍事工業的產品。軍事工業只是戰爭機器最明顯可見的部分。在戰爭機器中，可以看到的是大量軍備，但更重要的是將戰爭、我方的犧牲與他人的死亡合理化的觀念、意識型態、幻想和言語。

同樣的，記憶工業所涵蓋的物質與意識型態力量，決定了記憶如何又為何被製造與流通，而誰可以取得並控制記憶產業。特定種類的記憶和追憶之所以有可能，是因為記憶工業仰賴亦創造「感覺結構」（structure of feeling）。雷蒙・威廉斯（Raymond Williams）所創的這個用語結合了具體（一個結構）與無形（一種感覺）。[9]無論多麼不可見，一種感覺都容納我們、形塑我們，讓我們透過它的窗戶觀看世界。正如結構隨著富裕到中產到貧窮階級而有不同，感覺本身也有差異。世界會關注有錢有勢者的感覺，因為當有錢有勢者的決策可能燒傷人，那些感覺便舉足輕重。貧窮與弱勢者的感覺則能見度低得多，當然，除非是對貧窮與弱勢者而言。感覺和其結構之間的情形亦適用於記憶和記憶工業，有錢有勢者的記憶有較大影響力，因為他們擁有生產工具。如同馬克思與恩格斯所說：「統治階級的思想在每一個時代都是占統治地位的思想。」[10]同樣的，他們的感覺和記憶也是最強大的，以完全掩蓋弱者的感覺與記憶的方式被生產、包裝、流通和出口。

弱者的記憶對他們而言是重要的，正如個人記憶對個人是重要的，然而對世界來說，弱者的記憶只有在被記憶工業放大時才重要。這個工業不只是產出記憶的一套技術或文化形式，比如出現在本書中的小說、電影、攝影、博物館、紀念碑或檔案庫。[11]這個工業不僅止於篩選、設計與研究記憶的專業者網絡，或是生產記憶的文化作品的藝術家、作家與創作者。記憶工業涵蓋這些與其他，納入了個人記憶的過程，製造記憶的集體性質，記憶之意義的社會脈絡，以及，最終，記憶的生產工具。這些都決定了是誰的記憶被製造、如何製造及其流通的範圍和影響力。記憶的爆炸半徑，正如武器的爆炸半徑，由工業力量所決定，即使記憶行為本身係由個人意志所形塑。因此，雖然釋廣德在火焰和煙霧吞噬其身體的同時，展現了寧死不屈的信仰和紀律，他的行為產生全球效應卻是因為西方媒體大肆報導。自那時起，不論戰時與戰後、在越南和其他地方，甚至美國，都有自焚的人，但是那些自我犧牲都沒有獲得與燃燒的僧人同樣的能見度。為了讓聲音被聽見而犧牲自我並不夠。在記憶被排除的人不僅能為自己發聲，也能控制記憶的生產工具以前，記憶不會發生徹底轉變。少了這樣的控制，為自己和他人發聲者將發現，他們無法決定自己的聲量。只有控制了記憶工業和准許他們發聲的人，才能決定那個聲音的大小。

記憶的鬥爭，因而與為了發聲、控制、權力、自決和死者的意義而起的鬥爭，密不可分。擁有龐大戰爭機器的國家不僅對弱小國家造成更多傷害，也能對世界合理化那樣的傷害。某種程度上，美國記得這場戰爭與其記憶的方式，就是世界記得它的方式。即使在亞洲崛起後競爭日益激烈的時代裡，美國做為工業基地的規模已縮小，在自身記憶的全球化中它仍是超級強權，而其象徵就是好萊塢，以及其以美國記憶和美國軍備為主題的電影。美國擁有最強大的記憶工業，堪比美國的軍事工業，正如好萊塢可比美國的武裝部隊。美國對武器與記憶的全球霸權，會使其他國家（不論他們對戰爭的記憶為何）直面好萊塢的商品，以及那些衝擊觀者、瞬間變得惡名昭彰的片段即景。正如散文家皮科・艾爾（Pico Iyer）指出，到了一九八五年，「藍波已經征服亞洲……連續十週，我造訪的每一間電影院都有一部史特龍的大片。」[12]讓美國記憶得以發行全球並擁有世界級品質的技術，深植於整個美國社會，包括我自己任教的南加州大學。南加大校園擁有全世界最先進的電影學院，也有軍隊資助的研究中心，為軍方研發高科技的虛擬實境模擬器。在未來的好萊塢導演學習技藝，而建築物上有著喬治・盧卡斯和史蒂芬・史匹柏等名字的高教機構中，這些虛擬實境模擬器讓軍人得以透過電影練習戰爭，或是接受戰爭創傷的治療。[13]哲學家亨利・柏格森（Henri Bergson）曾暗指，記憶是一種虛擬真實，而這個模擬器顯示了虛擬真實也是戰鬥與戰後復原的整備區。[14]武器化的記憶加入戰爭機器的軍火庫，部署於控制真實的鬥爭中。

在校園其他地方，學生學習如何研發電玩軟體，這是武器化記憶的一個類型，而若將人類心智想成最具戰略意義的戰場，這類武器化記憶就不容忽視。必須先透過虛擬方式贏得人心，一場真正的戰爭才有可能開打。戰爭一直是電玩敘事的主題，而我的這場戰爭也不例外，「決勝時刻」（Call of Duty）系列就是其實現。這個營收一百一十億美元的產品比許多好萊塢電影系列還成功，它所屬的子類別為第一人稱射擊遊戲（first person shooter），而這個名稱清楚顯示武器和敘事的緊密交纏。[15]在這個子類別的越南戰爭版本《黑色行動》（Black Ops）中，遊戲玩家透過一名美國戰士的眼睛，看到英雄與惡徒明暗對照的世界。遊戲的預告片讓人想起不少電影，最重要的一部是麥可・西米諾（Michael Cimino）一九七八年執導的電影《越戰獵鹿人》（The Deer Hunter），片中的越共施虐者強迫美國戰俘玩俄羅斯輪盤。這一幕雖然沒有史實根據，但也許是以歷史為靈感。當演員克里斯多福・華肯（Christopher Walken）將點三八口徑的槍管對準自己的頭部時，這一幕召喚出新春攻勢期間西貢街頭上子彈射入頭部的著名畫面。召喚，卻也同時抹除，因為在電影中不是越南人射越南人，而是一名美國人即將開槍射擊自己。美國人最愛想像這場戰爭不是美國人與越南人之間的衝突，而是美國人之間為了國家靈魂而打的一場戰爭。俄羅斯輪盤將這場戰爭的唯我式改寫變得具體化，用美國人的痛苦取代了越南人的痛苦。《黑色行動》則更進一步，因為《越戰獵鹿人》中的施虐者好歹是越南人，但電玩預告中的大反派是俄羅斯人。如果越南人要當反派，不能至少是大反派嗎？

不過，《黑色行動》的重要性不限於其引發個人幻想的力量。它其實是戰爭機器的娛樂假面。年輕人玩這類遊戲，就像昔日的英國男孩參加男童軍，為了成為日不落帝國的守護者而準備，只是後來太陽畢竟落下了。雖然並非所有美國男孩（或女孩）都會從軍成為坦克砲手、無人機駕駛或直升機武器官，但加入的人將已熟悉透過第一人稱射擊者的眼光看敵人的原則。至於對絕大多數不從軍的美國人而言，許多人會透過他們個人裝置的螢幕觀看軍事行動，其中的爆炸與死亡不會顯得真實，反而像是他們熟知電玩的視覺回響。這就是記憶工業如何訓練人成為戰爭機器的一份子，透過第一人稱射擊者的敘述，將戰爭變成遊戲、遊戲變成戰爭。

✢

雖然小說與電影也是記憶工業的一環，但第一人稱射擊者在誘惑讀者或觀賞者方面遠遠超過它們。第一人稱射擊者利用電影式技術，並且把它從被動變成主動技術。第一人稱射擊者遊戲結合了《追憶似水年華》（*A Remembrance of Things Past*）的時間長度與電影的強度，每一分鐘都比閱讀小說或觀賞電影更使人投入。遊戲的重點不是要認同他者並關心另一個人，這些同情共感的時刻對於小說和電影給人的樂趣至為重要。[16]反之，第一人稱射擊者建立在汗水與肚破腸流的美學上，重點是與射擊者產生自我認同，感受到參與屠殺的喜悅和刺激。屠殺並不仰賴享受他者的痛苦而發生，因為他者太遙遠了，連想像他會有任何感受都不可能。他者僅僅是非人類（nonhuman），遊戲者透過破壞而獲得的愉悅則是非人的（inhuman）。

這不是說我們**就會去**毀滅非人類，一如對小說人物深刻的同情共感，不見得會啟發我們去拯救真實的人類。但是小說與第一人稱射擊者各自以不同的方式引誘我們接受其救贖或毀滅的根本理念。關於遙遠他者的傑出小說會說服我們拯救他們的必要性，但是基於懶惰、冷漠或恐懼，我們許多人可能會將這件事留給別人去做。一個出色的第一人稱射擊者會讓我們熱血沸騰到殺人的剛好溫度，而基於我們對自身人性的依戀和自我保護的本能，許多人會把這件事留給軍隊去做。[17]我們變得習於透過步槍瞄準鏡觀看，接著是飛彈的十字瞄準線，然後是無人機不帶情感的凝視。第一人稱射擊者代表戰爭機器的自傳式觀點，而透過這個有限觀點看到的社會，已經接受了軍備與殺人的必要性，視之為日常生活的一部分，不論是在自己居住城市的街頭或學校裡，或是在他者的土地上。正如小說家吉娜．阿波斯托爾（Gina

Apostol）所說：「軍事工業複合體……難道這指向的不僅是一種經濟秩序，也是一種精神異常嗎？①」[18]

果真如此，這個拒絕正視或分析自己的複合體情結，是一種常見而普遍的異常。因此，美國人看到別人對他們的描繪時會感到困擾不安，也就不足為奇了。這種情況不獨屬於美國人。所有戰爭機器都會在其乘客身上寫入認同這部機器的程式。機器的意識型態軟體讓乘客為它的存在而感到安心與驕傲，同時恐懼他者的戰爭機器。碰上他者的記憶時，乘客可能為之震驚，懷疑是受到外來程式錯誤的病毒感染。稱之為因為錯誤體認而來的震驚（shock of misrecognition）或因為體認而來的震驚（shock of recognition）皆可。這兩種震驚的其中一種，很可能會發生在造訪戰爭遺跡博物館（War Remnants Museum）的遊客身上，這裡是旅遊書號稱西貢最熱門的觀光景點之一。博物館的各展示區中，美國遊客最記得的一個是在一樓大廳迎接他們的「侵略戰爭罪」（Aggression War Crimes）。一般美國遊客不喜歡這個名稱。美國人不喜歡混淆不清的英文，但那樣的英文其實也強過他們對當地語言的掌握。美國人更不喜歡被指控戰爭罪，因為多數美國人相信，一個美國人絕對不可能犯下戰爭罪。但是這間博物館主要展示的確實是美國人的戰爭罪——屠殺、虐待、破壞屍體、橙劑（落葉劑）對人體的影響——由西方攝影師在戰爭期間以黑白照片所捕捉。突然間，美國遊客成了符號學家，了解照片不只是單純的記錄真相，而是由其構圖者所框架。被迫看到這些暴行時，美國人頗為典型的反應是說：**我們沒做這種事或他們也有做這種事**。[19]這就是錯誤體認的震驚，源自從破裂的鏡面中照見自己，直面異常的自我。

造訪山美（Son My），或美國人記憶中的美萊，比較可能讓美國遊客有所體認。這座村子位於西貢以北數百公里外，離最方便的觀光路線1A公路也很遠，只有特別知情且好奇的美國遊客才會到訪。村子的遺跡上建了一座博物館，水泥小徑中的迤邐腳印召喚著已經不在的村民鬼魂。美國軍人殺了這裡的五百多名村民。戶外有一片鑲嵌畫，呈現村民受到科幻造型的戰爭機器來自空中的攻擊，黑色的機器滿載引擎和炸彈，像嘴巴一樣大張的火爐取代了鼻子。巨大的紅色血滴從畫的下緣滴落。博物館裡的全景模型中，真人大小的美國黑人與白人士兵因憤怒而表情猙獰，朝著在死亡那一刻看來出奇平靜的村民開槍。特意前來山美的美國人對這場屠殺已經知情，與其說是一般遊客，他們更有可能是來到這裡致意的悼亡者。[20]他們對看到這幅全景模型時的震驚已有預期。**我們做了這種事**，他們心想。**我們知道我們做了這種事**。[21]

---

① 譯註：military-industrial complex（軍事工業複合體）中的complex，亦指心理學中的情結，如戀母情結（Oedipus complex）、自卑情結（inferiority complex）等。此句引言即以complex一字的雙重意義做發揮，經濟秩序指的是複合體，而精神異常指的是某種心理情結。

戰後美國人來到越南，在與越南人記憶的這些與其他相遇中，美國人看到自己被呈現的方式，因而感覺受傷。他們不再能安穩的坐在戰爭機器裡，受到意識型態與幻想構成的懸吊系統保護，而不受武器的後座力影響。在越南的土地上，身為遊客的他們不是受到裝甲、砲火與空中火力保護的士兵，而是不被記憶的他者——在博物館和展示處使用的辛辣語言中，他們是殺人者、入侵者、惡徒與空中海盜。戰時造訪越南的瑪麗・麥卡錫（Mary McCarthy）說，這些用在美國人身上的名稱彷如「荷馬史詩中的諢名」。[22]不習於在日常空間遇見史詩，也不習於不被記憶的美國人，許多都覺得這整場戰爭和他們的身分不應被化約為在越南各地受到紀念的暴行。這些美國人認為戰爭遺跡博物館與山美的全景模型是政治宣傳，也的確如此。官方與非官方版本的越南記憶，對於以任何方式紀念他者都顯得興趣缺缺（注意，不管在越南的哪裡都看不到任何全景模型，描繪勝利的越南人如何對待戰敗的越南人）。但是這些美國人不應否認宣傳物中的真實，亦即美國軍人在越南犯下暴行，而其餘的美國人從未完全面對他們在這些暴行中的同謀角色。這場戰爭並不如卡特總統所說，有各種政治傾向的美國人想要相信的那樣，是「互相毀滅」。[23]事實上——這不是詮釋問題——以付出的代價和死亡人數而言，這場戰爭的毀滅並不是互相的。倫理而公正的做法是面對那些數字，以及以下這些事實：美國土地上沒有發生屠殺，美國城市沒有被投下炸彈，沒有美國人被迫成為性工作者，沒有美國人成為難民，諸如此類。

拒絕承認死亡與損害方面的不平等，既不倫理也不公正，但是當對於這些事件的記憶本身並不平等，要面對或承認這些不平等就變得困難。美國人只接觸到他們自己的記憶，因此當他們碰上他者的記憶時，反應往往是憤怒、否認和反指控。在這一點上，他們並不獨特。每一個國家的人民都習於他們自己的記憶，面對其他民族的重記憶（rememories）時，都會以同樣的方式反應。人都會保護自己，並自我合理化，因而他們的記憶都會盡可能讓自己顯得光彩。負面記憶不見得是禁忌，然而是經過妥協的。美國人也許隱約知道他們的士兵犯下惡劣的行為，但是這類行為的嚴重性，會因為據說迫使士兵犯罪的情況及美國人誠實自省的能力而緩解。美國人也許犯了罪，但是他們並沒有從事政治宣傳行為，至少他們是這樣相信的。不論政治宣傳採取何種形式，那永遠是別人的事，不過這並不表示所有宣傳都是平等的。美國的版本勝過越南的版本好幾個等級，尤其因為美國的政治宣傳不是由國家控制。記憶工業與戰爭機器多數時候會攜手合作，既承認也合理化美國的錯誤與罪行。蘇聯與中國雖然手握威權力量和龐大的戰爭機器，卻從未如美國那麼擅於包裝其意識型態，總是以一體適用的單調衣著和難看髮型為表現。共產主義的訊息是：遵從黨和人民所說的去做，而資本主義則告訴你愛做什麼就做什麼，其意識型態是任何尺寸都有的成衣。大家可以尊重彼此有不同意見，雖然在上面這個例子中，這一點可能不成立。有時候，美國對「自由」的信仰的界線清楚可見，比如在麥卡錫主義的時代，但多數時候這些界線只出現在眼角餘光中。這些界線在於人民必須繳稅以資助戰爭機器，並承認對戰爭機器的武裝反抗徒勞無用。

美國意識型態的關鍵一環是所有個人都是平等的，雖然在實踐上這並非實情，包括在記憶的領域中。集體記憶並不平等，而個人記憶只有隔離於個人腦海中的時候才是平等的。我的記憶在我的感覺中，與你的記憶在你的感覺中同樣強烈，不論我們在世界上的處境有何差異，但如果你能夠取得記憶工業的擴音器，你的記憶就比我的記憶強大。美國人與越南人之間就是這樣，他們的記憶對各自而言同樣意義重大，但是在全球舞台上並不平等。世界的記憶既不民主也不公平。反之，各種彼此交纏的權力，決定了記憶的影響力、觸及範圍與品質。美國的權力意謂著美國可以將其記憶投射在他處，正如它將自己的軍力投射於他處，使得他者的生命不如美國人的生命有價值。學者詹鶤（Chalmers Johnson）所說的基地帝國（empire of bases），即美國在全球各地的七、八百個軍事前哨、駐地、機場與祕密設施，體現了這個權力。[24]而正如許多國家容許自己成為美國士兵活動的領土，有更多國家鬆懈了對美國記憶入侵的防禦，那些電影、文學、語言、觀念、價值觀、商品與生活型態的軟實力輸出品，整套好萊塢—可口可樂—麥當勞的網絡在許多大城市與不少小城市都可見到，包括在越南，從其都會中心到新建立的郊區，有著平坦的人行道、速食店獨立的單戶家庭住宅。

由於美國軍隊和記憶的力量，以及整個美國戰爭機器生活型態和其各種前提的觸及範圍廣大，我到哪裡都會碰上美國記憶。不論我前往越南以外的哪個地方，如果我想討論這場戰爭，即使是與知識分子和學者，也往往需要邂逅他們與美國記憶的邂逅。比如在我關於越南平民戰爭記憶的演講後，某長春藤大學的當代文學教授關於小說家提姆・歐布萊恩（Tim O'Brien）的提問（那麼，她問：真正的戰爭故事又怎麼說呢？）；在我提到關於越戰的越南電影時，研究印度電影的印度教授提到《現代啟示錄》；在我任教的大學受訓的年輕越南導演坦言他很欣賞《現代啟示錄》。我本來應該多麼討厭《現代啟示錄》的，但是這是部該死的好電影，而且是戰爭機器的工業化記憶最完美的範例。那名印度教授甚至引述柯波拉關於該部電影傳奇製作過程的話，「我的電影不是一部電影。我的電影不是關於越南。它就是越南。它就是當時的真實樣貌。過程很瘋狂。我們拍攝它的方式很像當時美國人在越南的情況。我們在叢林裡。我們人太多了。我們能取得太多資金、太多設備了，於是一點一點的，我們瘋了。」[25]「我可以諒解柯波拉的這些感受。當時他很年輕，可能自以為偉大，也確實陷於他一生最大的創作掙扎中。但是根本上他是否錯了？尚・布希亞相信了他的話，指出「柯波拉拍電影的方式就像美國人打仗的方式——從這個意義而言，那是最好的見證——帶著同樣的無所節制、同樣的手段過當、同樣的駭人坦白……並獲得同樣的成功」[26]。在拍攝過程中差點成為災難的《現代啟示錄》，取得票房成功和影史經典地位，這可以讀為一則託寓，影射美國在越南偉業的命運：戰爭時短期挫敗，但是在東南亞圍堵共產主義獲得長期成功。

電影和戰爭是相關的，而美國直升機正象徵這個關係。為《現代啟示錄》撰寫旁白的麥可·赫爾對於暱稱Loach的美國直升機是這麼說的，「太不可思議了，那些小船是在越南飛行最美的東西（不時總得停下來欣賞一下那機器），它們就懸浮在那些掩體上空，像是飛在蜂巢外面的黃蜂。『那是性』，字幕打出來，『純粹的性』。」[27] Loach也出現在《現代啟示錄》中，這部電影不論從影像和記憶而言，都是純粹的性，因而令某些人感到不安。《現代啟示錄》與赫爾的著作《戰地快報》（*Dispatches*）的共通處在於它們坦白說出、或者說利用了戰爭的冷硬核心，那個核心融合且混淆了欲望與殺人、性與死、謀殺與機器，導致在家鄉非法的殺人行為在海外的戰區卻受到鼓勵。對於抱持某種信念的男孩與男人而言，「純粹的性」就是生與死，是那個讓人腦子一片空白的高潮，在抹除自我的同時，卻也可能導致自我的繁殖。《現代啟示錄》描寫對純粹的性的欲望，也將這種欲望傳達給觀者，象徵性的一幕就是直升機對某座越共村落的攻擊，搭配的畫內音是《女武神的飛行》（The Ride of the Valkyries）。在描繪美國內戰與重建時期的巨作《國家的誕生》（The Birth of a Nation）中，導演格里菲斯（D. W. Griffiths）也用了華格納的這首樂曲，搭配的畫面是英勇的三K黨策馬前往解救被色慾攻心的黑人包圍的白人。也許將搭乘直升機的美國士兵與騎馬的三K黨相比，是柯波拉對美國文化的批判，但是空中攻擊充滿影像張力的那一幕所具有的誘惑力，讓人很難看見這樣的批判意味。

正如柯波拉引用格里菲斯，導演山姆．曼德斯（Sam Mendes）也在改編自安東尼．斯沃福德（Anthony Swofford）波灣戰爭回憶錄的《鍋蓋頭》（Jarhead）中，引用了柯波拉。曼德斯注意到在作者筆下，年輕男性對於純粹的性與戰爭電影的情色執迷：

> 越戰電影都是支持戰爭的，不論其自認傳達的訊息為何，不論庫柏力克或柯波拉或史東的意圖是什麼……打鬥、強暴、戰爭、劫掠、焚燒。死亡與屠殺的電影畫面，對軍人來說就是色情；透過電影，你用歷史粉紅色的羽毛輕觸他的老二、搔弄他的卵蛋，讓他準備好第一次真正的大幹一場。不管有多少詹森先生或太太反戰都不重要——知道怎麼用那些武器的實際殺人者並不反戰……所謂的反戰電影都失敗了。如今輪到我踏入最新的戰區。身為看越戰電影長大的年輕男子，我要彈藥、酒精與毒品。我要搞些妓女、殺些他媽的伊拉克人。[28]

政客、將軍、新聞記者和智庫的智者不會使用這種語言，但是作家、藝術家和拍電影的人會。他們體認到在文雅場合不能說的事：戰爭不只是透過其他手段遂行的政治，還是純粹的性。銀幕上，曼德斯呈現大禮堂中滿滿情慾高漲的年輕男性海軍陸戰隊員，正在觀看《現代啟示錄》中直升機攻擊那一幕。曼德斯的鏡頭在銀幕和陸戰隊員的臉孔間切換（銀幕上播放的《現代啟示錄》也正在直升機與村民間切換畫面），電影裡的空中海盜轟炸越南村落的同時，陸戰隊員隨之嚎叫、歡呼，達到觀影高潮。然後燈光突然打亮，《現代啟示錄》放到一半停下了，播音員告訴禮堂裡的人，一場真正的戰爭即將展開——科威特的沙漠風暴行動。最終，這不是性交中斷，而是讓人意識到電影只是戰爭的前戲。

斯沃福德與曼德斯對戰爭機器純粹的性都描寫得極為出色。他們認識到戰爭電影是戰爭機器的一部分，而直升機就是這場戰爭的中心圖像。它的旋翼提供了戰爭的配樂，導演埃米爾．德．安東尼奧（Emile de Antonio）即深知這一點。他一九六八年充滿詩意的電影《豬年》（In the Year of the Pig），搭配的就是一再重複而極簡的火箭呼嘯聲與直升機旋葉的拍打聲。這集體的單調嗡嗡聲，就是戰爭機器在呼吸，暗指著死亡、工業生產與性高潮。這個嗡嗡聲有一部分被柯波拉所普及，將直升機旋葉拍打聲的協奏曲，變成電影的主旋律之一，最終也變成這場戰爭在美國記憶中的主旋律之一。身為實體物品與（性）象徵，砲艇直升機是戰爭機器也是戰爭機具中的明星，配備機關槍與火箭莢艙的它，就是美國的化身，既恐怖又充滿誘惑力。

越南人絕對明白直升機的明星級象徵力量，也曾試圖反制，最直接的一次是在《現代啟示錄》問世後一年，透過一九七九年發行的電影《無人的田野：自由射擊區》（The Abandoned

Field: Free Fire Zone）。經歷美國直升機攻擊而倖存的編劇阮光創（Nguyen Quang Sang）回憶，他最害怕的是它們殺人時的那種親近感，「比B-52還可怕，因為那些轟炸機飛得很高，看不到你。」直升機攻擊「非常嚇人」，因為它們靠得那麼近，飛行高度低到「我連艙門口槍炮射手的臉都能看到」[29]。作家韋恩．卡林（Wayne Karlin）曾經是直升機駕駛，他在認識當年為敵方作戰的越南作家黎明奎（Le Minh Khue）之後，想像了相反的情況，「我想像自己飛行在叢林樹冠層上方，因為恐懼與仇恨而全神投入地搜尋她，準備朝她開火，而此時她往上看，同樣帶著恐懼與仇恨，搜尋著我。」[30]如此近距離的暴力令卡林光想到便作嘔，卻讓《現代啟示錄》沉醉其中。鏡頭從直升機砲手的肩膀後方透過他的槍砲瞄準鏡望去，對準的是下方大約六至九公尺處一名越南女性的背部。「看那些野蠻人！」駕駛說。出外作戰是冒險進入「印第安地區」（Indian country），這是美國士兵的常用語，帶著所有伴隨而來的種族與科技優越感，以及被野蠻人殺死的深刻恐懼。[31]《現代啟示錄》電影中，被瞄準而即將被射死的越南女性，剛剛才丟了一顆手榴彈到一架直升機裡。在《無人的田野》中，女主角是越共，她在先生被一架美國直升機擊斃後，用一支老古董步槍把直升機射了下來，然後一手拿槍、一手抱嬰兒，從殘骸處逐漸走遠。在兩部電影中，最危險的野蠻人與最勇敢的英雄都是本土女性，而這是刻意安排的。對於散發出純粹的性的戰爭機器而言，她就是陽剛欲望、仇恨與恐懼的集體對象，尤其對白人男性而言。

世界各地的人都看過《現代啟示錄》，許多人也接受其世界觀，而且這個世界觀不僅是視他者為野蠻人而已。這個世界觀還認為：觀看電影的自我，以及透過瞄準鏡觀看當地人的自我，是野蠻的，但除了屈服於這樣的殘暴行為，或接受其他人會屈服，沒什麼能做的。因此，《現代啟示錄》的敘事者持續他溯河而上的命定航程，要去面對宛如他父親角色的寇茲（Kurtz），這名白人男子已經成為野蠻人的國王，必須被殺，因為他顯現了白人與野蠻人並無貳致。當然，《現代啟示錄》中野蠻人與印第安人的畫面本意是反諷，是知情者對白人也無異於野獸的批判。這就是白人的負擔，想要將蠻族從野蠻中拯救出來，或是在過程中殺了她，卻讓自己成了怪物。對白人非人性的倫理肯認，正是讓《現代啟示錄》具感染力量之處，也是其爭議來源。像這部電影一樣歷久彌新的記憶之作，會迫使觀眾面對非人性與人性的同時性，而不是只能非彼即此的存在。

不過，以倫理的記憶要求記憶己方並記憶他者而言，我們也需要體認到記憶工業會限制倫理的眼光。《現代啟示錄》所採用的是一種有限的倫理眼光，讓人洞見白人的黑暗之心，看見他既是人又非人，不過代價是持續將他者當成非人，不是野蠻的威脅，就是無臉的受害者（至於這部電影的繼子，第一人稱射擊者，則連假裝對瞄準鏡中的野蠻人有任何同情都免了）。由於記憶工業已整合入戰爭機器，戰爭機器壓制他者的需要，因而也影響了記憶。戰爭機器從本質上而言無法記憶他者，除非是以工具性的方式，而這是為了殺害或制伏她，因此儘管一個人承認了自身的野蠻，他者仍是他者。《現代啟示錄》中的美國人也許自知野蠻，但是他仍能為處於自身故事的中心感到安慰，然而野蠻人只能受制於美國人的故事。戰爭的機器從高空俯瞰，揭露出野蠻人的野蠻。困在地面的野蠻人既無法取得實質上的高度，也無法獲得高貴受害者的道德高度，因為無臉的受害者就不是個人。這是透過瞄準鏡看見或被瞄準鏡對準兩者間的關鍵差異，是第一人稱射擊者或被射擊者的差別。在一場同時帶來享受與遺憾的奇觀中，白人描繪自身缺陷的技術和用來殺死野蠻人的技術都臻於完美。生產美國電影和美國直升機的是同一個工業社會，這些壯觀的機器盤旋在異國土地上方，在令人難忘的配樂中進行屠殺，激發欣賞者純粹的性反應。最終，對世界多數人而言，電影和直升機都比它們所瞄準的野蠻人還令人難忘。

✣

美國的記憶工業雖然大於電影產業，不過電影是其能見度最高也最壯觀的體現，是出類拔萃的工業化記憶。美國戰爭電影——描繪龐大火力，本身也是龐大火力的例證——尤其展現了電影長久來和戰爭機器間的合作。如哲學家保羅．維希留（Paul Virilio）所說：「戰爭即電影，電影即戰爭。」[32]現代戰爭仰賴電影技術，而電影技術因為描繪戰爭而蓬勃發展。攝影機擁有行動視覺，尤其是從遠方和上方，更能讓火砲、飛彈、精靈炸彈、偵察機和現在的無人機在殺死敵人前先看見他們。相對的，攝影機錄下戰爭、描繪戰爭，同時記錄戰爭的破壞。不論是記錄或娛樂，電影對於遺忘敵人與記得戰爭都扮演要角。戰爭與電影的交會可以換種方式來說，那就是越南成為西方觀眾眼中的奇觀，如同理論家鄭明河（Trinh T. Minh-ha）所主張。[33]在現實生活中，燃燒的是越南這個國家，而在照片、電視和電影中，一再燃燒的是越南這場戰爭。越戰是使人震驚也令人享受的奇觀，對某些人而言，引發道德上的厭惡，對另一些人則引發情色快感，甚至可能是同一個觀賞者兩種感受皆有。眼球不只儲存創傷，如赫爾所說——眼球也是人體最會引發情慾的區域；愉悅與痛苦間的區別，與分隔性愛與強暴間的那層膜一樣薄。那層薄膜的顫動來自觀看戰爭機器的快感，這台機器體現了純粹的性，因為它承諾帶來高科技死亡（對敵人而言）與高科技救贖（對己方而言），得以決定是否要按下按鈕或扣下板機，將生命與死後之間的那層薄紗撕裂。奇觀式的戰爭與電影的奇觀展現了電影對戰爭的熱愛，以及軍隊對視覺影像的熱愛。如果電影和軍事技術不可分離，那是因為他們源自同一個軍事工業複合體，而這才是美國電影真正的明星。

名人與演員只是凡人，終究會死，但是非人的軍事工業複合體永生不死。只需要兩個例子便足以說明這點，一個笨拙，一個巧妙。先說笨拙的：一九九〇年發行的《飛離航道》（Air America）是部拙劣的電影，描寫兩名狂野不羈而瘋狂的飛行員，他們幫美國中情局用來走私毒品與槍枝的航空公司開飛機，供應寮國的蒙族軍隊。飾演討喜惡棍的是英俊瀟灑的梅爾・吉勃遜（Mel Gibson）和年輕時的小勞勃・道尼（Robert Downey Jr.）。不論是飛機或航空公司，都是美國的工業象徵，而到最後，美國航空——指的既是航空公司、也是這部電影——並沒有剝削蒙人，而是拯救了他們。飛機沒有用來走私槍枝與獲取不當利益，而是用來拯救蒙族難民脫離正在攻擊他們山區據點的巴特寮（Pathet Lao）②部隊。在不絕於耳的爆炸與砲火聲中，吉勃遜與道尼為了是否要拋下他們載運的違禁武器好騰出空間容納蒙人而爭吵。這些蒙人一語不發，隨著子彈呼嘯而過，而他們的拯救者為自己的道德難題掙扎時，這群背景群眾沉默地站著。現實中，在戰爭最後時期，中情局從蒙人在隆占（Long Chieng）的山區據點空運出數百人，但是還有數千名他們的蒙族盟友被遺留在當地。歷史與好萊塢之間的鴻溝如此巨大，以至於幾乎沒必要費力指出《飛離航道》是以娛樂包裝的赤裸政治宣傳，是個可笑的爛片，說的是美國人如何既不沉默也不醜陋，而是正直善良，兼且英俊好看。

現在來談巧妙的例子：以蒙人為主題的《經典老爺車》（Gran Torino）以高超手法美化了歷史。這部電影與《飛離航道》同樣使用機械主題，片名就來自美國的高性能轎跑車Gran Torino（福特都靈），並且以沒落中的「汽車城」（Motor City）底特律為背景，那是衰

②譯註：巴特寮是寮國的共產主義者武裝勢力，與越南共產黨關係密切。

退中的美國工業時代靈魂與心臟之所在。影壇傳奇克林・伊斯威特（Clint Eastwood）飾演壞脾氣而患有絕症的韓戰退伍老兵華特，連家人都不愛他，但是他的生活在一家蒙人搬到隔壁後發生改變。蒙人家的兒子跟幫派朋友想要偷華特那部老爺車時被他逮到，之後他在華特調教下終於變得像個男子漢，在這個過程中，華特也與鄰居一家成了朋友。少男與蒙人幫派分道揚鑣後，幫派成員強暴了他姊姊以示懲罰，華特前往幫派巢穴代為復仇，刻意激怒他們開槍將他射死。電影搬演了歐洲（與美國）殖民主義根本的原型神話（ur-myth），以及好萊塢的奠基敘事：白人男性救星的傳奇故事。如評論家佳亞特里・史畢娃克（Gayatri Spivak）所說，這是白人男性從棕色男性手中拯救棕色女性屢試不爽的史詩敘事（雖然棕色，也可以用黑色或黃色取代）。但是《經典老爺車》為這個史詩添了轉折，因為救星成為犧牲者。老白男犧牲了自己的生命，但是他的命運正是艾斯碧莉杜（Yen Le Espiritu）所說的「即使輸了我們還是贏了」症候群的範例，也是美國越戰記憶的特徵。[34]華特本來就會死，但是如今他迅速而英雄般地死去，全身布滿彈孔仰天倒下，手臂張開，像被釘上十字架的姿態。當一名蒙族美國警察抵達現場恢復秩序並逮捕幫派分子時，此中的道德與地緣政治寓意清楚顯現：美國成為壞亞洲人手下的犧牲品，讓好亞洲人得以生存並繁榮發展。

《經典老爺車》比《飛離航道》具藝術性，對蒙人也較為友善，給他們有台詞的角色，但是它也是兩部電影中比較危險的一部。在伊斯威特拍出超級賣座片《美國狙擊手》

（American Sniper）前，這部低成本製作就是他票房最成功的電影，是個正中目標的小噸位精靈炸彈。《飛離航道》是個重量級啞彈，只激起沙塵與巨響，但是沒有對敵人造成絲毫損傷，粗劣到它似乎是對好萊塢賣座大片的諧擬。相對的，《經典老爺車》在感性與理性上都贏得了觀眾與影評的心，因為它讓這些土著（native）參與他們自身被降伏的過程，而不是像《飛離航道》一樣直接把他們當成人形道具。《經典老爺車》印證了作家趙健秀（Frank Chin）與陳耀光（Jeffery Paul Chan）提出的想法，即美國（白人）將「種族主義仇恨」保留給自以為了不起的黑人，並將「種族主義的愛」保留給柔順的亞洲人。[35]華特所實踐的就是種族主義的愛，他依循的漫長傳統內也包括成為土著國王的寇茲上校，以及寇茲在《飛離航道》中那兩個插科打諢的後繼者。華特對任何族裔的人都出言不遜，表演一種也許可說討喜而有娛樂效果的仇外情結。他或許是種族主義者，但他是個誠實而父家長式的種族主義者，他深愛他那些小兄弟，愛到願意為他們而死。

華特體現了在本土與海外的（白人）美國，至少是民權運動時代後（白人）美國自視的方式。在這個年代，美國（白人）不一定承認自己有種族主義，但是一定會堅持捍衛小兄弟，尤其是來自海外貧窮而疲倦的小兄弟。因此，華特在遺囑中沒有將其鍾愛的經典老爺車留給對他漠不關心的孩子或驕縱的孫子，而是給了由他教成一個男子漢的蒙族男孩。這種拯救東南亞孩子的父家長式美國父親形象，是美國記憶工業的必備品。早期例子是塞謬爾・富勒（Samuel Fuller）的電影《關山劫》（China Gate, 1957），開場是一名飢餓的越南男子威脅要把一名越南男孩的小狗殺來吃。男孩最後獲得在法國外籍兵團服役的美國人保護，而電影的最後一幕是這名美國人與他拯救的男孩一起愈走愈遠。約翰．韋恩（John Wayne）《越南大戰》（The Green Berets, 1968）的結局與此異曲同工，由公爵（Duke，約翰．韋恩的綽號）為越南小男孩戴上綠色貝雷帽③。原先戴著那頂貝雷帽的士兵就像男孩的義父，現在他死了，男孩問公爵自己會怎樣，公爵告訴他「這個讓我來擔心就好了，綠扁帽。這一切都是為了你」。約翰．甘迺迪在一九五六年就預示了好萊塢的這種溫情主義：

> 即使我們不是小小越南的家長，肯定也是義父母。它出生時我們在場，我們給予它生命援助，我們協助形塑了它的未來……這是我們的後代——我們不能拋棄它、不能忽略它的需求。如果它為威脅其存在的危險所害——共產主義、無政府狀態、貧窮和其他種種——那麼，責任將合理地被歸於美國，而我們在亞洲的威望將落入新低。36

正如越南男孩戴著他死去的父性人物的綠扁帽，《經典老爺車》裡的蒙族男孩也獲贈他死去的父性人物最重要且最有象徵意義的所有物。如今他顯然已成為這名父性人物的兒子，開著那部福特都靈駛進底特律的落日，而這也是最奇特而不可信的一幕。因為，任何一個有點自尊的年輕亞裔美國男性一定比較想開日本車，最好還要有深色車窗、昂貴的輪圈和訂製音響。在《越南大戰》同樣不可信的結局中，約翰．韋恩與他照顧的男孩朝越南外海的落日方向走去，但是越南海岸是面向東方的。

這個對真實的扭曲是個可笑的錯誤，但是《經典老爺車》的背景則是刻意內建在電影中的扭曲，目的在推進美國的記憶工業。多數蒙族難民最後落腳在加州與威斯康辛州鄉下，但是在《經典老爺車》中他們來到底特律，這座在日本競爭下心臟病發作、奄奄一息的城市。這樣的背景讓《經典老爺車》得以描繪美國涉入亞洲半世紀的歷史輪廓，從華特在韓國的戰爭經驗，到藉由汽車的託寓影射日本（其工業是在美國轟炸後於美國援助下重建），再透過蒙族指涉東南亞。[37]這部電影並不是真的關於華特的蒙族鄰居，因為任何需要幫助的亞洲人其實都可以。蒙族只是因為其遭受浩劫的歷史時間線而成為由白人男性拯救的好人選。這個關於拯救的故事，藉由凸顯亞洲人的暴力與美國人的自我犧牲，抹除了美國的種族主義和暴力，是一則透過電影講述的荒謬故事，是美國以臻於完美的大手筆形式所包裝的產品。沒有任何外銷娛樂產品比美國電影更浩大而昂貴，正如沒有什麼東西比美國的超級航空母艦龐大或比美國戰鬥機昂貴。堅硬機械與高端科技所散發的純粹的性，都參與構成了超級強權與其

③譯註：美國陸軍特種部隊隊員的制服包括綠色貝雷帽（green beret），因而有「綠扁帽」的稱號。

記憶的性感魅力。小國家也是性感的，但可預期的是以受人剝削而貶損尊嚴的方式，為強權提供僱用便宜勞力和購買便宜商品的快感，包括深受西方男性喜歡的便宜妓女，他們為此還幫她們發明了一個稱號，「嬌小棕色性交機器」（little brown fucking machines）。這些機器也許吸引人而富有魅力，但是無法與戰爭機器相比。

這一切都不足為奇，但我也不是要求任何人引以為奇。我不是在要求好萊塢或記憶工業做得更多或更好。它們做的正是它們當初被建造出來要做的事情：為利潤與享樂而發揮宰制力量。我只是要求它們與戰爭機器之間的合夥關係獲得正視。若說有一件事是布希亞透徹了解的，那就是《現代啟示錄》的「電影技術力量，相當於並優於軍事工業複合體的力量，也相當於或優於五角大廈和政府的力量」[38]。好萊塢的賣座大片策略只是美國軍事策略的電影版本，是震撼與威懾（shock and awe）的電影攻勢，用意在消滅所有當地競爭者，正如美國隱形轟炸機對敵方空防的完全壓制。震撼與威懾源自年輕美國校官從我的這場戰爭中獲取的教訓，他們最終發現，這場戰爭的消耗策略與暴力升高是徒勞的。贏得戰爭需要的是立即而全面壓制的武力，這個教訓將在這些校官日後成為將軍時，應用在對巴拿馬、格瑞納達與伊拉克的戰爭中。電影般的技術為美國大眾與世界過濾了震撼與威懾的過程，成為二十四小時新聞中細節鮮明而經過高度審查的畫面，很少呈現發生在敵人身上的事。隨著觀眾經電影制約，習於銀幕上的死亡並將之理解為對真實的模擬，如今戰爭也仰賴觀眾相信他者的死亡既

非真實也無需記憶。如是，記憶工業完成了其任務：擔任戰爭機器非正式的假消息部門，以此支援戰爭機器。

但是工業容易碰上競爭；戰爭機器可被不對稱作戰所摧毀；兩者都可能為己身過多的力量、金錢和貪婪所害。這是在戰爭機器的虛擬真實世界中，你永遠也學不到的：工業與戰爭上的全面制霸有可能動搖，尤其當瞄準鏡中的他者以往往難以預見的方式、從難以預見的方向展開反擊。

5 成為人類

韓戰期間死了三百萬韓國人。在美國的轟炸，以及來自北韓與南韓、美國與中國、聯合國多國部隊的攻擊與反擊下，這個國家滿目瘡痍。[1]柬埔寨人記憶他們大屠殺的方式是彷如真言的「三年八個月二十天」——這是紅色高棉政權有限的存在期間——韓國人則說他們的戰爭從未正式結束。韓國分裂為大韓民國（南韓）與朝鮮民主主義人民共和國（北韓），在持續至今的冷戰戲碼中，這對孿生國家已對峙超過半個世紀。從資本主義西方的觀點，當代南韓是資本主義豐碩成果的成功故事。因此，我們很難記得這個國家曾經深受戰爭摧殘，一九六〇年代時甚至比南越還窮。美國提出願意付錢給南韓提供軍隊到南越作戰時，這個一貧如洗的國家同意了。有些美國人稱韓戰為被遺忘的戰爭（卻忘了在菲律賓另一場被遺忘的戰爭），然而從韓國的角度來看，更適當的說法是韓國在越南打的才是被遺忘的戰爭。在南韓——很多人簡單稱之為韓國——被記得的戰爭是韓戰，它是界定國族與靈魂的事件，擁有重要地位。在其陰影下，韓國人在越南打的另一場戰爭則鮮少有韓國人記得，也正顯示每個國家都有失憶與選擇性記憶的毛病。

據我所知，韓國人在越南那場被遺忘的戰爭前，我透過他們記得的那場韓國戰爭認識韓國。青少年時期我讀了馬丁・洛斯（Martin Russ）的《北緯三十八度線》（*The Last Parallel*），也看了美國戰爭宣傳片，洛・赫遜（Rock Hudson）主演的《沙場壯士赤子心》（Battle Hymn）和威廉・霍頓（William Holden）主演的《獨孤里橋之役》（The Bridges at Toko-Ri）。兩名演員均飾演參與拯救韓國的美國空軍飛官英雄（美國空軍對韓國全境的大規模轟炸則省事地被忽略了）。一九八〇年代，我隱約得知韓國學生為政治走上街頭暴動時，韓國只是又一個陷入困難的外國，短暫出現在美國新聞裡。讀大學時，我與許多美國人一樣，透過韓國料理和這個國家有了更愉快的邂逅。不過，要到一九九一年的洛杉磯暴動或起義或革命，美國大眾才完全意識到韓國移民在美國的存在。韓國城是暴動中倒楣的主角，這座美國首爾是韓國以外韓國人最多的地方，位在主要為非裔與拉美裔社區的中心。引發騷亂的事件有二：洛杉磯警察毆打一名黑人男子的攻擊畫面被攝影機拍下來，還有一名韓國店主開槍射死偷了一瓶果汁的黑人女孩。警察與店主都獲陪審團宣告無罪。對非裔美人與拉美裔而言，這些不公是警察壓迫與外來族群經濟剝削的歷史累積結果。韓國人與其他店主成為貧窮工人階級洩憤的代罪羔羊，韓國城燃起熊熊烈火。[2]

幾年後，韓國與韓裔美人的名聲開始改變。現代汽車（Hyundai）、起亞汽車（Kia）、LG與三星（Samsung）迅速攻占了全球資本主義的堡壘。數百萬消費者的家中或口袋裡有了韓國製品，有些人開起韓國車。韓國資本注入韓國城與洛杉磯，有些在一九六〇年代離開貧窮的韓國來到美國的移民，突然間發現他們在韓國的親戚已經過得比他們好了。[3]這些移民犧牲了他們的大學學歷，成為貧民區的小店老闆，一切只為了其在美出生的小孩，或者該說，在美國模範少數族裔的神話中，故事是這麼說的。根據這個神話，亞洲移民和他們美國出生的孩子是超人的學生與勞工，而韓國人是願意嚴以律己並犧牲自己的肉體與心靈，去追求美國夢的最新亞洲移民人口。在這個過程中，他們成為美國「不成功的」其餘少數族裔與移民的模範，最少在某些人的敘事中是這樣的，包括媒體、政治人物，以及認為無法實現美國夢的人只能怪自己和福利國家的評論者。

對許多保守派評論者而言，福利國家是社會主義和共產主義國家的表親。亞裔美國模範少數族裔在反福利敘事中很重要，不僅因為這所反映的美國國內情況，也因為這向世界其他國家證明了在資本主義下靠自我動力獲得成功的美國精神。將資本主義美國風格模仿和改良得最成功的，是包括韓國在內的某些亞洲國家。在資本主義的世界觀中，美國的海外韓國人身為模範少數族裔，正與身為亞洲四小龍之一的韓國經濟體相稱。韓國城不是唯一做為貧窮國家替身而存在的族群聚居區（ethnic enclave）。多數族群聚居區在美國人的想像中都扮演這個角色，包括小西貢在內。韓國城的獨特之處在於它被付之一炬，至少這在二十世紀晚期是獨有的（更早前被白人放火燒了的族群聚居區，多數已被遺忘）。在美國這種資本主義思維中，韓國城在現代被不知感恩的深色群眾洗劫，可視為韓國被共產主義者焚燒的另一個版本。兩個情況中，為防止火勢擴散，都有界線被劃設出來，在美國由洛杉磯警局劃下，在韓國由「自由世界」的武裝部隊與「自由市場」劃下。

在冷戰與熾熱種族關係的歷史遺產背景下，韓流席捲了亞洲。這指的是滲透亞洲國家與海外亞裔族群的韓劇和流行音樂現象。韓國文化成為酷的新定義，二〇一三年紅遍全球的〈江南Style〉音樂影片與舞蹈是第一次高峰。亞洲各地的年輕人和美國的亞裔年輕人都以韓國服飾與髮型為尚。韓國人本身則有了透過整型自我改造的名聲（不論這樣的說法是否公允），而韓流明星就是最顯眼的實踐者。韓流是韓國軟實力的勝利，透過韓國經濟的改頭換面而得以實現。韓國崛起甚至衝擊到我，因為在歐洲時我常被誤認為日本人，但是在亞洲一些地方則被誤認為韓國人，最諷刺的還是在自己的家鄉。與我的同胞相比，至少相對於從未離開的那些，我太高也太白，穿著西方風格服飾，頭髮和韓國髮型一樣高聳。即使當我開口說越南語，他們仍回以「你越南話說得真好！」。他們先入為主的認為我不是他們的一份子，或許，我也真的不是。

在首爾，從來沒人誤把我當韓國人。首爾給我的印象是覆蓋著一層金屬光澤的二十一世紀城市，與《銀翼殺手》（Blade Runner）中太平洋東緣那座讓人害怕的大都會①正好相反。首爾的國際設施極為完備，至少對曾在西貢或河內航廈有過痛苦經驗的人而言是如此。載我到旅館的高檔計程車豪華有冷氣，且車窗是深色的，多數疾馳而過的流線型汽車亦如此。首爾整潔而有效率，大量展現出光亮平滑的表面和人們穿戴的名牌服裝、包包與鏡框。交通井然有序，至少在一名語言不通的外地人看來，公民彬彬有禮。不必擔心水質或食品或空氣問題，而北韓的威脅就像地震對我居住的加州威脅一樣——每個人都滿不在乎，只有駐守在非軍事區的軍隊例外，但就連這裡也是觀光客的必遊景點。我想起自己初次接觸到韓國是透過《外科醫師》（M*A*S*H），這部一九七〇年代的電視影集，以韓戰中一群荒唐好笑的美國軍醫為主角，當時是個幼小難民的我，沒有看出這也是關於美國在越南那場戰爭的託寓。美國想要拯救這兩個國家，但只有一個國家的情況讓它得以說服自己成功了。

✢

停戰六十年而電視影集播畢三十年後的今天，韓國為了賺錢而與美國競爭，同時並仰賴美國提供軍事保護。東亞與東南亞的這段歷史誘人思考反事實，因為它呈現出各種潛在可能性，關於平行時間和宇宙，關於沒有走的路和沒有做的選擇，關於我可能擁有的不同家庭和可能成為的不同自己。多少次我曾聽到日本和韓國的商人與遊客說，越南讓他們想起自己國家三、四十年前的樣貌？造訪另一個國家對他們彷彿時光倒流，看到當時可能的發展：如果戰爭沒有發生，如果共產黨沒有打贏，如果國家依然南北分裂、處於僵局就好了。分裂與僵局不正是發生在韓國的事情，而且對它有利嗎？韓國與越南都是資本主義的寓言故事，但是故事的寓意恰好相反。越南因為對法國和美國的戰爭而失去了四十年，發展落後，但一切是為了什麼？如今，重新統一而獨立的共產國家越南，為資本主義發展上的時差所苦，落後時代，努力想成為中國或南韓，也或許是台灣、香港，或是新加坡，那裡的威權政府好歹維持了國家的整潔與精確運作，與同為威權國家的越南不一樣。當然，我對南韓的印象一定有缺失，而且只是觀光客的淺薄認識。動盪、貧窮與發展不均在大都會的假象底下洶湧擾動，但至少還有一個假象存在。韓國有的問題，越南多數也有，但是無法與其成功相比，在越南，連想穿越瘋狂的馬路都得冒著生命危險。

若有人記得美國在韓國被遺忘的戰爭，以及韓國在越南被遺忘的戰爭，一定會感覺到反事實的可能性，出現在韓國與越南歷史交會並分岔的那一點。如果南韓沒有去越南參戰，它還會是今天的國家嗎？如果南韓不是今天這樣的國家，它能像現在這樣改寫自己的過去嗎？如果南韓不是擁有全球影響力，有人會在乎它的記憶嗎？結果是，南韓在越南成功打了一場

① 譯註：電影《銀翼殺手》的故事背景為未來的洛杉磯。

殘忍而去人性化的戰爭，幫助它成為資本主義和工業的重要據點，能做的不只是改變人的容貌。在韓國，歷史的外科醫生忙著塑造戰爭記憶，抹除其中的殘忍行為，植入人性。從被記憶的戰爭到被遺忘的戰爭再到當下，南韓人發展出將記憶武器化的產業，藉此自我改造。他們不再如大眾在浩劫年間透過全球報紙所見，是醜陋而可悲的憐憫對象或受恐怖壓迫者（subjects of terror）。反之，他們成為人性的，不像那些北韓人。北韓人無法對西方和南韓人針對他們所講述的故事表示異議。因此，對世界多數國家而言，他們依然是異類。兩個韓國的情況顯示出軟實力如何切割、收整並改造記憶，而這種工作對於戰爭機器的硬實力而言，必要性不下於運作這個機器的人。

位於首爾的韓國戰爭紀念館（War Memorial of Korea），明確展現出硬實力與軟實力如何合作講述一則關於人性的故事。這個巨大且稜角分明的建築，是武器化記憶的完美範例，外型仿似一座裝甲碉堡或希特勒德國的電影布景。這個懾人的宏偉氣勢本身就是一則故事，是象徵軍事工業複合體的記憶堡壘，因為軍事勝利與工業成功而得以存在的創造物。戰爭紀念館是對那場軍事勝利的讚揚，也是對工業成功的沉默見證，這個龐然巨物以其在首爾地貌上的巨大足跡證明了韓國的力量。陳列在其牆壁周圍與院落裡的武器，足以裝備一支小型軍隊，有飛彈、飛機、坦克、大砲與船艦，多數為美國製造。美國是全世界最大軍火輸出國，這些武器本身就是對美國資本主義成功的沉默見證。以精神分析解讀這裡展現的國家主義和陽剛式自豪與焦慮沒有必要，因為顯而易見：戰勝國的武器經過打磨光亮，供訪客坐在上面或裡面，扳機與槍管隨時供好奇的手觸摸，而敵人共產黨的武器往往被遺留在失修與敗壞的狀態中，至少在越南與寮國是這樣。對韓國而言，在這座碉堡外展示敵人的挫敗沒有必要，因為故事在牆內已經說得夠明白了。

戰爭紀念館主要以韓戰為主題，館內的專業影片、全景陳列、照片、說明牌、軍人制服與文物都由極為稱職的館員策劃。在他們的呈現下，韓戰是共產黨支持的北韓與自由世界民主與資本主義社會支持的南韓間的衝突。以學者希拉．雅格爾（Sheila Miyoshi Jager）的用語來說，紀念館的英雄是南韓軍隊及其「武力男性氣概」（martial manhood）。[4] 用紀念館宣傳小冊中的話來說，紀念館的使命是「珍藏對已故愛國先烈與戰爭英雄的記憶」，他們「為祖國奉獻犧牲了自己的生命」。紀念館宣揚的理念是，在抵禦共黨威脅並統一祖國的國家追求中，韓國必須深切感謝其軍隊。館內院落中的說明牌總結了軍隊與將士為其英雄行為與愛國主義付出的代價，「自由不是免費的。」人類犧牲大抵是必要的。以人命而言，守護並頌揚自由也許代價高昂，但是紀念館暗指，自由也會以物質福祉獎賞其捍衛者。不論以成本或利潤而言，自由的經濟潛流貫穿了紀念館光亮的廳堂。紀念館並以自身為證明，充分展現了何謂軍事工業複合體。

戰爭紀念館主要焦點在於南方如何抵禦北方，但是在韓戰主要展示區之後的一個展示間，則記錄了韓國「遠征軍」的歷史。在這裡，越南是韓國部隊曾經援助的許多國家之一，這些國家還包括日本、中國、科威特、索馬利亞、西撒哈拉、喬治亞、印度、巴基斯坦、安哥拉和東帝汶。走出遠征軍展示間之後，我穿越當代韓國武器與軍服的展示區，一旁還有影片頌揚韓國軍隊的職業精神與專業訓練，為此次參觀畫下句點。紀念館的敘事清晰易懂：經歷過慘烈的韓戰並接受聯合國軍隊援助後，韓國軍隊在越南學會了如何為他人捍衛自由。藉此，當代韓國得以成為世界一等國家的完整成員，享有學者文承淑（Seungsook Moon）所說的「軍事化的現代性」（militarized modernity），也就是該國在全球的崛起與其軍事化的交纏相連，尤其在與北韓的對峙中。[5]戰爭紀念館所體現的，難道不正是這種武力式的現代性？那些氣勢懾人的韓國軍火與車輛，以及展示它們的影片螢幕，都由稱為財閥的韓國超大型企業所生產。其累積形成的效果就是韓國軍事、資本主義與記憶力量的同時展現，成為令人生畏的武器化記憶，對準了遊客如我。

儘管如此，戰爭紀念館還是提供了一些足以瓦解其自身的線索，正如一個人襯衫裡的神祕標籤，上面寫著中國製造，或者是越南、柬埔寨及孟加拉製造。以戰爭紀念館而言，遠征軍展間就是這個標籤，因為它間接承認了其中紀念的事物是韓國製造。儘管以遠征軍為名，展間主要聚焦於韓國在越南打的那場戰爭，彷彿紀念館的策展人無法切除這段記憶，必須將其納入才能為之開脫。進入展間前要穿越一條以叢林植物裝飾的走廊，這是越南與那場戰爭

的典型符號。照片、全景模型、地圖與人偶，為戰爭的某些事件、參與者，以及韓國與南越民族解放陣線的活動基地提供歷史敘述。背景音樂是直升機旋翼轉動的轟鳴聲，那是借用自埃米爾．德．安東尼奧和柯波拉的音樂主題。韓戰相關展區樂於展現人類犧牲，不管是難民的苦痛，還是自願進行自殺攻擊的英勇士兵，但是越戰展區則出奇地看不見任何流血，形成強烈對比。身著敵軍制服的人偶姿態僵硬，描繪詭雷的插圖僅技術性說明，而游擊隊地道的全景模型呈現的是越共的日常生活，而非緊張慘烈的戰鬥。

在最戲劇化的景象中，韓國士兵從一架「休伊」（Huey）直升機跳出來，任何看過紀錄片、電影或新聞報導中美國士兵從直升機跳出來的觀賞者都會熟悉這一幕。不過，此處是發生在玻璃罩內的全景模型中，裡面的人偶只有玩具兵大小，彷彿是非常有天分的學童為了學校計畫創作的（韓戰展區的全景模型中，人偶是真人大小）。展間他處的南韓士兵照片中，沒有一個士兵在戰鬥當中，而說明文字讀來彷如公關稿，「越南的韓國部隊對於改善公共服務設施並貢獻於發展計畫也深感自豪。他們在越南人民間贏得了公正與和善的名聲。」或者這段：

> 派遣武裝部隊到越南，讓我們獲得信心與經驗，得以建立更為自立自強的國防軍力。這也增進了我們經濟發展的動能，強化了美國對防禦大韓民國的承諾，並鞏固了南韓相對於美國的政治軍事地位，此外，韓國部隊在越南的出色表現，亦提升了我們的國際名聲。

這些聲明中的英文無懈可擊，而這一點不容忽略。從戰後直至近年，越南、寮國與柬埔寨多數博物館與紀念館使用的英文都錯得好笑，彷彿出自好萊塢電影中各種刻板印象大雜燴的人物口中。準確的翻譯和出色的策展工作，只是韓國現代性的又一徵象。儘管如此，這些訓練有素的翻譯人員和策展人仍不能、或不願背離他們國家的主流記憶。如是，與越南相關的其餘展示以枯燥的語言敘述南韓軍人在參與了許多小規模戰鬥與戰役後，「凱旋返回祖國。」凱旋返鄉通常是因為士兵打敗了敵方，但是展覽對於韓國部隊的英雄行為隻字不提。展覽全然無意提及韓國在戰鬥中的參與，以致連韓國士兵的艱辛與創傷都未受到承認，遑論是越南敵軍和平民的艱辛創傷。提及韓國士兵的英勇暴力，可能會挖掘出他們其他較不光采的行為。[6]

美國發動戰爭是為了圍堵共產主義，這個小展覽圍堵的則是這場戰爭對韓國的意涵。其中最使人不安的意涵，指向韓國士兵在其遺忘的戰爭中做了什麼，這對韓國崛起成為某些學者所說的「次帝國」（subimperial power）扮演了關鍵角色。[7]帝國征服地球大片地區，次帝國則安於成為區域強權。但即使是次帝國亦可證明其國家與人民不是次人類（subhuman），而是完全的人類。關於此人性的證據，弔詭地存在於轟炸他者的能力中，正如韓國人現在有能力做的，相對於他們在成為次帝國之前被別人轟炸的命運。是次帝國的實力使韓國得以擁有戰爭紀念館，但是這類紀念館所記憶的是仁慈的強權（雖然掌握力量者記憶中的自己永遠是仁慈的）。相對於受到別人的捍衛或入侵，這個仁慈的強權允許一個人捍衛自己的國家和其他國家。但是，你不可能擁有戰爭紀念館中展示的那些坦克、武器、加農砲、飛彈及其他精良軍備而不使用它們，也不可能使用它們而不傷及無辜或犯下暴行。戰爭紀念館的角色是國家記憶的碉堡，建造與維護的費用同樣高昂，因此不會也不能承認其英勇士兵非人行為的真實。

若說武器化記憶往往以國家能負擔的費用為成本，那麼反戰記憶的成本被負擔則是出於必要且必須。這個成本最多也就是人的時間與生命。當然，書寫文學需要的就只是時間與生命，因此，反制韓國武器化記憶最出色的兩個努力都是小說，也就不是巧合了。第一個是黃晳暎（Hwang Suk-Yong）分兩次於一九八五和一九八八年出版的《戰地陰影》（*The Shadow of Arms*）。[8]出版時間是前後兩個高壓政權期間，總統分別為全斗煥與盧泰愚，兩人都曾以軍官身分赴越參戰。[9]以當時的政治環境而言，這部小說堪稱大膽，控訴美國介入越南是徹底腐敗的源頭，影響了所有涉入者，包括韓國人在內。小說明白指出這場戰爭的核心是美式資本主義和種族主義，不是為了美國治世（Pax Americana）而打，而是為了American PX，即軍中福利商店。「何謂軍中福利商店？」小說問道。「一個巨大鐵皮倉庫裡的迪士尼樂園，」小說回答。「那裡賣的是一個國家的日常商品，這個國家擁有的技術可以只用一架CBV就將一百多萬個鋼片灑在一片寬一英里、長四分之一英里的地區。」軍中福利商店是做什麼的？「軍中福利商店為骯髒的亞洲斜眼仔帶來文明。」[10]軍中福利商店「是美國最強大的新武器」，比任何坦克或飛機還要強大。[11]軍中福利商店是軍事工業複合體的正當門面，黑市則是其非法的一面。黑市歡迎所有人，包括共產主義者和民族主義者，並以美國進口品和美元灌水下的戰時經濟利益腐化所有人。各陣營的越南人都深受其害，因為與外來的美國人和韓國人不同，他們無法離開。這些外來的韓國人就是學者朴珍林（Jinim Park）所說的

「曾被殖民的殖民者」（colonized colonizers），這些中間人不僅幫到美國人，也在無意間幫到日本人，因為許多商品都由他們供應。[12]「在越南，什麼東西都是日本製。」[13]如是，韓國人學到了曾經殖民韓國的日本人早已學到的重要教訓：美國在亞洲打的戰爭有利可圖。

但是那些利潤有其代價，其中很重要的一個是種族自卑感。美國人對越南人的壓制，讓韓國人想起自己過去如何被美國人對待，這也是韓國人既受越南人吸引也嫌惡他們的原因之一。[14]小說中，一名美國士兵告訴被徵召入伍的主角榮奎（Yong Kyu），越南人都是Gook。「他們很髒。但你和我們一樣。我們是盟友。」[15]榮奎想起美國人最早開始使用Gook這個貶義詞是在韓國②，了解到其實「我跟越南人一樣」[16]。甚至有個韓國同袍對他說：「你看起來沒問題，跟越南人一樣黑。」[17]也許小說指涉的是一九六九年風行一時的韓國歌曲「金中士從越南返鄉」（Sergeant Kim's Return from Vietnam），歌中主角返國時成了「黑臉的金中士」。他是韓國企圖塑造韓國士兵在越南表現英勇有德的努力中最令人難忘的人物，但是他的黑膚色是個曖昧符號。他不僅暴露於熱帶的太陽下，也暴露在戰爭暴力與美國人反亞洲種

② 譯註：Gook一詞的起源莫衷一是，有一說是源自美軍在韓國時聽到韓國人使用mi-guk，這是韓文中「美國」的發音，但在英文中聽來像是韓國人自稱為gook（mee-gook），因而流傳開來。不論起源為何，Gook如今最常使用的定義是對東南亞民族，尤其越南人和越共士兵的貶義詞。

族主義的汙染中。[18]小說中詳加描述的美萊村屠殺中，「最終，是種族主義使一個人堅稱一場屠殺是正當的。」[19]小說中的韓國人並未對越南人犯下暴行，但是黃皙暎暗指，他們與種族主義的美國軍隊同謀，離這樣做僅一步之遙。

韓國人絕對有做的是出賣自己，不論是真正的賣身或透過黑市。小說最後，越南人物不是死亡就是遭囚，但榮奎仍活著，而且是自由之身，還幫助妓女海鍾（Hae Jong）將為數可觀的不法商品船運給她在韓國的家人，許多韓國士兵也都這樣做。[20]雖然微感抱歉，但榮奎仍依循男性剝削女性、白人征服亞洲人、韓國人欺負越南人的階級制度。從黑市到黑人或變黑的人，「黑色」成為腐敗與低人一等的徵象。[21]黑色，也在另一部關於這場韓國戰爭的重要韓文小說中扮演要角：安正孝（Ahn Junghyo）的《白色戰爭》（*White War*），作者自己翻譯的英文版書名為《白色徽章》（*White Badge*）。[22]然而，黑色雖然潛伏在小說中，白色才是彌漫全書的關注。敘事者韓奇洙（Han Kiju，音譯）是個知識分子，不像榮奎與多數自願到越南參戰的韓國男性。他醉心西方白人文化，讀過荷馬、雷馬克、莎士比亞、海明威、蒙田、德萊頓和柯立芝。他是個男性氣質受到自己和旁人質疑的男性，與知識分子的身分倒是十分相稱。戰後，他成為韓國社會的「異類」，他的文學知識一無用處，工作不上不下，外遇的妻子也因為他們無法生育而離開他，最後揭曉問題出在他的生殖力。[23]來自退役同袍卞真秀（Pyon Chinsu，音譯）的一通電話迫使他回憶戰爭，察覺到自己萎靡不振的原因：赴越士兵領到的「血錢」。[24]在家戶平均年收入為九十八美元的當年，志願前往越南的二等兵每月可掙四十美元。美國付給這些韓國士兵的總金額約為十億美元，換算為今日大約是六十六億美元。[25]這筆錢「促進了國家的現代化與發展。多虧其挹注，大韓民國，或至少是其高層，大步踏入了世界市場。待價而沽的生命。國家的傭兵」[26]。

兩部小說中的韓國人都將自己出賣給美國，那「趾高氣揚的偶像、自吹自擂的巨人」[27]。從韓奇洙觀察敏銳的雙眼來看，美國人如果是巨人，韓國人就是穿美軍制服吃美國食物的侏儒，用著對他們來說太大的武器。[28]在這場白色戰爭中，身為曾被殖民的殖民者的反諷所在多有，敘事者無疑便是如此：描述書中唯一的美國黑人時，他說他是個「黑人士兵，有著原始而粉紅色的厚唇」[29]。有些韓國人內化了美國種族主義，稱越南人為gook和「黃皮膚的矮小種族」。[30]和美國人一樣，韓國士兵無法區分友善的越南人和敵對的越南人。他們依循美國的懲罰與施惠策略，強迫村民從自家遷居到戰略村，同時試圖以建造診所、舉辦派對和分發白米贏取民心。但是韓國人對越南人所做的，正是其他人對韓國人所做的，「韓戰期間，當聯合國軍隊、美國人和土耳其人湧入我們的村落，號稱要從共產黨手中解放我們，然後在夜晚強暴村內女性時，我們或我們的父母，是怎麼想的。」[31]彷彿為了避免犯下同樣的暴行，奇洙找了個越南情婦，是名賢淑但有過去的女子，名為海（Hai）。像海這樣的人物是關於越南的外國文學中少不了的角色，其中最著名的是格雷安．葛林小說《沉默的美國人》（*The Quiet American*）中的小鳳。和海在一起時，奇洙是個男人，但是在她苦求他帶她去韓國而他辦不到時，這種陽剛氣質的假象隨之幻滅。[32]也許他只是不願意。在小說後來會看到，有貧困的越南難民生活在戰後首爾，包括被韓國愛人拋棄的越南女性。[33]這段歷史至今仍延續著，貧窮的越南女性來到韓國，婚配給其他人不願嫁的韓國男性，往往是些被國家現代化和都式化拋下的農人。

《白色徽章》真正的故事不是發生在韓國人與越南人之間，而是韓國人彼此之間。韓奇洙從前的同袍卞真秀聯繫他，是為了請他幫最後一個忙——把他射死，讓他從戰後的悲慘中解脫，而這一切又以反對全斗煥軍事獨裁的民主運動為背景。小說結尾，農人卞真秀與知識分子韓奇洙碰面，但是並未告訴我們奇洙是否能扣下板機。不論結果如何，這些士兵都是挫敗的，因為他們沒有受到同胞的任何獎賞或肯認，尤其是從戰爭中獲利最多的商人。與韓國戰爭紀念館不一樣，《白色徽章》將武力男性氣概的代價和迷思展露無遺。這樣的男性氣概不論成功或失敗，都取決於對美國巨人的臣服，這個巨人「從未學會如何在他自己的世界外生活」，卻要求韓國人透過他的資本主義、他的文學和他的（白人）戰爭，生活在他的世界裡面。[34]做為交換，這個巨人讓韓國人有機會剝削歷史學者布魯斯．康明思（Bruce Cumings）稱為「黃金國」③的越南，而大宇集團的韓國工程師就在我們友善好客的省區城鎮，向我父母租房而居。[35]

這兩部反英雄小說都充滿對美國人與韓國人深刻的厭惡，但是在韓國對這場戰爭的記憶中有一種英雄式的傾向，可以在「金中士從越南返鄉」這樣的歌曲中看到。然而，韓國戰爭記憶的這種英雄版本並不在韓國以外流通。反之，韓國以外的受眾最有可能知道的是這些反英雄小說，以及《白色徽章》的改編電影。以此而言，韓國的情況與美國類似。也許這場戰爭的全球形象實在太過負面，因此英雄故事並不符合全球觀眾的期望。一九九四年發行的《白色徽章》改編電影（在韓國的片名也是《白色戰爭》），可能仍是關於這場戰爭最著名的韓國電影，並且保存了小說反英雄和反美國的質地。[36]小說的多重越南觀點在戰爭的全球文學中引人注目，不過在電影中幾乎全數抹除。韓奇洙的情婦消失了，而遭到士兵性羞辱的越共女子成了自殺炸彈客。少了值得同情的越南女性角色，電影成為比小說更聚焦於韓國男性的故事。與其說他們的掙扎是為了自己在越南時的道德模糊性，不如說是為了他們與一九八〇年代介於獨裁和民主間的戰後韓國社會的關係。

✣

電影描繪這些掙扎，同時也是這些掙扎的產物。它描述的這場戰爭，協助韓國轉型為強

③ 譯註：黃金國（El Dorado）是傳說中遍地黃金的南美洲帝國。

勢資本主義社會，也讓韓國得以用更強力且昂貴的方式說故事。電影藝術形式透過工業複合體發展獲致的技術成就，所能反映的社會真實不下於電影敘事所能透露的。然而，正如韓國戰爭紀念館，電影華麗的語言往往不只伴隨著財務成本。身為工業產品，電影比文學更需要獲利回收，畢竟後者牽涉的投資較少。文學較有本錢冒險，比如對敵人抱持同理心，電影則往往遠落其後，例如預算龐大的電影《白色徽章》。這部電影雖然帶著反戰色彩，卻屬於「韓國新電影」，而那是韓國全球競爭力的又一個徵象。[37]韓國新電影使韓國導演成為國際影壇新寵兒，也吸引了好萊塢的目光。新電影訴說韓國的故事，而本身也是一則韓國故事。這種電影軟實力與最新的現代汽車車款一樣閃亮，是韓國成就的實質文物，也確認韓國夠格被納入世界第一流的行列。在這種框架下，電影《白色徽章》抹除了越南人物，而做為有關韓國人在越南的一部電影，其存在本身就助長了韓國觀點相對於越南觀點在全球的優勢，再者韓國外銷該部及其他電影的能力更維持了這種優勢。

繼《白色徽章》之後，又出現三部關於越戰的電影，共同顯示了記憶和權力透過電影工業藝術的聚合：恐怖電影《羅密歐點》（R-Point，也譯《R高地》，二〇〇四），浪漫愛情片《亂世玫瑰》（Sunny，二〇〇八）與歷史通俗片及賣座電影《國際市場：半世紀的諾言》（Ode to My Father，二〇一四）。這些完成度高且光鮮亮麗的電影比越南出產的任何作品都先進許多，技術上更可媲美好萊塢，主題也雷同。在輸掉越南戰爭的精神閹割後，一九八〇

귀신과의 전쟁
알포인트
손에 피 묻힌자, 돌아갈 수 없다
1972년 여름
베트남에서...
감우성 | 손병호 | 오태경 | 박원상
www.rpoint.co.kr

年代的美國戰爭電影參與了學者蘇珊．傑佛茲（Susan Jeffords）所說的「美國的再陽剛化」（remasculinization of America），相似的，批評家金暻鉉（Kyung Hyun Kim）主張戰後韓國電影也進行了再陽剛化。[38]三部電影都呈現在越南受盡打擊的韓國陽剛氣質，也都透過炫目的電影體現了韓國崛起。《羅密歐點》講述一隊韓國士兵奉命尋找失蹤小隊的故事。在棄置的殖民時期別墅裡，他們碰到一個穿著白色越南長襖的女鬼，失蹤士兵就是因她而死亡的，她會讓士兵著魔後自相殘殺。[39]和美國的戰爭電影一樣，這部電影裡最可怕的角色也是越南女性。美國電影中描寫危險女性最著名的一部是《金甲部隊》（Full Metal Jacket），一名女狙擊手將一隊美軍消滅殆盡，直到他們把她抓起來殺掉為止。不過在《羅密歐點》中，造成威脅的女鬼繼續存在，為了這群韓國士兵對越南女性和領土的侵害而將其全部害死，僅餘一人存活。[40]諷刺的是，韓國士兵的死亡也免除了他們的罪責。身為「己方誤擊」（friendly fire）下的受害者（唯一倖存者眼睛瞎了）——他們無法像生存下來的美國軍人一樣被追究責任。[41]

《亂世玫瑰》也以免除罪責這一主題為核心。這是部奇異而有娛樂性的戰爭電影，主角是新婚的順伊（Soon-Yi），她先生因為覺得太太不愛自己而志願從軍（太太順伊則認為他有情婦）。被先生遺棄而不見容於公婆和娘家的順伊，只好前往越南尋夫。前去的唯一管道是成為慰勞韓國與美國部隊的歌舞團藝人，於是她與團長一起出發，團長幫她取名為對美國人

比較順耳的Sunny。順伊演唱歌曲「蘇西Q」（Susie Q）時，美國士兵對著她嚎叫，色迷迷的看著她，這一幕充分展現出美國士兵對她和所有韓國人的輕賤。興奮過頭的大兵對著她大灑鈔票之後，順伊和領導他們的軍官發生關係，換取他幫忙拯救丈夫。其他團員知道她雖然真的賣身了，但是他們同樣在賣笑，於是燒了用來支付他們的美元。美國人的惡徒行徑，在美國士兵從一個小女孩背後開槍射殺、並殺害饒了團員一命的越共指揮官之後，更為鮮明地凸顯出來。相對於邪惡的美國人，電影中的韓國士兵從未犯下暴行。在幾場戰鬥中遭射擊、砲轟和伏擊的他們，幾乎總是處於守勢，在敵軍手下飽受驚嚇，最後，順伊的丈夫成為小隊遭伏擊後唯一的倖存者。當順伊終於在戰場上與飽受創傷的丈夫重逢，她並未擁抱或親吻他，而是在槍彈與砲火中狠狠打他巴掌，直到他跪倒在地，電影也結束在這個畫面。與《羅密歐點》一樣，電影中的韓國男性應當受到越南人與女性責罰。但是與《羅密歐點》不一樣的是，《亂世玫瑰》拒絕相信韓國男性除了為自衛而戰，還有什麼更過分的行為。

《國際市場：半世紀的諾言》是尹德洙的故事，他是北韓難民，覺得自己要為逃離時和爸爸、妹妹失散負責。一家人獲得美軍救援後，他擔起扶養母親和手足的責任。他在東德當煤礦工人，也在戰時越南擔任承包工，付出極大的個人代價，但是靠著辛勤工作而得以經濟無虞。他從乞丐成為中產階級父家長的向上流動，就是南韓從一九五〇年代至今崛起的鏡像。韓國人打的越戰在韓國與尹德洙的改頭換面中，都扮演了雖然小卻關鍵的角色。戰爭近尾聲時，共黨部隊將尹德洙與其他韓國承包商困在一座越南村落中。韓國海軍陸戰隊與共軍交戰以援救承包商和親美的越南人時，尹德洙為了救一名溺水的越南女孩而受傷。雖然他從此身有殘疾，卻從被援救者成為援救者，正如南韓相對於越南的關係。《國際市場》的故事與韓國戰爭紀念館的故事同調，兩者都顯示南韓人從韓戰時期的悲慘非人而需要援助，成為韓國在越南參戰時人性化的自由捍衛者。韓國的轉變對所有人都明顯可見，但是尹德洙的英雄行為卻不為他的子女所知，他們將父親為他們付出的勞力與痛苦視為理所當然。

從《白色徽章》開始，對於韓國陽剛氣質受傷與被害的這些描繪，讓韓國電影的功能變得和美國戰爭電影一樣。即使美國人將自己描繪為罪犯，也總是透過好萊塢電影明亮的光線所呈現。韓國戰爭電影亦如此。韓國新電影不畏於將韓國人描繪成反英雄，其中有些電影顯示，連最陰暗的自我呈現，都比完全不受呈現好。但是若依時序觀看這些電影，從一九九四年的《白色徽章》到二〇一四年的《國際市場》，我們看到的是黑暗逐漸減少而對過去的修正逐漸變多的敘事。這些電影裡的韓國人是人性的，但更有甚者，他們也是受害者，是聽命行事的代理戰士，真正的惡徒是美國人。電影對另一場韓國戰爭的重新塑造，正好貼合韓國人自稱是美國與其冷戰政策「受害國」的說法。42

✣

過去的韓國也許是附庸國，但現在的韓國會反抗，它是一個競爭者，要求世界認可其人民和產品。在全球資本主義的世界裡，商品比人重要，往往也比人容易流通。和人一樣，商品也有不同價值，昂貴的韓國貨比便宜的中國貨時髦。以越南而言，那裡有昂貴的韓國產品也有昂貴的韓國人。韓國大軍回來了，不過這一次是手無寸鐵的遊客、企業主和學生。韓國隨處可見，在髮型、流行音樂、電影、肥皂劇和購物中心裡。對多數越南人來說，韓國與韓國人是召喚著他們現代性炫目的形象，不論表面下的真實為何。對韓國人與越南人，這種現代性需要他們都對共同的過往失憶。因此，韓國商品雖然隨處可見，關於韓國在越南參戰的記憶仍難遇見，即使在電影形式中亦然。

越南人若回憶起韓國人，記憶總是負面的。在山美村屠殺（更以美萊村屠殺之名為人所知）博物館（Museum of the Son My Massacre），一面牌匾以英文與越南文銘記「美國侵略者與南韓傭兵暴虐難當的罪行」[43]，與韓國士兵並肩作戰的南越人對他們亦無好感。越南共和國空軍司令和副總統阮高奇（Nguyen Cao Ky）指控他們貪污腐敗、參與黑市交易。[44]一般士兵則不滿美國人偏袒他們認為較有攻擊力的韓國部隊。更讓人臉上無光的是，美國人甚至強迫南越軍隊購買韓國醬油，以取代越南的魚露。[45]越南百姓對韓國士兵的評價更低，因為有些越南人記得在第二次世界大戰日本占領期間，戰俘營由韓國士兵管理。[46]根據在越南中部陷入地面戰烽火的農村女孩馮黎莉描述：

> 〔比美國人〕更危險的是如今負責巡邏美國區的韓國人。我們村子有個小孩走入他們營區，引爆了接在身上的越共炸彈，因為這樣，韓國人對孩童展開殘忍報復（孩童在他們眼中只是小越共）。那次事件之後，有些韓國士兵去了一間學校，抓了一些男孩丟到井裡，然後將一顆手榴彈丟進去，是殺雞儆猴的意思。對村民而言，這些韓國人就像摩洛哥人〔法國人的幫兇〕——比他們支援的白人士兵還要強硬而冷酷。就像第二次世界大戰的日本人，他們似乎毫無良知，像無情的殺人機器般執行任務。難怪他們會覺得我的國家是從事他們那恐怖行當的好地方。[47]

人類學者權憲益（Heonik Kwon）曾指出，韓國軍隊這種行為不足為奇。他們的口號包括「殺光、燒光、毀光」、「小孩亦間諜」，還有「寧可錯殺不要錯過」。[48]

這一長串負面回憶，見證著越南人如何記得絕大多數時被他們遺忘的韓國士兵。這些片段的回憶，遠不及越南人普遍對韓國參與越南戰爭的漠然無感，數量上也遠不及韓國小說、電影、甚至音樂影片中的相關故事，比如流行歌手曹誠模（Jo Sung Mo）二〇〇〇年大紅的歌曲〈你知道嗎？〉（Do You know?）的音樂影片。[49]在這個史詩般的故事中，韓國士兵為了拯救越南平民犧牲生命，最後，越共行刑隊殺了唯一倖存的士兵和他的越南情人。「為什麼這種事要發生在我們身上？」士兵哭喊著問。影片的後記明確點出韓國人的受害感，「越南戰爭是徹底的悲劇，沒有贏家和輸家。」至少在對韓國人參戰的記憶上，越南人大致上似乎也願同意這樣的看法。[50]畢竟，在戰後時代，韓國與越南間要通商也要通婚，而殺人的記憶只會從中作梗。

韓國的戰爭故事讓韓國得以批評美國，承認韓國是一定程度的同謀，並寬赦韓國人在越南犯下的任何罪行。經由這些敘事洗滌後，韓國擁抱了它在金錢推動記憶而記憶推動金錢的全球資本主義中的新角色。隨著一個國家的財富讓它的記憶流通更廣，武器化的記憶又反過來正當化一個國家獲得那些財富的方式，抹除了讓國家得以獲利的戰鬥者留下的斑斑血跡。韓國流行文化透過小說、電影、音樂與商品所觸及的範圍，見證了新興韓國的力量。韓國也許喜歡自認為日本、美國和北韓手下的受害者，但它也遠不只是受害者。在冷戰時期和其後年間，韓國人也許是強國附庸、替身或代理人，但是它也從主子身上學到很多。身為好學生，韓國已經從次人類身分畢業，晉升至次帝國地位，而這影響了韓國如何面對現在的越南、它過去裡的越南，以及恩庇國美國的陰影。這個曾經受到日本羞辱和美國壓制的落後邊陲，已經成為一個光鮮時髦的迷你全球強權，它對自身的投射不僅發生在工廠、企業董事會、股市和聯合國，也發生在電影院、電視、書籍及象徵力量和權勢的建築裡，意在威嚇與折服人民與遊客。

這種武器化的記憶凸顯了記得之人的人性，但是在其運作的幕後也有非人性。韓國人最明顯的非人行為是以越南人為對象，但是能成為次帝國，韓國人也吸收了其帝國恩庇者美國的非人性。這種非人性的蹤跡可在「自由不是免費」（Freedom is not free）的這句話裡看到。這句話源自美國，出現在落成於一九九五年的華盛頓特區韓戰紀念碑上，比韓國戰爭紀念館建成晚了一年。這句口號廣為流傳，也出現在加州夫雷士諾（Fresno）的寮國蒙人美國戰爭紀念碑（Lao Hmong American War Memorial），落成於二〇〇五年，獻給「祕密戰爭」（Secret War）期間在寮國作戰的美國盟友。「自由不是免費的」也可在美國的許多愛國場合聽到，雖然這句話在一九五九年的原始脈絡鮮少被提及或記起，「我擔憂，我們太多人想要融合的果實，卻不願勇敢地挑戰隔離的根源。但我可以向你們保證，果實不是這樣來的。自由不是免費的。它永遠是以犧牲和受苦的高昂代價所換來。」[51]黑人士兵在美國戰爭中參與戰鬥，而如今，「美國，我們只是要求你保障我們的自由。」[52]小馬丁・路德・金恩的意思是，美國在海外以保障他人的自由為名發動戰爭，卻不願在本國對種族主義宣戰。在美國與韓國的首都，在召喚自由的激昂呼聲中，迴盪著不自由的聲音。

韓國人在全球資本主義的時代成為人類，但是代價為何、對誰而言？這個問題不只要問韓國。當洛杉磯的韓國城被放火焚燒，人類生命與價值的問題也必須受到探問。韓國商家蒙受了數億美元的損失，而韓裔美人的痛苦真實無比。但是，當韓國人的損失可用財產來定義的同時，這也表示他們至少有財產可損失。拉丁裔美人雖然也失去財產——約占所有損失的百分之四十，韓國人的占百分之五十——但是他們的損失也以犯罪和生命為衡量，正如非裔美人的情形。多數遭逮捕和死亡的都是黑人和拉丁裔。死者中有一人為韓裔美人。[53]死亡人數很重要，就像在越南與韓國戰爭期間一樣，因為這個數字告訴我們，誰的生命比較有價值。韓國人與韓裔美人在為資本主義而打的戰爭前線擔任小卒，在這個過程中變得比黑人或變黑的人（the blackened）更有價值、更具人性，至少在美國與韓國軍事化的記憶中是如此。要當個人，不僅代表要有能力在長程平定戰中轟炸他者，或是發動壓倒性的工業火力，或是透過資本主義獲利。在美國，當個人還表示你必須被當成模範少數族群來回憶；在韓國，這表示你必須有能力進行記憶的戰略性活動，對記憶發動精準打擊，重新發明過去。另

外，那場韓國戰爭的韓國退役軍人，甚至能在越南建一座小小的紀念館，反觀越南則不具備在韓國記憶自身的力量。記憶一如戰爭，往往是不對稱的。

我花了一番力氣才找到那棟孤單的紀念館，位在1A公路剛通過峴港前往風景迷人的會安途中，一條支路再岔出去的小徑上。許多韓國軍人曾在峴港附近作戰，但是現在他們可能很難認出1A公路。公路沿途曾是空曠的鄉村，如今是豪華路段，穿過的度假區和高爾夫球場有些是韓國企業蓋的。來到這些地方的遊客即使聽過河美（Ha My）或找得到紀念館，也少有人會想造訪。烈士公墓緊鄰著街，但河美的紀念館卻遠離道路，目不能及。我的司機開過去兩次我才看到它的飛簷。為從道路抵達紀念館，我必須下車，走過村落裡的房舍，穿過稻田。夏日正午的驕陽下，乾涸的稻田是棕色的。我走在通往黃色牆壁的院落中那座華麗小廟的泥土路上時，田裡只見一個農人的身影。藍色的金屬門已自鉸鏈鬆脫，一個靠在牆上，另一個橫陳在院落的鋪石地上。方形的院落中心有一個高台，十六根柱子撐起兩座綠瓦屋頂。高台中央處的一面牆上紀念著一九六八年一月二十四日那天的受害者。最年長的受害者是生於一八八〇年的一名女性，最年幼的受害者一九六八年死時可能還在母親體內。應該寫著他們名字的地方寫著Vo Danh——無名。紀念館提到一百三十五名「被殺者」（bị sát hại），但是對於是誰殺了他們卻沉默了。村民希望說明文字能指出是韓國士兵殺了村民。但是出錢蓋紀念館的韓國退役士兵並不樂意如此。[54]

6 論不對稱

殺人是強者的武器。死亡是弱者的武器。並非弱者無法殺人，而是他們最大的優勢在於，他們能比強者更大量的死去。因此，從贏得勝利的角度來看，正式戰爭期間美國僅損失約五萬八千名士兵，或韓國只損失約莫五千名士兵，而越南、寮國與柬埔寨損失了大約四百萬條人命並不重要（將美國死亡人數四捨五入，是要呼應小說家山下凱倫（Karen Tei Yamashita）針對美國子弟相對於所有其他參戰者死亡數字的指控，「越南的數字四捨五入到千位數。美國子弟的數字則是精確的。」[1]）美國人無法像他們的敵人一樣，只能認命吸收損失。美國大眾不會容忍數以千計的死亡人數，也知道美國隨時可以撤離越南，但與美國人對抗的越南人卻是在為自己的國家而戰，別無他處可去。美國戰爭機器會觸礁，不只是因為碰上子弟兵的屍體，也因為死於它手下的屍體，因為越南死亡人數的魅影引發了全球反對。在戰爭的記憶遺緒中，強與弱的弔詭關係依然持續。美國的記憶工業成功將其記憶機器分派到世界各地，但是它們無法徹底抹除讓戰爭機器戛然而止的那些屍體，是那些屍體讓越南之名變成反帝國革命勝利的象徵。同樣的，在越南與寮國國內，得勝的政權欲透過記憶工業把戰爭變成反美的英勇勝利，但也無法完全抹除美國戰爭機器碾壓的那些屍體。這些屍體徘徊不去，數量太多而無可迴避，（殺了他們的）美國人和（犧牲了他們的）越南人、寮國人都會將他們召喚出來。有時候，這些屍體以人類學者梅蘭．古斯塔夫森（Mai Lan Gustafsson）所稱「怒鬼軍團」的陰森形式出現。[2]有時候，他們以英雄雕像的形式復活。

與超級強權或崛起中強權的記憶工業不同，小國的記憶工業不會大規模外銷其記憶。全球市場上，小國工業的記憶顯得未經打磨，而其生產者也知道不對稱記憶在自己的土地上最有戰鬥力。小國仰賴的是將自己廉價奉上，以吸引外國人來到它的領土，而這個便宜觀光的去處也包括讓遊客出其不意的陷阱，以透過當地觀點看見的歷史伏擊遊客。但是，與關注戰爭和其餘緒的多數其他記憶工業一樣，較小規模的記憶工業與較為強大的記憶工業有著相似的情感調性，在恐怖與英雄主義間交替，而中央音域為悲傷占據。革命偶像胡志明是記憶與失憶的象徵，他體現了小國的記憶工業在無法與大國更強大的記憶相抗衡之下，如何以不對稱的方式運作。他的遺體，或如某些謠傳所指只是其複製品，在河內的陵墓供人瞻仰。他是那裡唯一的居民，在經常全家人同住一個房間的國家，這是奢侈的待遇。他的遺體安放於在我想像中是個具冷藏裝置的水晶石棺中，臉部沒有緊貼著玻璃，不像直到不久以前都會在戰爭遺跡博物館（War Remnants Museum）看到，因為橙劑而變形的胎兒那樣。他的陵墓中沒有熱度、沒有氣味，也沒有聲音。從來不排隊的越南人安靜有序地排成一列，魚貫經過他的遺體。不准拍照，因為照片會擁有獨立於死者外的生命。

這具軀體是一尊英雄雕像，還是政府不顧胡志明希望遺體火化後骨灰灑在國家各地的遺願，因而違反其意願被保存的陰森活屍？兩者都是。他的軀體，或是其複製品，是共產黨、其戰爭機器與記憶工業的舞台道具。他的軀體可以代表英雄或恐怖，既非真的活著，也未完全死去，是學者阿席勒・穆班布（Achille Mbembe）稱為「死亡政治」（necropolitics）的冰冷非人體現。在施行死亡政治的政權中，國家掌握生殺大權，決定誰能活著而誰該死去，包括被困在生死之間的不幸之人。想想困在無國家狀態中的難民，無人機與所謂精準飛彈攻擊的目標，或是威權國家與占領勢力治下的人民。勝利的越南人將美國的戰爭機器視為死亡政治政權的工具，致人於死、關押囚犯並任意製造難民。戰敗的越南人視共產黨為將他們發派到再教育營與新經濟區的死亡政治政權，迫使他們以難民身分逃到海外，有時導致他們在難民營中滯留多年、甚至數十年。對他們而言，胡志明象徵的不是英雄主義而是恐怖。他們稱他為惡魔或將他比為希特勒，在流亡群體中展示他的照片會引發怒火。對流亡者來說，他冷凍的死後生命和遺願遭到背叛是帶著反諷的正義，對恐怖之人犯下的恐怖行為。

正如所有歷史文物，胡志明——或他的軀體或其複製品——被他自己的鬼魂所糾纏與驅

動，若以鬼魂屬於我們生者，源自我們的信仰、恐懼、罪惡感或妄想而言，這個鬼魂既非人也是人。非人與人性間這條模糊的界線，就是非人性的行為與死亡政治所在之處。戰勝的政權將胡志明的遺體冰凍起來，玩的是一場非人性的危險遊戲，賭自己可以馴服他的鬼魂，利用其人性的臉孔安撫對政權也許並不滿意的人民。透過這種手法，政權允許他非人的臉孔在這片土地和人民的記憶中縈繞不去。當他的身體是一個紀念碑而安息處是一個朝聖地，人民很難忘記他與他為之生、為之死的一切，不論那是神話還是現實。強大的象徵擁有多重意義，無法被評論者和黨政官僚全面規範。死亡政治的政權相信或希望他們能控制戰爭的象徵意義，壓抑其恐怖並凸顯其中的英勇，在人民心中注入對死者的哀傷，而不是對死者遭此命運的憤怒。這種控制象徵意義的企圖，就是政府禁止拍攝胡志明遺體這一神聖遺物的原因。該禁令的精神也奇特地適用於他在鄰近胡志明博物館內的雕像。這個金色而非人的雕像——因為遠大於真人而不像真人——聳立在遊客上方，並且在中午前開放拍攝。接著，博物館短暫關門，清潔工抵達。他們將長柄的拖把伸向雕像頭部，而警衛也在此時命我將相機收起。這是我錯失過最可惜的一次機會，沒能拍到工友用拖把拖過這名偉人額頭的景象。

英雄永垂不朽，因此，讓人想起他們並非不朽的事物必須被審查管制，從清潔的日常需求到死亡的迫切需求。陵墓中的胡志明雖然看似違逆死亡，好像只是在沉睡，但是還有什麼比那不受陽光照耀、彷彿吸血鬼的姿態更非人的景象？若說他在附近的雕像比真實巨大，那麼在榮市（Vinh）的龐然巨像則符合他的傳奇地位，但是與這個真正的人所過著的或表演的簡樸生活，卻是恰恰相反。胡志明的傳奇彌漫在河內美術館，他在這裡隨處可見。雕塑、油畫、水彩畫和漆畫木板都以他為主題，他看來總是英勇、高貴而悲天憫人。美術館館藏中的其他重要主題為農民、工人、女性和士兵，不是在工作或英勇戰鬥，就是在悲傷的哀悼。他們的雕像出現在美術館各處，尤其是士兵，總是勇猛的盯著眼前的未來。雖然刻畫的是人類，但是這些革命勝利的象徵並不人性。它們是冷硬的工業產品，披戴著柔軟人類的外表與形狀。做為武器化記憶的形式，它們濃縮了英勇與人性，去除了任何次人類（subhuman）、非人類（nonhuman）或非人性（inhuman）的跡象。它們要求的只是記憶己方的倫理，從不需要記憶他者的倫理（除非是非人的敵人），或是肯認（自身非人性）的倫理，而即使只是做為陰影，這兩者都是完整賦予人性所必要的。這些雕像代表革命戰爭機器最重要的部分，也就是人類集合體（collective human being），透過政治宣傳海報及壁畫凝聚為一體，比如古芝（Cu Chi）地道中描繪越南歷史的壁畫。那段歷史的結局是革命勝利與多元人民的統一。因此，除了典型的軍、工、農三大群體，我們還看到形形色色的其他人：神父與僧侶、男人與女人、老與少，以及多數與少數族群，齊聚在胡伯伯慈愛的凝視下。這是英勇的人民，歷史上最偉大的扁平人物，體現了革命故事訴說的種種非人之事，故事裡的人民精神長存，即使死去的血肉之軀數以百萬計。

✢

若說英勇人民的集體人性只是一個表象，那麼，國家的革命記憶工業會賦予生命給並非人類的事物，也就不足為奇。我指的是許多博物館中固定在地景上且占據中心位置的非人武器，特別是大砲、坦克、飛機、直升機與飛彈發射器。這些生產線產出的工業產品，暗指武器化記憶的規模經濟。不論個人的記憶如何強大，這個記憶都脫離不了一個小圈子的範圍，除非它進入某種記憶複製的模式。有時候這個模式龐大而工業化，以創造故事與記憶為明確目標，比如好萊塢。有時候這個工業模式在無意間生產記憶，像產生副產品或副作用

般，在某個東西周圍製造出記憶的光環。戰爭中有些最令人難忘的角色因而不是人是武器，比如M-16和AK-47步槍。它們的名字和偉人一樣銘刻在歷史中。另一方面，數百萬人的名字若會出現，也只能在一面紀念牆上找到。在寮國與越南的博物館，這些武器許多甚至有說明牌上的專屬傳記，詳述它們的偉大功績和出現在哪些歷史事件現場。擁有傳記的武器中最著名的一個，是戰爭最後一天衝破西貢總統府大門的坦克。但是對我最有個人意義的坦克，位在河內軍事歷史博物館某一側廳的入口外。這輛蘇聯製的T-54坦克參與了一九七五年三月的西原（Western Highlands）戰役，當時，我的出生地邦美蜀（Ban

Me Thuot）成為北越最終攻勢下第一座陷落的城市。一輛坦克上坐著士兵隱約模糊的影像，在我記憶中忽明忽滅，但這輛坦克是否就是那輛坦克，而這個記憶是真實抑或幻象，無從得知。但我對這輛坦克的記憶，比我對嬰兒時期任何人的記憶都要清楚，包括我們逃離入侵者時拋下的（認養的）姊姊。（曾有人告訴我一個殘忍的謠言，說我是養子。越南人很擅長講述殘忍的謠言，而且喜歡帶著笑容說。「你知道為什麼你不是領養的嗎？」我哥哥說。「因為我們沒有拋下你。」）

這輛坦克，這些飛機、槍砲，這些非人的東西，對於人類這一物種的集體記憶，比活過或死於這場戰爭百分之九十九．九的人類還有影響力。這些武器是大國生產的龐然大物，而一如馬克斯所說，在資本主義下，物品自有生命，而當其價值增長時，製造這些東西的工人則在資本主義的向下競爭（race to the bottom）①中失去價值。物品帶著製造過程中注入的人類勞動，並因此獲得生命，而接觸到這些物品的絕大多數人看不到生產過程中的人類勞動。被購買、使用、維護甚至珍愛的物品成為人類互動的媒介。即使人類死了，物品依然存在，因此博物館給予物品的空間往往比給予人的空間多。即使在表面上的共產社會中，機器不是做為異化勞動的產品，而是做為英雄式勞動的產品而受讚揚，實際的結果仍然是機器往往比人更重要。不論在資本社會或共產社會，這些東西都會挑動記憶，本身也是記憶。土壤中的地雷若非工業生產模式留下的壞記憶和戰爭機器的種子，還能是什麼？僧人前往他自焚

的最終目的地時所駕駛、被革命為自身目的所挪用的那輛汽車，又能是什麼？這個金屬物體用以借代戰爭機器，一如槍砲、坦克及集體人類，而集體人類擊敗工業武器的唯一希望，就在於融合成為扁平、非人而英雄化的革命一體。

若說物品是工業產品，則它們也是這些工業的替身，不論在勝利或戰敗的情況下皆如此。因此，當地人與觀光客在寮國與越南地貌上看到的往往是繳獲的武器和遭擊落的飛機，是工業巨人跌落神壇的圖騰。生鏽的美國與法國坦克散布在昔日的戰場和博物館園區，美國轟炸機與噴射機的殘骸像消失物種的化石一樣，散落在河內空軍博物館和B-52勝利博物館乏人照料的館區裡。最有勝利意味的展示品出現在河內的軍事歷史博物館。騎著機車在大

①譯註：指不同國家為維繫經濟競爭力而競相降低對商業環境的監管標準，並盡量壓低工資、減少福利等。

門外等待的計程車司機，發現我是海外越南人時，把我當成久別重逢的表親一樣招呼，咧著嘴熱情地捏捏我的手臂又拍拍我的背。大門內是精心布置的廢金屬堆，那是被防空火力擊落的法國與美國戰機引擎和機身。這堆破銅爛鐵若是在美國博物館展出會被視為藝術，比如洛杉磯當代美術博物館（Museum of Contemporary Art）由南西．魯賓斯（Nancy Rubins）所完成的飛機廢棄零件雕塑，就是為西方藝術產業服務的個人創作。毀棄戰機的展示則是集體革命鬥爭的無名氏創作，由國家授權。廢棄堆前方有一張黑白照片，照片裡的年輕女性斜背一把步槍，拖著上有美國徽章的飛機零件。昔日的口號寫著「敵人來時，連女性也必須戰鬥」（與多數國家主義口號一樣，它也有一句隱形的又及——敵人走後，女性回歸家庭）。[3]女性和毀壞的美國機器之間的對比，反轉了美國的一個傾向，即將年輕越南女性視為非人的敵方中最可怕的成員，或充滿誘惑力，或帶來閹割感。越南的記憶工業將越南人描繪為人類的、人性的而英雄的，另一方面將美國人呈現為非人的，不管是他們的行為還是他們龐大而無差別的武器。如果美國人想知道世界多數人會有多痛恨無人機攻擊，只需要走一趟北越的博物館就夠，那裡最深刻的怨恨正是保留給「空中海盜」。

✢

但是要看到這另一種記憶，確實必須走一趟越南，或是以越戰專家或業餘愛好者的身分從書中發掘。若論與戰爭的隨意邂逅，一個人還是最可能透過空中海盜或它們非人的肢體——無人機與衛星——看見過去。這就是一個超級強權記憶工業與普通記憶工業的不同，前者能觸及全球，外銷產品到世界任何地方；後者的產品僅停留在自己國界內，或者在外銷時慘遭惡評。超級強權的記憶工業讓人很容易取得其產品，送到他們的家門口、電視上、銀幕裡、書櫃上和報刊內，即使他們並不想要這些記憶也沒有主動尋求。對於較弱小的工業體，記憶不是這樣運作的，它必須把自己變成觀光景點以吸引不疑有他的遊客進入記憶陷阱，或是外銷鮮少有人會接觸或欣賞的廉價產品。

導演鄧南明（Dang Nhat Minh）的作品，展現了強大與弱小記憶工業間的這種差別。他是越南最著名的革命世代導演，一九八四年拍的《當十月來臨》（When the Tenth Month Comes），可能是越南關於戰爭和記憶最知名的電影或作品。背景是美國撤軍之後的年間，越南在邊境與柬埔寨發生衝突後入侵該國，電影講述一名年輕女性的故事，她的丈夫就死於某次這樣的衝突。與岳父和年幼兒子同住的她將死訊保密，因為不忍讓他們像自己一樣心碎。電影私密而溫柔，聚焦在戰爭對一名女性和其家庭造成的後果。許多越南戰爭電影與美國的同類型電影不一樣，會凸顯女性和孩童，不過通常是為了強調他們英勇的革命精神，比如《無人的田野：自由射擊區》（The Abandoned Field: Free Fire Zone）。在這部電影中，一對夫妻擊退了美國直升機攻擊，但是《當十月來臨》不同，片中沒有英雄主義和高貴的犧牲。彌漫在電影中的，是對於寡婦和有一晚化作鬼魂回到太太身邊的亡夫的悲傷。但是不論多麼可喜、動人或充滿人性情感，這是一部黑白電影，一九八四年的越南電影技術只能做到這樣，同年的美國票房冠軍是以全彩拍攝，關於黑白警探哥兒們的喜劇《比佛利山超級警探》（Beverly Hills Cop）。除了學者、影評、藝術電影愛好者與長期深入關注這個國家的人，越南以外很少有人看過《當十月來臨》。

二〇〇九年，鄧南明試圖以全彩電影《烈火燃燒》（Don’t Burn）打入更廣大的國際觀眾群。這部史詩格局的電影改編自一名年輕北越女性的日記，她是懷抱理想的醫生，自願參戰後死於美軍手下。鄧南明不只說了鄧垂簪（Dang Thuy Tram）的故事，也描述一名美國軍官找到這本日記，並在三十多年後將它歸還給鄧垂簪家人的故事。《烈火燃燒》符合同時肯認己方與他者的倫理要求，儘管從我非人性的觀點看來也許有些瑕疵。電影以標準的傳記片方式將鄧垂簪當作聖人看待，並且使用業餘的美國白人演員，這是亞洲電影和電視典型的作法。儘管如此，這部電影應該獲得更廣泛的關注，因為它做了此前沒有電影做過的事：讓美國人與越南人在電影裡出現的時間相當。可惜這部電影在越南上映的週末，不巧碰上《變形金剛2》（Transformers 2）首映。導演遺憾地說：「我們像部腳踏車般被壓扁了。」[4]這個隱喻太完美了：超先進變形機器人在人類演員無足輕重的電影中擔任要角，摧毀了一部努力凸顯敵我雙方人性的電影。更讓人難堪的是，這次輾壓發生在自家領土上，越南觀眾寧可觀賞國外進口、技術先進的非人暴力，也不要看劇情並不完美但是來自本國的人性故事。這些越南人也會在一有機會時採用最先進的機械運輸方式。一九九〇年代開始，數百萬越南人拋棄了腳踏車，改騎本田夢機車（Honda Dream），如今則渴望著《變形金剛2》電影核心的那些汽車。不管一個人對好生活的幻想，是二輪的本田夢還是四輪的美國夢，兩者都是消費的幻想，是在工業機器中當個人類齒輪的賽伯格（cyborg）②幻夢。

當一個人騎著腳踏車，仰賴體力和肌肉記憶，工業與記憶工業的力量可能顯得勢不可

② 譯註：指有機體與機器的混合物。

擋。然而，腳踏車的存在並不只是為了被輾壓。美國人應該記得法國人學到的教訓，他們同樣對自己的技術優勢深信不疑。法國將領在奠邊府（Dien Bien Phu）聚集了一支軍隊，希望誘使敵人進入一場戰役，摧毀他們。法國人沒有預期到越南獨立同盟會（越盟）有能力將火砲運到環繞奠邊府的山脈高處。然而，越盟靠著腳夫推著腳踏車，將火砲一件件送上山。這支反叛軍仰賴腳踏車（以及外國武器），將法國戰爭機器轟炸到投降。在去殖民與民族自決的史書中，能與這場傳奇性戰役相比的，唯有不對稱戰爭的最初典範：大衛與歌利亞的神話。一支軍隊想當的永遠是歌利亞，但是世界往往會為大衛加油。

因此，儘管勝利方無從獲得強大的記憶工業，法國人與美國人的挫敗依然留在許多人的記憶中。雖然非人的機器人通常會輾壓人力驅動的腳踏車，有時候——很罕見地——腳踏車也會贏。在越南共產黨的情況中，他們會贏，有一部分是因為他們在自己的地域上戰鬥。有太多事情取決於地域，包含戰爭與記憶。工業巨人出動超音速戰鬥機、燃燒彈、白磷彈、航空母艦、戰略轟炸機、除草劑，和配備所謂迷你砲的直升機，一分鐘能在閃光和巨響中發射六千發子彈——而除了一些戰鬥機和飛彈，這些幾乎都是越南共產黨沒有的。面對這樣的不對稱戰爭，越南人發動了叛亂游擊戰的不對稱作戰。不對稱也會在記憶中體現。以全球而論，獲勝的是美國的記憶工業。世界各地的人也許知道越南人贏了戰爭，但是他們透過美國投射的記憶，接觸到的是美國記憶和失落的質感。更重要的是，即使在其產品與戰爭無關時，美國記憶工業仍是戰爭記憶上的贏家。《變形金剛2》——或是第一、三、四集——消滅了與它競爭的多數電影，為美國文化完成了重要的記憶工作，透過其壯觀的存在，將世界的凝視從實際的美國戰爭上轉移開來。《變形金剛2》凸顯了戰爭與其餘波的背景故事——非人資本主義的勝利，由服務軍事工業複合體的電影工業複合體描繪的巨大機器奇觀，以無比輝煌的方式完成。這些複合體透過軍事基地、貿易協議與電影介入其他國家，以硬實力和軟實力的雙拳進擊，共同征服了新的領域。

但是越南人在自己的土地上仍有機會一搏，他們控制了由博物館、紀念碑、學校、電影和媒體組成的追憶機器。國家的記憶工業針對外國人、海外越南人與本國人民進行不對稱戰爭。正因如此，有些美國遊客才會在邂逅成了野蠻人的自身時感到震驚。他們看到身為他者的自己，或是透過他者的眼睛看到自己，而這樣的經驗令人暈眩。儘管如此，遊客與士兵一樣，付出相當代價與時間來到這個國家，不像外國電影的觀眾只要花幾美元就能接觸到美國文化。西方人可以將他者的記憶隔絕在外，除非他選擇不如此，相對的，他者則偶爾、甚至往往是經常地被西方記憶所照射，不論他們是否想要如此。

至於對像我這樣的學者，收集越南記憶表示我們得一再造訪越南、圖書館和電影節，我就是在某個電影節看到深具才華的導演裴碩專（Bui Thac Chuyen）二〇〇五年的電影《活在驚恐中》（Living in Fear）。電影情節以戰後失業、靠徒手拆除地雷謀生的南越退伍軍人真實故事為本，與柬埔寨的阿基．拉（Aki Ra）的故事相呼應。曾是紅色高棉娃娃兵的阿基．拉，自我改造為非正規的自學一人掃雷組，在暹粒省創立了地雷博物館（Land Mine Museum）。不過，阿基．拉只有一個太太，《活在驚恐中》的主角卻得養活兩個太太，而每次與死亡擦身而過後，他總得奔回家與她們做愛。電影將性與死和人類情感與故事相結合，但除此之外，它也透過以地雷借代記憶與工業的方式，體現了記憶工業與其不平等。一個國家因為它可以而將地雷埋在另一個國家，而被埋了地雷的國家與植入其土地的致命記憶共存。同時，撒下惡種的工業強國則得以忽視像《活在驚恐中》這樣的電影，對於關注這個問題的要求。

✢

儘管美國予以忽視，被埋下地雷的國家仍需持續重建戰後經濟的努力，從各項工業到休閒活動皆然，而這兩者有時是同一件事，比如在崑山島（Con Son）。我從西貢搭機，經過短暫飛行後抵達，看見的是安靜的沙灘、綠色的山脈和寧靜的湖泊。這片地貌太引人，很難相信這座島嶼不會成為觀光勝地，供外國人浮潛、買醉、上床，並走一趟必訪的許多監獄之一。這些監獄的牆上長滿青苔，現在只能透過旅遊團造訪。這些監獄由稱這座島嶼為普羅康多（Poulo Condor）的法國人所建造。南越和美國顧問團接手監獄後，男女皆有的越共犯人就關在這裡。多數著名的共黨革命分子都在這裡待過，而死於獄內的犯人有數千人，包括著名的烈士武氏六（Vo Thi Sau），她是越南革命的聖女貞德，還是少女時就慘遭處決。造訪她的墓地時，訪客可以用留在墳上的塑膠梳子梳頭，這源自她在世時最愛梳她那頭美麗長髮的典故。

在這些監獄裡，革命記憶工業以之為基礎的英雄主義和悲傷，在保留下來的酷刑室和囚房中經過重組。訪客看到的不是英勇革命軍人的黃金雕像，而是幾乎全裸的越南囚犯戴著鐐銬或被毆打的真人大小蠟像。這些囚犯蠟像在較易抵達的河內希爾頓（Hanoi Hilton）監獄③亦可看到，它們製作粗糙，甚至有些卡通化，但這也不失公允，畢竟囚犯所遭受的虐待也是粗糙而卡通化的。在美國人的記憶中，河內希爾頓是美國飛行員如約翰．馬侃（John McCain）被關押與虐待的監獄，但他們卻忘記，或從不知道，是法國人先在這裡關押了越南革命分子。但是河內希爾頓相較於崑山島上的監獄系統算小的，在噴射時代以前這是座不易抵達的偏遠島嶼，光是提到其名稱，想必就在越南人心中引發恐懼，是家長用來嚇不聽話的孩子的地方。法國人的崑山島就是美國關塔那摩監獄的前例，許多可怕的事情在島上發生，如今透過蠟像誇張的姿勢與擺放位置重演。河內希爾頓只有囚犯的蠟像，這裡則連美國

③ 譯註：這座監獄最初由法國人所建造，越戰期間用來關押被俘的美國飛行員，因為對待囚犯的殘酷手段，而被美軍戰俘戲稱為河內希爾頓。

與南越警衛都加以呈現，他們漠然地站在警衛崗哨，監視工作中的囚犯，將生石灰倒在狹小虎籠裡的囚犯身上。

我信步走至一座監獄院落，看到在碎石地上重演的一幕：兩名男子在毆打另一名男子。在一間囚室擋起來的入口處，我看到四名穿著野戰服的男子對一個流著血的半裸囚犯拳打腳踢。眼前所見是恐怖片的景象，以全景模型捕捉並凍結住，彷彿電影預示了綁架、關押與虐待的恐怖記憶。當然，是這些事情先發生的。以殘虐為賣點的系列電影如《恐怖旅舍》（Hostel）、《奪魂鋸》（Saw）和《德州電鋸殺人狂》（Texas Chainsaw Massacre）只是故事，但是它們為一個狠毒而不潔的源頭所滋養。戰爭機器在過去創造的恐怖滲入並彌漫了美國的無意識。戰爭的創傷化身為恐怖電影，透過美國的記憶工業返回，本身似乎就是鬼魂。它們血腥而駭人，往往欠缺歷史背景，只有少數例外，如喬治・羅梅洛（George Romero）一九六八年的殭屍片經典《活死人之夜》（Night of the Living Dead）。片中，白人男性組成的民兵透

過「搜尋殲滅行動」（search and destroy operation）消滅喪屍，其所指涉的是什麼，毫無疑義，就是美國在同一時間的戰爭中採取的同名策略。穆班布（Mbembe）還沒自創死亡政治這個用語前，羅梅洛就已了解其意涵了。他體認到美國需要不管是字面還是象徵意義上的喪屍，讓人可以不帶罪惡感的殺死或鎮壓的活死人。如今他們無所不在：好萊塢發行的喪屍片源源不絕，喪屍也風靡電視製作人和嚴肅小說家。喪屍在反恐戰爭（War on Terror）的年代裡復活，並不讓人意外，而且與他們在《活死人之夜》中滿足一樣的目的，藉以託寓美國人以戰爭對抗的魔性他者。不過，除去羅梅洛這種明確的指涉，多數時候還是必須一個人走一趟這個國家，也是我的出生地，方能看到活死人的殘虐歷史。許多人在電影中初次瞥見他們，但歷史的恐怖已在其中被轉化為娛樂了。

要忘記外國的戰爭容易，要忘記在自己土地上打的戰爭很難。處處都是提醒物——那些雕像、紀念碑、博物館、武器、墓地、口號。一個人也許不記得歷史，卻無法避免其提醒物。必須刻意將眼神別開，或是用政府透過現成的英雄和犧牲故事所提供的濾鏡將它們隔絕起來。這些故事的訊息是，面對崇高的過往，正確的姿勢是一膝為了悲傷而跪，另一膝為了尊敬而跪。在河內美術館，對死者的肯認透過這些情感調性表現，比如阮富強（Nguyen Phu Cuong）的雕塑作品《紀念》（Tuong Niem），戴著兜帽的母性形象，懷抱一個士兵頭盔，母親本人則缺席了，因為失去而空洞。鄧德勝（Dang Duc Sinh）一九八四年的油畫《在每一個街坊》（O moi xom）亦表達相似情感，畫中三名女性有著寡婦或陣亡者勇敢母親的悲傷面容。河內美術館以莊嚴而有敬意的方式描繪死亡，但是在其他地方，勝利的革命政權卻無法對戰爭的恐怖放手，至少目前還不能。因此才會有監獄博物館和紀念美萊村屠殺的山美博物館裡的蠟像，也才會有暴行的照片持續在許多博物館展出，最為惡名昭彰的當屬在西貢戰爭遺跡博物館內的那些。國家要人民記得死者和他們如何死去。

因此，每當離開這些恐怖或甚至悲傷的展覽進入禮品店時，總有一點讓人不知身在何處。幾乎總會有一間禮品店，販賣給遊客的常見小物，代表著這個國家想像中的精萃，從穿著傳統長襖的年輕女性漆畫，到餐盤、筷子、鴉片管等等。在這裡也可能看見戰爭紀念品，

以前過窮日子時是用回收的可樂和啤酒罐雕塑成美國飛機和直升機模型，現在日子好一點了，則是用黃銅做成的。還有子彈與兵籍牌，號稱是來自那場戰爭的實品。這些都是小小的回憶，生產規模較小，不能與國家和企業龐大的工業生產線產出相比。這才是提及記憶產業（memory industry）時我們可能會想到的：家庭工業，記憶世界的手工藝。

✣

這些小小的記憶中最著名的是無所不在的Zippo打火機，號稱是真正美國大兵用過的，上面印著真正的大兵口號，比如「我雖然行過死蔭的幽谷，也不怕遭害，因為我是幽谷裡最邪惡的王

八蛋」[5]，買了這類戰爭遺物的觀光客想來是要尋找戰爭氛圍的一點碎片。不論這些打火機是誰做的，當他們把剩下的Zippo拿來刻上有（惡）名的大兵口號，再刻意把它們磨損成帶有戰爭和時光的痕跡時，一定知道他們販賣的是某種真實感。便宜、量產又好攜帶，Zippo打火機的用途包括點燃香菸、放火燒掉茅草屋，也是美國士兵發揮想像力的模板。但Zippo會成為美國軍事占領最常見的象徵物之一，並不僅是因為這些用途。Zippo的象徵力量來自其大量生產的本質。胡志明獨一無二，Zippo則數以萬計，原來的主人早被遺忘。它的氣場不只源自其假想主人的個體性，也源自他身為行伍一員的身分，就像消費者是觀光大眾的一員。與M-16步槍一樣，Zippo是個名字好記的工業產品，充滿了各色口號表現的反英雄主義，比如「我死後會上天堂，因為我已經在地獄待過」。

對當地工匠而言，Zippo只不過是又一個可以回收銷售的美國五金，賣給不值得更好貨色的外國觀光客。在這場不對稱戰爭中，從觀光客身上削錢是弱者的另一個武器，這種手段不太光明正大，但是它所源自的當下情勢，卻是如黑色喜劇般複製了美國戰爭本身，那一次，美國士兵首度對上當地住民。那一次鬥爭是當地人贏了，靠的是民族抗爭的全民戰爭，往往也靠著偷取美國士兵的武器。戰後，仰賴觀光業所建立的記憶產業取代了戰爭機器，當地人與士兵後代——觀光客——的鬥爭就在這樣的環境中上演。[6]我造訪寮國石缸平原（Plain of Jars）的旅程中，處處都是這種記憶產業和戰爭機器碎屑間的交會。我搭乘螺旋槳客機抵達一座小機場，機上載的是來此進行人道任務的美國空軍醫療志工，來自多元文化背景，穿著便服而非軍裝。他們有男有女，多數年輕、精瘦、親切而健康，年紀較長的則像來度假的美國郊區爸爸，圓圓潤潤的。他們的上一代轟炸了這個國家，尤其以末日降臨般的力道轟炸了石缸平原。我向一名士兵提起時，他不願談論這段歷史，而空軍官校光潔體面的畢業生則只知道一些模糊細節。我好奇他們有沒有注意到機場航廈內的海報，上面廣告著用彈藥金屬做成的和平手環。有什麼比對一個沒有空軍的民族發動空戰，或是一個民族被迫賣炸彈碎片給轟炸他們的人以謀生，更不對稱的事情？

一般而言，建立在戰爭上的記憶產業也許可稱為反諷，不過貪婪或生存才是其中較重要的元素。比如在豐沙灣（Phonsavan）唯一的街道上，有間名為「彈坑」（Craters）的酒吧，空軍人員聚在那裡一起喝一杯。這間酒吧將大規模地毯式轟炸的記憶轉化為休息和放鬆之處的名字並不獨特。這是小規模的記憶工作，向途經此處的人兜售過往，就像街頭小販出售有關這場戰爭和這些國家的盜版英文經典書籍，給想要在受到娛樂的同時受點教育的觀光客一樣。西貢的創業家至少較風趣和後現代，將他們吵鬧、擁擠、汗水淋漓而絕對好玩的酒吧，命名為現代啟示錄和黑暗之心，警察偶爾會來臨檢，以表現他們有確實取締政府稱為「社會之惡」的賣淫和毒品（我去這些酒吧的次數夠多，在每間都看過他們因警察上門而關閉。再者，這些警察的黃綠色制服在我心目中贏得全世界最醜制服獎項）。將恐怖變成娛樂是美國記憶工業的招牌特色，這在史丹利．庫柏力克（Stanley Kubrick）尖銳而傑出的《金甲部隊》（Full Metal Jacket）某句對話中可見可聞——「我慾火焚身」（me so horny）。這句話啟發了嘻哈樂團2 Live Crew猥褻又讓人難忘的饒舌金曲〈我慾火焚身〉，在佛羅里達州因猥褻罪而遭當局起訴，這真是最諷刺的事，因為從沒有人為了戰爭期間發生的任何猥褻之事而遭到起訴。或許是受到這些例子的啟發，東南亞人努力運用資本主義剝削的原則，即使對最可怕的過往也一樣。

東南亞人挖掘過往商機的方式中，最讓人難忘也經常被提及的是，那些隧道和洞穴，戰爭曾在那裡上演，平民在那裡躲避轟炸。穆班布針對從事死亡政治的政權所發動的戰爭曾說過，「戰場不只在地表。地下及天空也都被轉變為戰區。」[7]從空中皇帝的角度來看，地下是非人者的庇護所，有「地道鼠」（tunnel rats）之稱的美國士兵，在那裡獵殺以地道為家、等著從掩蔽坑冒出來突襲美國軍隊的人類鼠。但即使是美國人也不得不承認，他們看到的是一座地下城市，這個地下世界跟地面上的美軍營地出奇地相似，有廚房、醫院、臥舖、穀倉等等。也許是受到戰爭史上的這些地道和更早的地道影響，哲學家德勒茲（Deleuze）與瓜達里（Guattari）提出了他們的「地下莖」（rhizome）概念，用以描述水平而根狀的反抗社會結構，相對於樹狀的、從上而下的垂直權威結構。戰爭機器不喜歡地道，因為它們真的會在地下搞破壞，削弱戰爭機器的優勢及其人性的假面。對地道鼠而言，地道裡的相遇倒反了列維納斯對我們看到他者面容時的要求。地道鼠並不尋求對話和暢談共同的人性，而是來殺人的，在這裡他不僅與非人的敵人面對面，也面對自己的非人性。因此，必須進去地道獵殺的人才會那麼害怕，害怕離開戰爭機器的裝甲保護，這個保護提供了技術優勢的假象，從而帶來人性的假象。

對於以地道為家的人，這個經驗不必然是非人或次人類的。地道生活在記憶中會帶上英雄色彩，對軍人與平民皆然。非軍事區附近的詠木（Vinh Moc）地道，是對當地平民堅忍耐力的讚揚，他們躲藏在地下，並重建起生活，從學校到通往附近沙灘的出口一應俱全。最著名的隧道網絡位於從西貢搭公車兩小時車程的古芝，這裡是為了戰爭而建造的地道，有武器庫，也有指揮掩體。戰後，古芝及詠木的地道成了本地人和外國人都會來參觀的景點。初次造訪古芝時，我跟著一家很受歡迎的旅遊公司，導遊激昂的描述了地道戰士英勇的革命鬥爭。「我們勝利了！」他在巴士上宣告，一邊朝空中揮拳。（在休息站時他點了一根菸，要了一杯咖啡，告訴我他曾是南越軍隊的直升機駕駛，在德州受訓。）在古芝，地道上方的林

子裡迴盪著槍砲聲。遊客正在附近射擊場用戰時的武器射擊，一顆子彈一美元。另一名導遊穿著綠色野戰服，帶領我們多數為西方人但也有一些當地人的團員，來到一個掩蔽坑，從前，游擊戰士就從這裡冒出來伏擊美國人。掩蔽坑容得下一名美國觀光客。也許這個坑洞為了美國人的屁股加寬過，就像我們的導遊說為容納外國遊客，地道不僅加寬還加高了。外國人笑了。導遊邀請我們下到地道內時，當地人雖沒有笑，但是拒絕了。只有西方人慢慢往下，進入了潮濕氤氳的深處，能看到的僅土牆和前面遊客汗涔涔的屁股。

蹲踞在那個炎熱的地道裡，我覺得這經驗很有趣，卻也因為酷熱而煩躁，因而沒有真正意識到曾在這裡作戰的士兵，在遠比現在更幽閉的空間裡爬行，還沒有現在為我照亮前路的燈泡幫忙。土壤有陳腐霉味，但是恐懼的惡臭已通風排出，黑暗已經驅散，沉悶無聊也已遺忘。而這是為了什麼？「他們高喊想要塑造更好的未來，但那不是真的，」米蘭．昆德拉這麼說權勢者。「未來是一片沒人在意的漠然空無，但過去充滿生命，它的面貌使人惱怒、厭惡、受傷，到了我們想要毀滅或塗覆它的地步。我們想當未來的主人，只是為了有權力改變過去。我們爭著進入那些實驗室，修正照片並重寫傳記與歷史。」[8]在現在討論的情況中，經過修正的地道通往一個未來——終點處真的有光，我們在那裡重新回到新鮮空氣中——同時封閉過去，因為在那裡你感覺不到鬼魂，他們都被電燈和好奇的觀光客給驅逐了。記憶工業的實驗室驅散或馴化了過往的鬼魂，正如在那另一個國家的白色首都裡那面黑牆所做的一樣。記憶工業愈強大，愈有能力放大光線、驅散陰影，凸顯鬼魂的人性面孔，並遺忘其非人的面孔。較小規模的記憶工業也嘗試如此，因為即使是弱者，也會嘗試比別人強大，即使那個別人只是死人。

✢

然而……面對強國與弱國的工業化記憶，還是有什麼留存下來。鄧南明拍《烈火燃燒》的原因是，儘管死於美國人的子彈下，鄧垂簪文字的生命繼續。第一個閱讀其日記的南越士兵告訴他的美國長官，「不要燒掉它。它已經著火了。」每個作家都想寫出不能燒的書，像刮了又寫的羊皮紙一樣，底下透出鬼魂的影子。或說北越攝影師施營（The Dinh），他的作

品是《安魂曲》（*Requiem*）的壓軸照片，這本書由霍斯特・法斯（Horst Faas）與提姆・佩吉（Tim Page）主編，紀念交戰各方於戰時死亡的攝影記者。照片左邊伸出一管榴彈砲，指向一堆凌亂的箱子與裝備。砲管與一名死亡士兵平行，他的軀體與這片廢墟很難區分，臉部無法看見或已經被炸毀，一條腿的膝蓋彎曲，另一腿則部分掩埋在土裡。他長褲的布料顏色比制服其他地方的布料顏色深。攝影師的影子懸浮在這片地景上。唯一沖洗出來的照片有破損痕跡，背面用鉛筆寫著這個訃聞，「施營已經喪生。」[9]

羅蘭・巴特（Roland Barthes）與蘇珊・桑塔格（Susan Sontag）都曾指出，照片是對死者的記錄——多數情況中不是真正的死者，而是終將死亡的生者，以及對照片的許多觀者而言已經死去的人。施營的照片縈繞人心，是因為它實現了攝影這一藝術類別的致命預言，也因為它將影子的自拍像嫁接到有著死者模糊軀體的照片中，預示了死亡。戰爭期間，攝影的致命力量以最怵目驚心的方式實現，因為它面對的是死者，也因為它的拍攝者冒著死亡的危險。施營只是交戰各方在戰時死亡的一百三十五名攝影師之一。《安魂曲》坦言，喪生的攝影師中雖有七十二人來自北越，但倖存的照片多數為西方和日本攝影師所拍攝。記憶工業的不公在死亡和藝術中都顯而易見。西方人與日本人的底片在拍攝當天即可空運至沖洗室，但是北越攝影師的底片往往與其生命一起消逝。在施營的例子中，這個影子自拍像就像他自身鬼魂的前兆，也是他唯一尚存的作品。亞洲攝影師帶著鬼魅感的缺席，在《安魂曲》最苦澀動人的傳記章節中更為明顯。西方攝影師的訃聞都有相當篇幅，但是描寫南越、北越，尤其是二十名柬埔寨攝影師的文字卻是那麼簡短，充其量只是墓誌銘。名為稜（Leng）的一名柬埔寨人沒有生卒年，這很平常，但對其攝影生涯的描述為「稜是美聯社的自由攝影，沒有留下任何蹤跡」[10]。

除了他缺席的蹤跡。在河內的越南婦女博物館，從俯視一道樓梯的窗戶裡，你會再次邂逅這種令人難以忘卻的缺席。有色玻璃上有片空白，形狀來自一張知名照片裡的女性，阮氏賢（Nguyen Thi Hien）。這名十九歲的民兵戰士自梅南（Mai Nam）的鏡頭前走遠，從背著一支步槍的肩頭回望，頭髮藏在一頂斗笠下。這張照片成為一九六六年世界想像中「連女性都必須戰鬥」的象徵。但是在博物館裡，由她的存在所標示的相片卻以一片空白呈現，成為一種不在。這個缺席無意間象徵了一件事：越南婦女博物館雖然充滿越南女性英勇生命的文字和影像，卻不自覺地提醒我們，這種英雄行為已是久遠過往的事。照片裡的女孩已經消失，正如革命本身，如今僅是回憶。一片剪紙，是運行資本主義經濟的共產國家裡一個空洞輪廓。博物館證明了呂格爾的論點：記憶是召喚不在的存在（memory is presence that evokes absence）。當一段記憶存在於腦中，必然指向已經不在、只存於回憶裡的事物。[11]記憶工業要做的，是將記憶這種永遠飄忽如鬼魅、隱形而晦暗不明的「不在之存在」（absent presence），變成人物、故事、電影、紀念建築和紀念碑這些也許可稱之為「在場的不在」（present absence）的事物。在我們對不在者的知識驅動下，這些符號披上了血肉、石頭、金屬和影像令人安心的穩固性，以它們撫慰人心的存在指向不在者。

不在與在場之間的關係，是記憶的不對稱中隱形的向度，與強國宰制弱國的可見向度共同存在。不論一個國家是大是小，各自的戰爭機器和記憶工業皆尋求建立對記憶的掌控。但是在這個不對稱關係中何者為強？是工業化的記憶，還是過往不在之存在？是戰爭機器，還是鬼魂？戰爭機器要做的是驅逐或馴化鬼魂，但是不受管束的幽魂所在多有，如果你看得夠仔細，如果你承認鬼魂存在是要讓有些人可以看到，其他人看不到。我在寮國與他們邂逅，光是提到這個國名就能讓許多越南人眼睛發光，他們說那裡是天堂，安詳而寧靜。就某些層面而言，寮國似乎是越南的衛星國，至少從寮國官方的記憶工業來看是如此。越南被當成該國最重要的盟友加以紀念，越南國旗與胡志明在永珍（Vientiane）的博物館中占據顯眼位置，博物館中的敘事大抵也與越南博物館中的一致。寮國人民軍隊歷史博物館這樣有著全白牆面和鉻鋼扶手的博物館中，在工業化記憶的明亮光線下，鬼魂的存在很微弱。在寮國西北偏遠的陽賽（Vieng Xai）洞穴，鬼魂的存在同樣隱約，至少在我造訪的白天時是這樣。左翼民族主義戰線巴特寮（Pathet Lao）曾經藏身於此廣大驚人的洞穴建築群中，在這座比越南任何洞穴建築群都龐大的地底大都會，甚至有座從岩石中鑿出的巨大圓形劇場。在美國轟炸下，這裡散發人類與恐懼的氣味，沙塵和泥土不時落在頭上，加上電力不穩，當時的洞穴一定不像現今遊客所感覺到的寧靜，這個遊客最大的挑戰是如何調整相機在幽黯光線下運作。

從岩石中鑿刻而成的陽賽洞穴被改為觀光景點，這是規模浩大的工業化記憶，成功地征服了過往，驅逐了鬼魂。站在圓形劇場安靜的舞台上，在我看來，我們似乎真的是為了遺忘而建造這些紀念物，一如學者詹姆士．楊格（James Young）所說。[12]我們許多人想要遺忘過往的複雜及其恐怖。我們想要一個乾淨明亮的地方，這裡展現的記憶與國家殿堂中所提供的一樣整齊有序，善與惡的界線明確，故事有清晰可辨的道德訓喻，且我們站在人性的一方，心內的洞穴光線明亮。但即使我們紀念著死者，抑或我們最想遺忘的便是死亡。我們想忘掉自己終將成為的鬼魂，我們想忘掉死者多於生者，我們想忘掉是和我們一樣的生者殺了死者。[13]面對死者與生者間的不對稱，大小國家、強權弱者都賣力地以其記憶工業對抗鬼魂。在有可能之時，這些工業透過故事將他們變得有意義與可以理解，必要時則消除他們。然而多數情況下，記憶工業迴避他們。生者記憶死者的地方，一定少於死者被遺忘的地方，在那些地方，甚至連標誌歷史恐怖的一塊石頭也沒有，用呂格爾的話來說，那裡的「目擊者永遠碰不到能夠聆聽他們或聽見他們在說什麼的觀眾」。[14]但是會吸引我們注意的是那些紀念碑與紀念館，那些方尖碑和石碑，那些閱兵場和戰場，那些電影和小說，那些週年紀念和默哀時刻，那些數量較少、生者可以主宰死者的空間。

有時候，鬼魂會在已經聖化但尚未完全工業化的記憶空間中，伸張他們的權威。我在陽賽未能感覺到鬼魂，但在前去的路上確實感覺到了，從豐沙灣出發的旅程中，我的司機告訴我應該在坦普（Tham Phiu）停一下。在這裡的另一個山中洞穴，因美國火箭攻擊造成數十名平民死亡。這是我在旅遊指南中讀到的。我本無意在此停留，因為在已經看過許多洞穴和地道後，再去參觀另一座恐怖洞穴並不吸引我。不過既然順路，去看看何妨？那裡有個展示廳，幸好我在前往洞穴的路上沒有看到。錯過了展示，表示我也錯過了試圖告訴我應該有何感受的官方敘事，而它想告訴我的事情不出所料，與無辜的平民和無情的美國人有關。階梯和扶手足以顯示這個洞穴已為了觀光客而準備，不過當時我是唯一的遊客。我在上山途中碰

到的四個女學生不是遊客，她們是當地人，優閒地上山，一路上嘻笑著，用手機自拍。我在她們之前抵達洞穴，那黑色的大口足可容一輛卡車通過。天光投射到沒有人工照明的洞內數十公尺處。洞內沒有階梯、沒有扶手、沒有繩子引導我穿越崎嶇的地面，不像在柬埔寨的殺人洞穴馬德望（Battambang）。也不像在馬德望有一個紀念館或祠堂，還是圖畫、照片、說明牌或紀念物；也沒有一個飢餓的男孩問我是否需要導遊。在坦普，我獨自一人在洞穴裡，當地本已微弱的記憶工業於洞口止步。我走到光亮與其反面的交會處，望入黑暗中。洞裡有數百人時是什麼樣子？那些聲音與惡臭、昏暗與恐怖又是如何？如今在那個虛空裡有什麼？我站在存有的這一邊、面對著空缺的那一邊，那裡住著過去，充滿真實或想像的鬼魂，而在那一刻我感到恐懼。

然後我聽到笑聲。女學生們站在洞口，陽光襯出她們的輪廓，確保陰影連她們的腳趾也碰不到。我轉身背對身後那些不可見的事物，朝她們的剪影走去。

PART 03

AESTHETICS

／

美學

On Victims and Voices ／ On True War Stories ／ On Powerful Memory

受害者與聲音 ／ 真實戰爭故事 ／ 論強大的記憶

7 受害者與聲音

小時候，對死者的存在總是很有意識。[1]我信奉天主教的父母親並未實行祖先崇拜，但是他們將自己父母親的黑白照放在壁爐架上，每晚在他們面前向上帝祈禱。而我只透過這些照片認得我雙親的父親母親，他們從沒有笑容，姿勢僵硬。一九八〇年代，祖父母過世的消息相繼傳來，伴隨著更多黑白照片。照片裡，鄉間的出殯隊伍穿過一片蕭瑟的北方地景，送葬者穿戴簡單的鄉下衣服和白色頭帶，木頭棺材放進狹窄的墓穴中。前往其他越南朋友家拜訪時，我會停下來研究他們親戚的照片，無一例外，全是黑白的。每戶人家都有這些照片，這些是我們受過往糾纏的神聖記號，象徵一段失落的時光和一個失落的地方，很多時候也象徵失落的人。對許多難民而言，他們身上穿的衣服和一個裝滿照片的皮夾，就是出逃時唯一攜帶的東西，「那張家族照片緊抓在胸前／當剩下的整個世界都在燃燒。」[2]

在他們來到的陌生新土地上，這些照片變體為失落之人的象徵。照片是鬼魂的俗世印記，是他們氣場最顯明的跡象，是難民世界中最接近能與留在故鄉親人一起生活的方式。在黎氏艷翠（le thi diem thuy）的小說《我們都在找的黑道分子》（*The Gangster We Are All Looking For*）中，敘事者的母親將其珍藏的唯一一張父母親照片保存在閣樓裡。他們家的房子因社區仕紳化而被拆毀時，敘事者的母親在一家人慌亂地試圖拯救財物時，忘了把那張照片帶走。眼看著房子被摧毀，這位母親呼喚著她已失去的父母，「媽／爸」。敘事者是個小孩，聽到母親的呼喊時，她把世界想成「兩隻蝴蝶翅膀摩擦著我的耳朵。聽……他們坐在閣樓裡，像是皇室貴族。在黑暗中發光，被一顆拆屋鐵球埋葬。碎紙漂浮在海洋的水面上。沒有其他地方有任何血跡，只有在這裡，在我告訴你這一切的喉嚨裡」[3]。

黎氏艷翠的書與多數處理這場戰爭的文字、藝術和政治一樣，聚焦在哀悼死者、記憶失落者，並且思考生存者何去何從的問題。這個問題在難民間很常見，與家人和故土分離是他們的普遍經驗。難民都有關於死者、失蹤者和被遺留者的回憶和故事，那些沒走的親戚、朋友和同胞面對了難民所逃離的後果。有時候，難民也許還從訴說那些後果及過往中的鬼魂而獲益。記憶這件事被死者浸透，乘載著他們的重量，成為一件冒險而沉重的行為。如阮武秋香（Nguyen-Vo Thu-Huong）所說：「我們該如何記得死者，而不只是為了自己的目的挪用他們，排除死者可以告訴我們的事情？」[4]在相似的例子中，當湯婷婷（Maxine Hong Kingston）以母親告訴她的話做為《女鬥士》（*The Woman Warrior*）的開場時，也捕捉了作家針對悲慘事件表述時的倫理挑戰，「你絕對不可以告訴任何人，我要告訴你的事。」而重述這句話的行為，恰正違背了這個指令。[5]作者與目擊者面臨的倫理要求，是講述其他人寧願不談論、不聽到或不要傳承至記憶中的事，即使這樣可能會使那些事持續糾纏不去而非獲得平息。湯婷婷有位無名的阿姨，因為家人忽略和鄰居欺凌而自殺，思索著這位阿姨時，她說：「我想她並不總是對我懷著善意。我在說她的不是，而她是懷恨自殺的，在飲用水源裡將自己溺死。中國人對淹死的人向來非常害怕，這些死者的鬼魂嗚咽著，一頭披掛的溼髮，皮膚浮腫，沉默的在水邊等待抓替死鬼下去。」[6]與所有講述鬼魂的作者一樣，湯婷婷棲居在令人緊張難安的替死鬼境域中。

對活過那場戰爭的東南亞人而言，鬼故事所在多有，正如回憶錄作者馮黎莉所描述：

> 我們開始更常祈禱，試圖安撫周圍所有被殺者憤怒的亡靈……被殺的士兵以前也會在墓園周圍列隊行走，但是每當我們孩子靠近時，他們就會消散到薄霧中。晚上，我們一家圍坐在火堆旁，講述死人的故事……我因此開始把超自然的事情——幽靈的世界和鬼魂的習性——像別人可能會想像遙遠城市或海洋彼端異國土地上的生活那樣來想。日後我將得知，有此發現的人不只是我。[7]

根據社會學家艾佛莉・戈登（Avery Gordon）所說，這類鬼魂的出現事涉正義。他們的糾纏不去迫使「我們對看似在歷史和公共紀錄中不算數的人負責」。[8]這個要求沉甸甸地壓在研究戰爭遺緒的人身上，比如與戈登同為社會學者的艾斯碧莉杜，她宣告我們必須「成為說鬼故事的人」。[9]但是談論鬼魂是個危險的行為，因為說故事的人必須面對這些鬼魂，或剝削他們，或是回到讓他們成為鬼魂的致命情境。這樣做的同時，說故事的人在召喚死者時，也必須為她的故事負責，而不只是主張自己擁有藝術的破格自由（artistic license）。

✢

講述死者和鬼魂之事的倫理考量，對於人數或力量居弱勢的少數族群而言，尤其沉重。少數族群自認為弱者或比較弱勢的一方，可能也想自視為受害者，不論這樣的想法是外顯或內隱的。多數的一方可能也會視少數族群或他者為受害者，因為這樣可以讓少數族群和他者安分守己，待在他們受苦而後被強大多數拯救的角色裡。身為受害者是一種掩藏的力量，能迫使拯救者或憐憫者感到愧疚，但這也是看似為了受害者的利益而對其玩弄的把戲。當一個人僅自視為受害者，這會簡化權力，讓受害者在政治、戰爭、愛情與藝術中免於擔負倫理行為的義務。當一個受害者，也排除了掌握真正權力的機會，多數群體並無意願賦予真正的權力給少數族群和他者，而是給他們受害（victimization）與聲音（voice），兩扇門，通往同一個陷阱。倫理迫使我們檢視擁有的權力和自己所能造成的傷害，兩難之處在於當一個人行動或發聲時，即使是為了鬼魂，也可能同時是加害者與受害者，既有罪亦無辜。

作家、藝術家和批評家可以用他們掌握的象徵力量造成各種傷害；少數族群和他們的倡議者也可以。傷害是握有權力的後果，而即使是少數族群和藝術家也有一定的權力。提出少數族群也可能造成損傷的議題，就是肯認少數族群是一個人性與非人性兼具的行動者，不只是毫無權力的受害者、歷史被動的主體或浪漫化的英雄。思索少數族群的人性與非人性，讓抱著施恩心態並滿懷愧疚的多數族群，以及許多為少數族群倡議者的常見立場變得複雜，這兩者都寧可將少數族群視為人性的。因此，當倡議者論及少數族群應掌握權力時，指的往往是用來反抗不當權力的權力，而這樣的行動牽涉的道德與倫理複雜性大為減少。少數族群擁有權力的可能性，以及伴隨權力的所有混亂而矛盾的意涵，包括負面和傷害性的影響，在想要將少數族群視為不當權力之受害者的渴望下，可能會遭遺忘或忽視。少數族群的權力與多數族群的權力並不對等，儘管如此，少數族群仍需為其所擁有的權力，為其發起反抗、最終自我解放所不可或缺的權力負起責任。在不遠前的過去，熱中呼喊反抗與解放的西方左派，擁有不用實際完成革命的餘裕，因而也暫時不用面對受苦者一旦擁有權力所代表的意義。因此，中南半島的革命若能教會西方世界一件事情，那就是反抗與解放都有不可預見的後果。受過傷害的人一旦掌權，也能傷害他者並製造鬼魂。

越南裔美國人為揭發與講述鬼魂的問題，提供了足為典範的例子。在美國的所有東南亞人中，他們的文學作品最多、文學傳統最悠久。法國殖民政策鼓勵這個傳統，法國人偏好由越南人而非柬埔寨人或寮國人擔任殖民政府官僚，而這個作法勢所必然的培養出了文人階層。戰爭尾聲時，驚恐的越南人以較大規模被撤離，同時也讓越南人受益，使他們的人數遠多於柬埔寨和寮國難民。以數量優勢和文學教育而言，在美越南人都是由政治創造的一群人口，擁有的文化資本遠比柬埔寨與寮國難民的豐厚。他們的文學產出因而可以、也應該以最高的倫理、政治和美學標準去評判，因為他們擁有一些優勢，平衡了他們受到戰爭蹂躪的劣勢。他們的文學因此可以成為理想的測試案例，用來檢視受害與聲音的使用，如何主導了美國少數族群文學的美學。此處美學指的是美被創造與研究的過程，而在受害與聲音的情況中，這又很難與倫理責任的議題分開。在以倫理方式說故事的領域中，不願在倫理與美學上面對自我權力的態度，體現在不說己方的不是，同時陳述他者的罪行以及自己同胞所遭遇的罪行。但唯有透過講述己方如何製造了鬼魂，一個人才能停止當一個受害者，並擔起人性的完整重量，包括非人性的重擔。

訴說他人和自己的不是有其危險，尤其對於藝術家而言，他們直面想要使他們噤聲的加害行為，以及擁有一個聲音、可望藉此獲得解放的誘惑。獲得一個聲音——意思是大聲發言（speak up），並表達意見（speak out）——是美國性格的根本，或說美國人喜歡這麼想。來到這片新海岸的移民、難民、流亡者與陌生人也許已經有自己的聲音，但是通常以不同於美國通行的英語表述。以學者沃納．索樂思（Werner Sollors）所稱的「多語言美國」（multilingual America）為家的人雖然說寫許多語言，但是美國整體，即擁有統治權的那個美國，實以明確的單一語言為傲。[10]結果是，移民、難民、流亡者與陌生人只能在自己家中和他們為自己建立的聚居地被大聲聽到。到了族群聚居地的牆外，面對漠然的美國，他者要說話就變得艱難。她清清嗓子，遲疑不定，最後往往等待在美國長大或出生的下一代為他們發聲。以英文書寫的越裔美國文學即依循這個從沉默到發聲的族群循環。越裔美國文學以這種方式滿足了族群書寫最基本的功能：做為證據，顯示不論這些他者因何原因來到美國，他們或他們的孩子已經被其他美國人所接納，即使可能帶著些許不情願。從沉默移動到發聲，就是美國族群文學的形式，這個盒子裡涵納各種使人不安的內容。畢竟，讓這些所謂少數族群成員（ethnics）來到美國的通常是艱難的經驗，而且往往是恐怖和創傷的經驗。

我們也許可以說這個形式或盒子屬於族群（ethnic），而其內容屬於種族（racial）。[11]美國可以吸收同化屬於族群的，但無法消化屬於種族的。在美國的神話中，一個少數族群成員最終與任一其他少數族群成員是一樣的：愛爾蘭裔、華裔、墨西哥裔，最終希望也包括黑人，至今他們依然停留在最外緣，是美國族群希望的明確極限和有色界線。但是屬於種族的部分仍持續攪亂並干擾著美國夢，讓美國之道（American Way）偏離了其進步的道路。如果形式屬於族群而內容屬於種族，那麼當一個人打開盒子，期望找到好入口的內容時，盒裡裝的卻可能是陌生的東西，景象和氣味全是外來的，不容輕易下嚥：奴役、剝削和強徵，以及貧窮、飢餓與迫害。以越裔美國文學而論，其形式在過去五十年來已獲得美學上的精緻性，但是其內容——戰爭——依然有帶來困擾和揮發引爆的潛力。種族在這場戰爭中有其角色，但是有多重要，則仍引發美國人與越南人間的爭論。在此，我們可以區分出一個國家的兩個面貌：美利堅合眾國與美國。如果美利堅合眾國是現實與基礎結構，美國就是神話與表象。即使是與美國人交戰的越南人都畫出這條界線，試圖打動美國人民的情感和理智，以反對美利堅合眾國的政策與其「不美國」（un-American）的戰爭。美國人同樣看到這條界線，不過其確切意義為何，則受到激烈論辯。許多美國人對這場戰爭的經驗和記憶，是它不公義而殘忍，背叛了美國性格。與其視之為對美國性格的背叛，許多美國人則將這場戰爭視為美國性格的失敗。但是認為這場戰爭傳達出美國性格的根本缺陷，視之為種族屠殺白人至上主義本能表現的美國人，則絕對是少數。

因此，越裔美國文學的出版地，是一個對於如何理解這場戰爭缺乏共識的國家。那場戰爭是個錯誤和失敗嗎？是一次崇高但有瑕疵的努力，以最良善的意圖而行之嗎？還是黑暗之心赤裸裸的搏動？[12]如果越裔美國文學可以迴避戰爭，也就能迴避直面美國神話及其種種矛盾的挑戰。但是越裔美國文學無法迴避這場戰爭，因為該文學與越裔美國人口無可分離，而他們存在的唯一理由就是那場戰爭。越裔美國作家是受到種族束縛的少數族裔作家（ethinic writer），對他而言，大聲發言、表達意見並代為發言，是與族群之名綁在一起的事。不管這個人多想忘記他或她的種族過往，美國也不會讓這個族群他者忘記。批評家伊莎貝爾・翠・佩勞德（Isabelle Thuy Pelaud）將越裔美國文學描述為位於歷史和混雜性（hybridity）兩端間的時候，指的就是這段歷史。[13]美國承諾混雜性給新來者，那是在美國土地上成為不同之人的夢想。但是美國人無法從這場戰爭的歷史中醒來，他們持續在美利堅合眾國每次介入海外時，召喚這場戰爭。[14]

✣

美國每一個以種族定義的族群，都有讓美國人記得他們的重點歷史。黑人有奴隸制與種植園，還有其遺留的黑人特質（blackness）與聚居區。拉丁裔屬於美洲，但既非北美洲人也非白人（至少美國人首先想到的拉丁裔不是），生活想必由西語區（barrio）和邊境所標記。美洲原住民有種族滅絕、驅逐剝奪和保留區。越南裔美國人有那場戰爭。任何以族裔定義的文學，都與那個族群在美國的歷史連結在一起，因為所謂的族群文學是記憶的形式，充滿了記憶自我與他者的倫理問題。[15]種族依然是關鍵。對於可以褪去種族差異的族群，比如曾經被美國媒體描繪成無法同化的愛爾蘭人，或是曾被視為無可接受的猶太人，族裔便如同社會學者瑪麗・沃特斯（Mary Waters）所說，成為一個選項，是個人選擇。[16]那些仍然為種族所標誌或玷污的族群也有選擇，但是他們無從控制他人會如何把族裔強加其身上。被種族定義的人所做的選擇，總是與其他美國人難以撼動的期望相衝突，這點也是文學世界的現實。在那個世界中，形式的盒子帶著族群的名稱，比如越裔美國文學。相對的，愛爾蘭裔美國文學或猶太裔美國文學能見度較低，約翰・奧哈拉（John O'hara）、瑪莉・麥卡錫、索爾・貝婁（Saul Bellow）和菲利普・羅斯（Philip Roth）先是美國作家，其次才是族裔作家，甚至根本不會提到。他們可以選擇當白人，種族少數族群沒有這個選擇。

少數族群作家知道，當他們談論界定其族群的歷史事件時，最容易在美國被聽見。這些作家可以談論別的事情，但是他們會因談論自己的歷史和種族而獲得獎賞。對某些人而言，種族差異的歷史為他們注入了談論過往的渴望。黎南（Nam Le）在他的短篇小說《愛與榮耀與憐憫與驕傲與同情與犧牲》（*Love and Honor and Pity and Pride and Compassion and Sacrifice*）中，捕捉了沉默和發聲之間的動態。[17]名為南（Nam）的作家在素負盛名的愛荷華大學寫作計畫研習。他不想寫作關於越南經驗的故事，但是當他父親造訪時，他決定以父親痛苦的戰爭經驗為本，寫一則族群故事。他的父親是一場屠殺的倖存者，且不是隨便一場屠殺，而是在美國人的良知中最駭人的一場事件——美萊村屠殺。南知道他可以利用這個故事為自己闖出文學名聲，可是當他自豪地把手稿拿給父親看時，父親卻燒了手稿。諷刺的是，這個故事讓黎南獲得能見度。寫作族群故事讓他在文壇闖出名聲，但歷史和種族的誘惑困擾著他和他筆下的南。如果文學界能接納族群作家，即使只是進入其中一個角落，那這必然證明更大的世界也能容納他們及其所描述並代言的民族。這也許是貫穿越裔美國文學最令人不安的緊張關係。一方面，當這類文學談論戰爭和其對越南人造成的傷害時，越南人是受害者。另一方面，這類文學的存在似乎證明，美國最終實現了自由的許諾，讓越南人獲得自己的聲音。身為受害者或擁有自己聲音的這類情境充滿問題，讓族群作家置身於極為艱難的處境中。

黎南的故事設想，身為族群作家而寫作族群故事，並不真的具有解放力量，因為雖然鴿子籠可以為家，卻是個很小的家。不過，故事提出的不只是作者被文學界與更大的世界限制的問題。故事中父親的反應顯示了另一個危險，即少數族群作家可能背叛他代為發言的人，因此應得的可能不是聚光燈，而是焚燒文稿的火堆。文學界渴望祕密，呼喚少數族群作家擔任嚮導、大使、翻譯與圈內人，當個全功能的文學地陪，交出珍奇或神祕的未知。但是少數族群也許想保有其祕密，或認為其故事和生活被誤用，只為了成全一個既是小偷又是叛徒的作者。[18]少數族群作家與族群人口間的緊張關係，也是種族和征服的遺產，因為迫使作家與族群對立的，是故事的不公。美國白人從擁有敘事財富的一方體驗這種不公，因為他們控制了故事的生產，而文學是關鍵的記憶工業之一。廣播電視與書頁中充滿了優勢階級的美國人故事，以惠特曼式（Whitmanian）的多元和個體性被討論。當這些美國人想要了解他者時，通常可以找到他們想要消費、為了迎合他們期望而寫的故事。但是，雖然優勢美國人生存在敘事豐富的經濟體中，故事過剩，他們的族裔與種族他者卻活在敘事稀缺的經濟體中。有關他們的故事比較少，或者說，脫離他們聚居地的故事比較少。不意外的，美國大眾與少數族裔社群因而也對出現在美國舞台上的少數故事和少數作家，給予極大的壓力。

這股力量塑造了普遍的少數族群文學，尤其是越裔美國文學，為它們提供了一些共有的通用特色。其中一個是故事內的翻譯跡象，也就是當作者或敘事者說明少數族裔社群中的一些特色，比如其語言、食物、風俗或歷史。少數族裔社群的圈內人顯然不需要這些說明或翻譯，因此這些說明或翻譯隱隱指向由外人組成的觀眾，如批評家黃秀玲（Sau-ling C. Wong）針對暢銷作家譚恩美（Amy Tan）的作品所提出的主張。[19]有時對外人的發言是直接而明確的，以馮黎莉的《天與地反轉時》（*When Heaven and Earth Changed Places*）為例，她在書的開頭與尾聲直接對美國人說話，尤其是退役士兵，寬恕他們對戰爭感到的任何罪責。有時對外人的發言是隱晦的，高蘭（Lan Cao）的《蓮與暴》（*The Lotus and the Storm*）是一例。此處僅舉一個例子，書中角色梅（Mai）描述古典作品《金雲翹傳》（*The Tale of Kieu*）中的一段，指出「我們國家每個小孩長大時都讀這個故事」[20]。作者無需對自己的同胞說明這件事，只需要對不是這樣長大的人解釋。透過這樣的翻譯，作者可以代表族群對外人發言，這樣的權力可以贏來許多獎賞，包括出版、銷售、獎項和讚譽。但是在敘事稀缺和不公的經濟體中，真正擁有權力的是外人（對少數族群文學而言），他們才是文學產業的圈內人：經紀人、編輯、出版商、書評、批評家和讀者，且都要求事情被翻譯給他們聽。少數族群作家是文學產業的員工，多數美國作家的地位皆如此。員工身分並不說明作家的一切，但說明了很多，最重要的一點是所有作家都必須面對的選擇：將自己視為私下以個人身分為了藝術而工作的人（即使那個藝術將成為商品），或是自視為一個更大社群的一份子，即使獨自寫作，仍在共同中想像。

少數族群文學中與翻譯相關的另一個通用特色是肯定（affirmation）。翻譯者肯定他們所服務的人，因為雖然翻譯者服務的是翻譯關係兩端的人，最重要的還是付錢的一端。付錢要求翻譯的人真正想知道多少？翻譯者應該減少翻譯的衝擊嗎？還是將不會付錢的事物予以消音？最細緻而出色的肯定是隱形的，它深入肌理，乃至於給予肯定的人和被肯定的人都將那些話視為理所當然。少數族群文學中這種內隱式的肯定為美國夢、美國之道和美國卓異主義背書，是不管在那裡的情形有多糟、在這裡一定比較好的信念。但是做出這種背書的故事，也會批判那些美國神話的理念。越裔美國文學經常提及美國理想在戰爭時的失敗，同時肯定美國如何拯救了戰爭難民。歷史學者阮芳（Phuong Nguyen）稱這種手法為「難民國家主義」（refugee nationalism），難民自覺與美國緊密相連，一方面因為遭背叛而怨恨它，一方面因為遭救援而感謝它。[21]失敗與理想主義都是美國夢、美國之道和美國卓異主義意識形態力量的一部分，這一切都宣告，美國人也許會做錯事，但是他們永遠不會放棄努力，而最終極的證據就是美國人讓他者發聲。

可以說，多數越裔美國文學都為美國人的這種自我感覺背書，一部分是透過其所描述的事物，但更多是透過它所未提及或批判的事物。哲學家路德維希・維根斯坦（Ludwig Wittgenstein）寫過，「我們無法言說之事，只能沉默以對。」而越裔美國文學中的沉默是關於革命。[22]雖然有些越裔美國文學作品會提醒美國人，越南人曾是受害者，但多數作品已經放棄革命了，而那是超越受害最重要的方式之一。多數越裔美國文學安於擁有一個聲音，讓作者得以批判美國，儘管只到一定程度。但是這種批判的存在本身，恰恰證明了美國社會容許這些作者發聲，只要他們以沉默帶過某些特定事情。這類文學強調獲得聲音而非做出反抗之舉，因此幫自己打了預防針，不會成為對美國神話的基進挑戰。對多數越裔美國人而言，革命因為共產主義而染上汙名，況且革命本來就是他們在美國難以提起的主題，因為美國只接受一個革命，那就是它自己的，如今已經安然的老去固化。對多數越裔美國文學而言，革命是一條界線，在美國是禁忌，在越南是既成事實。留存的是回顧苦澀過往的怨憤，最有可能表達在以越南文寫作而美國人無法閱讀的文學中，或是對和解與完結（closure）的渴望。馮黎莉與高蘭在書中結尾都強調和解與完結，以外顯方式表達肯定的文學也是如此，例如安德魯・林（Andrew Lam）的散文集《香夢：對離散越南人的省思》（*Perfume Dreams: Reflections on the Vietnamese Diaspora*）。在此，越僑（Viet Kieu）體現了美國的可能性，這個成功的模範少數族群回到越南，以仿如超人的形象，炫耀著要不是因為共產主義，越南人本來也可以擁有的美國財富。

做為一種翻譯和肯定的文學，對於越裔美國文學在美國地景中的政治立場，最準確的形容也許是反共自由主義（anticommunist liberalism）。如艾斯碧莉杜所說：「越南難民在美國對越南的公眾討論中向來缺席，只有做為反共的見證者，對共產越南政府的暴行與缺失提出證言時，才最能被美國人所看見和理解。」[23]在這些難民及其後代的文學中有一種對美國的信心，也有一種美國需要獲得保護以預防其最壞本能的意識。這些文學中有對他者的同情，源自身為他者的自身經驗。有對歷史的意識，因為這些作者由他們無法遺忘的歷史所塑造。有對個人、教育、言論自由與市場的投注。這些自由主義姿態都以反共為背景而展演，不是小西貢街頭那種狂熱而煽動式的反共，而是講理而智識型的那種，容許與昔日敵人的對話，返鄉之旅，以及對美國讀者而言最重要的和解可能，讓他們的這場戰爭終於平息。

從難民和流亡者由故鄉到新土的移動，到最終的返鄉與和解，標誌了多數的越裔美國文學。[24]例子不少，如范安竹（Andrew X. Pham）的《鯰魚與曼陀羅》（*Catfish and Mandala*, 2000），談的是一名越僑在一九九〇年代經濟改革的早期艱困年間時返鄉，或如莫妮卡・張

（Monique Truong）的《鹽之書》（*The Book of Salt*, 2003），講述法國殖民時代越南一名年輕農夫的故事，看他如何移民到法國，成為葛楚・史坦（Gertrude Stein）與愛麗絲・B・托克勒斯（Alice B. Toklas）的廚師。又或是以族群聚居地如小西貢為背景的文學，比如潘艾美（Aimee Phan）的《我們將永不相遇》（*We Should Never Meet*, 2005），講述在無從選擇下遷居美國的孤兒故事。整體而言，這類文學都有一個強大的戳印，對美國訴說「我們在這裡，是因為你們曾經在那裡」。這個印記的意涵不該忽視，但是反共自由主義將這些意涵都圍堵住了，因為它首先咎責的是使美國來到越南的共產主義。教育在抑制這些意涵中也扮演重要角色，尤其因為教育代表了美國夢的許諾。教育是越裔美國文學隱形的基礎建設，使之融入文學產業和軍事工業複合體，作者的文憑以文學學士（BA）為基準，最好是藝術碩士（MFA）。在常見的情況中，工作坊模式會強化某種品味上的平均性（averageness），學生在某位寫作大師帶領下閱讀，並評論彼此的作品，以民主化的方式挪用了共產黨的自我批判大會。誠如作家芙蘭納莉・歐康納（Flannery O'Connor）所言，「如今這麼多人有能力寫故事，導致短篇故事做為一種媒介，有死於能力（competence）的危險。能力是我們要的，但僅有能力本身是致命的。我們需要的是伴隨它的眼光，而這不是從寫作課能學到的。」[25]能力或平均性反映出文學產業的主流價值，同時強化文學圈的階級本質。藝術碩士課程培養的是美學卓越性的標準，結果是其所產生的文學有能力達到這個標準，而這樣的作品幾乎從定義而言就不可能威脅文學產業。

隨著以英文寫作的越裔美國文學為符合產業標準而發展，只有一名浮上檯面的作者既未受過大學教育、也非來自政治或軍事菁英階層，那就是馮黎莉。她的兩部回憶錄還都是與人合寫，這在文學界等於是永不得超生了。其作品或許欠缺文學產業標準所定義的「能力」，但是擁有許多文學作品所欠缺的偉大眼光——不論你是否同意那種對人性與和解的願景。除去口述歷史和《鹽之書》，她的書也是唯一以農民生活為關注的重要著作。多數越裔美國文學皆以政治、商人、軍人、官僚、菁英或中產階級出身的人為中心，而這些都隱隱指向主角或其父母在越南的高等教育背景。這種高等地位形塑了主角的世界觀——就說是他們的眼光吧——以及故事場景，還有一旦他們搬去美國（或是在美國出生長大的主角有意識之後），對反共自由主義的接受度。有鑑於絕大多數越南人都是農民，越裔美國文學幾乎全都以高於他們的階層為焦點，就頗為諷刺了。而當美國讀者仰賴受過高等教育的都會階層所生產的越裔美國文學，來告訴他們引發這場戰爭的農業國家和務農人民的一些歷史與文化時，這個反諷格外明顯。

越裔美國人社經背景多元，但越裔美國作家則否，最少以教育程度而言如此。這點在始於一九九〇年代的《鯰魚與曼陀羅》、而在二〇〇三年因《鹽之書》和《我們都在找的黑道分子》加速發展的一波越裔美國文學中特別明顯。在此前，馮黎莉是能見度最高的越裔美國作家，直到年輕的這一代出現。而與她不同的是，他們得以享有創作者（auteur）的地位。他們贏得文學產業的重大獎項與普遍肯定，作品以不同於馮黎莉的方式被視為「文學」。這些作家都沒有創意寫作的藝術碩士文憑，但後繼的作家如潘艾美與黎南都有。正如馬克．麥克格爾（Mark McGurl）所主張，藝術碩士課程協助形塑了二次世界大戰後的美國文學。[26]越裔美國文學也不例外，它表現的並非越裔美國人整體，而是他們當中教育程度最高的階層。若說使用文學賦予了越裔美籍作家一個聲音，這並未賦予作家所代言或看似所代言的人民一個聲音。

越裔美國文學中有明顯可見的階層標誌，見於它往往忽略的對象（農民階層），以及各種風格特徵，標示出作者身為種族少數中教育菁英的焦慮，既不滿又仰賴著文學產業。最重要的焦慮與聲音有關。受過大學教育，尤其是在美國長大的作者，對於他們擁有聲音、可以為越南人與／或越裔美國人講述故事或代言的地位有所自覺。這種既要做自己（這樣才能成為美國人）又要針對他者寫作（而即使是他者，他們仍長得像自己）的使命，既是責任也是負擔，如莫妮卡．張在〈越裔美國文學的興起〉（The Emergence of Vietnamese American Literature）一文中所呈現。她的文章以講述並代言越裔美國人的兩個重要行為為背景。一九九一年，羅伯特．奧倫．巴特勒（Robert Olen Butler）以他從越裔美國人角度所寫的短篇故事集《奇山異香》（*A Good Scent form a Strange Mountain*）贏得普立茲獎。較早在一九八六年，溫迪．懷爾德．拉森（Wendy Wilder Larsen）與陳氏娥（Tran Thi Nga）合寫了詩集《淺墳：兩名女子與越南》（*Shallow Graves: Two Women and Vietnam*）。對莫妮卡．張而言，這兩本書都有問題。巴特勒的作品獲得的讚譽，引發了美國觀眾是否偏好聽一名美國人為越南人代言，而非越南人為自己發聲的問題（她並未考慮是否當時的越裔美國作家就是寫得不夠好，難以吸引美國觀眾）。在拉森與陳氏娥的情況中，莫妮卡．張以琴弓和小提琴的隱喻，描述他們的創作關係，拉森是「主動產生敘事的琴弓」，而陳氏娥是「被動的樂器」。[27] 以這些將越南聲音加以挪用或從屬化的美國文學行為為背景，莫妮卡．張為越裔美國人書寫的越裔美國文學，做了頗具說服力的號召。

這種自我呈現與自決的衝動，普遍深植於族裔文學中。若說「族裔」相對於文學有任何意義，那就是它是一個記號，代表族裔成員為族裔人口講述故事並代言。但是莫妮卡．張針對挪用與從屬化（subordination）所提出的議題，對局外人與圈內人皆有其重要性。族裔作家雖為圈內人，但是也不能免疫於針對他者代言與講述時的風險，即使是同屬一個族裔的他者亦然。莫妮卡．張的《鹽之書》展演並體現了這些風險。小說中，史坦與托克勒斯的農夫廚子阿彬（Binh）發現史坦私下寫了關於他的書。被代言與講述的他偷走了那本書以為報復。描述這些相互偷取的行為時，莫妮卡．張必須講述阿彬的故事，並為他代言。此處，作者與虛構人物的關係與作者和真實群體的關係相似。越裔美國作家是否也有透過他們所創造、但是同樣與他們相當遙遠的虛構人物，假他人之口發聲的風險？如果拉森的琴弓在陳氏娥的小提琴上演奏，莫妮卡．張是否也在對阿彬做同樣的事？不是，因為陳秀娥是真實的人，而阿彬是莫妮卡．張想像出的人物。但是，講述並代言他者的風險，並不因為他者是虛構的而得以消除。

✢

在族裔文學中，「族裔」這一標籤消除了作者與角色間的區別，因此一名族裔作家使用族裔角色時，比起同樣這樣做的非族裔作家顯得更為「本真」（authentic）。這隱隱指向相反的情況：一名族裔作家針對其族裔同胞寫作很「自然」，但也有其限制，而針對非他族裔群體寫作的作家也許有挪用之嫌，但也擁有族裔作家所沒有的藝術性——因此巴特勒才會備受推崇。儘管「本真性」（authenticity）有其風險，我們仍有好理由相信，族裔作家在描述所屬族裔的角色時更為敏感細緻，而他們應該擁有這樣做的幾會。在敘事稀缺的經濟中，文學呈現無法與更大的社會公平和正義議題分離，因此族裔作家應該擁有呈現自己和族裔角色的公平機會。這個必要之舉的缺點有兩個層面。其一是對「本真性」的強化，亦即相信當作者與他所呈現的角色背景相同時，講述的故事也更為真實。然而，本真性並不會消除假他人之口發聲（ventriloquism）的問題。如果巴特勒的短篇故事以越南姓名出版，少有人會質疑其本真性。將作者名從書籍封面刪去的文學盲品測試，很可能會證明作者族裔不能從內容判斷。但是作者的身分和形體是重要的，因為藝術存在於一個社會世界，在其中，讀者與作者都將自己的偏見帶入閱讀行為。族裔作家必須代言並講述族裔角色的故事，但是這樣做時，他們必須識覺所有文學都是借人發聲之舉，且正如批評家劉大偉（David Palumbo-Liu）所言，仰賴的是將他者或他者性本身「傳遞」給讀者。[28]本真性充其量為虛構，最壞的情況下是幻覺，因此要主張擁有本真性是危險的，但是既然族裔作家被迫背負種族身分，那麼要處理種族這一既有狀況或苦痛，族裔作家就是必要的存在。

族裔寫作的另一個缺點則與背叛有關。在虛構的世界裡，阿彬偷了關於他的書，而南的父親燒了他的故事。他們對於作者在這些故事裡對其描述心懷憤恨。這暗指書籍的作者利用機會透過講述別人的故事剝削他們，不論是相對於他們創造的角色或所屬的群體都是如此。背叛因此是越裔美國文學中無所不在的主題，儘管原因不只牽涉到形式與種族。背叛也是越南歷史的一部分，尤其在二十世紀的戰爭與革命年代，當時，政治鼓勵黨人彼此背叛，背叛不同政治傾向的家人，或背叛某一方或整個國家。但是如楊蘭（Lan Duong）所說，在越南文化中，背叛是合作的另一面。合作或共同工作的正面向度是藝術工作與國族建構的根本。合作的負面向度則是當它被視為背叛之舉，是通敵以背叛國家的行為，這個指控用在女性身上時尤其捉摸不定，卻又太常用在她們身上。[29]相似的，作者描述他者也是一種合作——當那些人是「真正的」他者如陳氏娥時，這是外顯的合作；當那些人是虛構的他者，如在莫妮卡．張與黎南的例子中，則是內隱的合作。他們的小說顯示，當被代言的他者並不想要這種合作時，會發生什麼事。然而，越裔美國文學亦處處可見合作的正面向度。阮基德（Nguyen Qui Duc）撰寫回憶錄《灰燼之處》（*Where the Ashes Are*）時，有一部分是關於他父親的故事，將一個自我導向的文類變成關於他人的文類。范安竹在《天堂之簷》（*The Eaves of Heaven*）更進一步，以他父親的聲音寫作，描述在美國文學中罕見的男子：已滅亡的南越政權士兵。他與父親也合作將鄧垂簪的日記英譯為「昨夜我夢見和平」（Last Night I Dreamed of Peace）。即使是自我也能成為合作的場域，如高蘭在《蓮與暴》中所展現的。其中一個人物因嚴重創傷而導致多重人格，但即使是這些人格，最終也從衝突轉向合作。

越裔美國文學中合作與背叛的曖昧關係，指向了這類文學本身的曖昧。越裔美國文學在與美國文學的關係中是合作性質的。它採用翻譯和肯定的手段，滿足它與普遍的族裔文學共通的角色，即美國忠實的異議者，提起過去是為了讓過往安息，或嘗試這麼做。做為此，越裔美國文學可以提出惱人的戰爭過往，甚至是現有的種族不公難題，只要它同時許諾或期待和解與庇護。但是背叛的跡象亦散見於這種忠實異議者的文學中，裡面的嚴厲批判威脅到美國人喜歡看待自己的方式。有時候，同一部作品會同時展現出合作與背叛的衝動，《蓮與暴》即為一例。小說結尾，越南人和美國人和解，但它也在美國於中東投入新的戰爭時，控訴美國未能從與越南的戰爭中學到教訓。其他時候，背叛僅以非常幽微的方法暗示，從過往無法被遺忘的斷裂處穿透出來，例如陳家寶（GB Tran）的圖像小說《越南美國》（*Vietnamerica*）。混亂狂熱而色彩飽滿的敘事，以一架飛機貨艙內的黑暗為結尾，貨艙門關起，裡面是西貢淪陷時逃離的瑟縮難民。《越南美國》的時間軸在這個情節後持續延伸，逃到美國的難民最終又返回越南，但是以這個幽閉黑暗的一刻為結尾，似乎顯示失去自己的國家及美國的背叛，將越南難民永遠困住。

迴避戰爭的越裔美國文學正緩慢發展，如我們在阮碧明（Bich Minh Nguyen）的寫作中所見，不過，對戰爭的避談，依然能透過戰爭本身的角度去看。[30]如詩人高爾威・金耐爾（Galway Kinnell）所說，屍體依然在某處燃燒，即使我們避開眼光並假裝聞不到，那氣味依然縈繞，閃動的火光陰影偶爾躍入我們的視覺邊緣。[31]戰爭中燃燒的屍體氣味和閃動的陰影糾纏著越裔美國文學，在《我們都在找的黑道分子》中展露無遺。敘事者乘船逃離越南並生存下來，但是她的哥哥沒有。他的鬼魂如影隨形的跟著她，是不願消逝的過往跡象之一。作者在二〇〇四年平裝版的後記中更為明確地提到鬼魂的糾纏，說自己的名字不是自己的名字，而是她姊姊的。作者與父親、母親和姊姊搭乘不同的船逃離，被美國船隻救起後，父親在填寫表格時錯把她的名字寫成姊姊的。一家人團圓後，母親告訴他們，姊姊在難民營溺死了，希望妹妹——也就是作者——能保留姊姊的名字。「我母親視我父親的筆誤為好事；這讓我姊姊有一部分跟著我們一起來到這個國家。於是我保留了姊姊的名字，像穿著一件借來的衣服，我母親在裡面塞了兩個女兒，一個死了，一個還活著。」[32]越裔美國文學若要脫離最後總會肯定美國的族裔文學，那麼將越南與美國連結在一起的這類鬼魂，就必須獲得彰顯。

如何才能召喚鬼魂，但不是為了安撫他們，並把他們送回另一個世界，讓我們自己過人類的生活，而是為了活在當下，以讓我們想起自身非人性的他們活化記憶？不意外的，不願在作品內隱含對美國的肯定的作者，是在文學產業的邊緣書寫，作品由大學出版社或小型出版社出版，而非主流的商業出版社。舉例而言，女性主義理論家和製片人鄭明河一直致力於凸顯擁有聲音的虛幻力量。她最著名的作品是紀錄片《姓越名南》（Surname Viet, Given Name Nam），呈現針對戰時與戰後經驗受訪的越南女性的話語。紀錄片前半，女演員以這些女性的身分表演這些話語，後半則關注這些演員在鏡頭外的生活。紀錄片呈現出這些女性是演員而非受訪的女性本人，藉此凸顯越南女性的故事是表演而非史實。鄭明河在《女性，土著，他者》（*Woman, Native, Other*）一書中，進一步闡述了她對本真聲音（authentic voice）的誘惑力所抱持的懷疑。她指出對有色人種女性而言，寫作是一種特權之舉，因為仰賴其他女性的勞動或為其他女性代言而沾染著罪惡感。[33]寫作對作者與所有女性應該是一種解放，絕非因某些女性無法訴說而奪取她們故事的形式。為實現這種解放，鄭明河並不仰賴為文學產業服務、對族群身分的單一概念，也不只自視為越南人，而是嘗試與有色人種女性團結，援引她們的寫作，並強調「第一世界裡有第三世界，反之亦然。」[34]

林丁的《如恨之愛》（*Love like Hate*）依循此一洞見，對越南與美國同樣不留情的加以描述、反諷和批評，是部生猛、有時粗暴且絕對無禮的作品。「西貢往往骯髒，但絕不荒涼，」他寫道，「越南是場災難，我同意，但它是一場社會化的災難，而美國——對當地人與否的許多人而言——是一場孤獨的噩夢。」[35]這種雙面刃的寫作對兩邊都不留情，為的是割開族群的箱子，對兩個國家或它們的陳腔濫調都拒予肯定，而這是較為基進的越裔美國文學或族裔文學所應做的。詩人凱西·朴·洪（Cathy Park Hong）指出少數族裔詩人所面臨的問題，與此處針對越裔美國作家所描述的問題一模一樣，都在主流與前衛之間左右為難：

> 息事寧人型（quietist）的少數族裔詩人會緩解類白人自由派的罪惡感（quasi-white liberal guilt），而非挑戰它，但主流詩壇會獎賞這類詩人相當有害。主流詩壇喜歡詩人從事讚美而非批判，喜歡他們寫作無害易懂的個人歌詞，謳歌家庭與祖先，而不是對體制提出全面批判。但是前衛主義者也喜歡他們的有色人種詩人息事寧人，他們會關注的是從主題和形式而言，種族在其中都無關緊要的詩，最好隱形，或至少是被埋葬起來的。[36]

朴·洪對種族在詩中無可迴避的重要性堅信不移。一名作者該如何處理這個重要性？與其只是在兩個世界間左右為難，或是陶醉於兩個文化令人讚嘆的融合，一如文學產業對族裔文學典型的期望，一個更為基進的文學能怎麼做？

擺脫族裔性質的一個方法是投入跨國界的比較與對照，闡明跨國界的權力運作與其濫用，以及貪婪與其運作。另一個方法是，揭露我們共通的非人性其實普遍得令人不安，而非只是呈現我們共享的人性那溫馨的陳腔濫調。林丁的寫作實踐了這兩種策略。他的聲音粗礪而尖刻，以立體眼光看見的自己的兩個國家，都是汙穢、悲傷而帶著自戕意味的。族裔文學經常使用食品與混合風料理等好消化的隱喻，族裔文學的書評也往往如此。不過，林丁的讀者更能得益於平行道路的骯髒隱喻——西貢喧鬧混亂而無法無天的街頭，或是美國的地下道與人行道。他在這些地方找到人類非人性的證據，記錄在他的部落格「來自美國盡頭的明信片」（Postcards from the End of America），裡面以文字和攝影呈現當下美國的恐怖：愁苦與貧窮的人，一口爛牙與一頭亂髮的醜陋者，散發失敗與恥辱的臭味，他們彷彿鬼魂，因為我們既害怕他們，同時又拒絕看見他們。[37]

一種努力對抗族裔性質的基進文學，也可以帶著強烈的熱情與義憤，轉向充斥難民和鬼魂的美國地景，在那些地方，「暴動是不被聽見之人的語言。」但是這威脅的聲音經常被族裔文學所淡化。[38]這威脅的聲音在詩人不寶（Bao Phi）揉雜抒情與厭憎的《我所唱的歌》（*Sóng I Sing*）中清楚可辨。他筆下的戰爭、種族主義和貧窮是令人厭憎的主題，但是他的難

民、有色人種和勞工階級主題則值得以抒情筆法處理。在他的「難民地理」（refugeography）中，戰爭讓難民來到美國，卻在這裡遇到另一場較為低調的戰爭，對象是一個死亡政治政權下內城區和無訊號區（dead zone）的窮人。[39]他描寫因為卡崔娜颶風而再度無家可歸的越南難民時寫道，「彷彿這個國家一次只容許我們有一件不滿的事。你們這些人，你們已經有那場戰爭了。你們只能有那一個。他媽的閉。上。嘴。」[40]他的不滿與憤怒不僅往外針對美國，也往內針對曾受種族主義和階級戰爭攻擊、但如今吸收了這一切、將之內化並與權力者站在同一邊的人。那會發生什麼事，

當你不再能區分
你是在透過表現解放自己
還是在販賣你所受的壓迫。[41]

這個質疑可以對美國的任何一位族裔作家提出。這位作者應當時時戒備陷入所謂族裔文學的最大困境，亦即只談論一件事，那一件可以被擁有、穿戴和兜售的悲傷之事。文學產業認為能用自己聲音講述自身故事是人性的跡象，但這也是非人性的標記，因為族裔作家和族裔故事都成為可以兜售的商品，也出賣了自己。

除了對擁有聲音並講述自己的受害經驗所牽涉的問題有所察覺，一名作家還能做更多嗎？鄭明河為我們提示了一個方向，指出抱持懷疑（對本真性和聲音）與團結（在女性、本地人和他者之間）的重要性。林丁與丕寶讓我們看到另一個方向，指向人性與非人性的同時並存。非越南裔的其他作家又提供了第三個方向，他們提及越南並共感他們的悲傷與憤怒，這有助於反制壓迫者各個擊破的策略。在下文中，詹姆斯・鮑德溫（James Baldwin）同時談論到黑豹黨（Black Panthers）、越共與美國：

最能徹底顯露這個國家在本土與全球實際意圖的，是黑豹黨員被迫承受的猛烈壓迫和烈焰與鮮血的風暴，只因為他們宣告自己是人——想擁有「土地、麵包、房屋、教育、衣服、正義與和平」的人。黑豹黨員因此成為本土的越共，黑人區成為越共躲藏的村落，而在後續的搜尋摧毀行動中，村裡的每個人都成了被懷疑的對象。42

對於在美國人眼中定義了越南人與非裔美國人的戰爭和奴役歷史，鮑德溫沒有否認也沒有哀嘆。他不只活在身為黑人所接收的歷史中。他將那些歷史連結起來，把兩個不同空間聯繫起來，使得美國權力在遠處的行使，成為美國在此處權力的合理延伸——第一世界中的第三世界，反之亦然。受害不是孤單的經驗，而是共享的，這一點，蘇珊・桑塔格在批評有許多受害者以自己的受苦為優先時也曾提出，「受害者關注對於自身苦難的呈現。但是他們還要這個苦難被視為獨一無二。」[43]不僅如此，「自身的苦難被與任何其他人的苦難相提並論，都是不可容忍的。」[44]桑塔格與鮑德溫都認為受害不能只被視為孤立或獨特的經驗。受苦可以透過政治意識和同步革命轉化為團結，只有這樣，才能讓那裡的土著和這裡的土著直面美國戰爭機器的全球勢力。首先，一個特定地方的土著必須知道他們不是唯一的受害者，還有其他人與他們有著相同的傷痛；接著，他們必須停止自視為僅是受害者。

因此，鮑德溫堅持戰爭不只發生在海外土地上，由士兵對敵人或村民所發動，而是也發生在美國土地上，由警察針對黑人而上演。奧斯卡・澤塔・阿科斯塔（Oscar Zeta Acosta）也曾為墨西哥裔美國人發出同樣的控訴，「我們是美國的越共。西語裔聚居區就是美萊村……詹森的向貧窮宣戰計畫，羅斯福的福利政策，杜魯門、艾森豪與甘迺迪，新政與舊政，新邊疆，以及尼克森的美國革命……這些都是政府平定計畫的更多門面裝飾。」[45]身為窮人、黑人或墨西哥裔美國人，就是要持續承受低強度的反叛亂行動，而這些行動偶爾會爆發成為全面攻擊，例如發生在黑豹黨員身上的情況，國家必須鎮壓，因為他們已不再只自視為受害者，而是開始自視為革命者。作家朱諾．迪亞斯（Junot Díaz）亦認為，戰爭，以及海外戰爭和本土悲劇的相互穿透，在美國生活占據中心地位：

你以為所謂的甘迺迪悲劇他媽的來自何處？越南呢？為什麼全世界第一強權輸掉的第一場戰爭，會是在越南這樣的第三世界國家？你也許有興趣知道。美國增加在越南的軍事投入時，詹森對多明尼加共和國發動了一場非法入侵（一九六五年四月二十八日）。（在伊拉克成為伊拉克之前，聖多明哥市就是伊拉克。）這是美國的一次軍事的全面勝利，而參與聖多明哥「民主化」的許多單位與情報小組，隨即就被派去西貢。[46]

這是迪亞斯在他的小說《奧斯卡．瓦奧短暫奇妙的一生》（*The Brief Wondrous Life of Oscar Wao*）中的註腳，他告訴我們美國人有入侵其他國家的壞習慣。美國記憶也許遺忘了對多明尼加的侵略，但這不應妨礙我們認清美國對越南的侵略（某些越南人這樣看）並非特例。至少越南戰爭還有個名字和身分；美國對多明尼加共和國的侵略沒有正式名稱，面對此，迪亞斯與所有探討戰爭的創作者一樣，訴諸紀念。他告訴讀者，他筆下的多明尼加人物在美國的土地上繼續存在，因為戰爭將他們帶來這裡，他們是美國插手的意外效應。當我們記憶迫使人們逃離的戰爭，而他們逃入的往往是他們殖民者或入侵者的懷抱時，我們就能看見，美國文化中那必備的移民故事，其實在許多情況中必須被當成戰爭故事來理解。

✣

移民故事所記錄的似乎是成為美國人那艱難但最終值得的掙扎，是從悲慘到正義、從受害到擁有聲音的轉變。移民故事的神話力量令人迷醉。即使當移民明確說出戰爭是他們美國化的起源，比如迪亞斯和許多其他人，很多美國人依然聽成他們在訴說的是身為一名新美國人的艱辛，以及舊世界的種種恐怖。不是所有戰爭故事都牽涉到移民，也不是所有移民都帶著戰爭故事的傷痕，儘管如此，還是有戰爭故事與移民故事重疊的一片遼闊領域存在。將移民故事自戰爭故事隔離開來，冷卻了對美國戰爭有著惱人記憶的陌生人滾燙的歷史，並創造出充滿損害、傷口和身分的敘事以取代這些記憶。讀者和作者往往想像損害、傷口與身分是因為文化衝突、在兩個世界間左右為難的結果，但其實這些往往是外國勢力與本土暴君施行戰爭、殖民與剝削所造成的慘重後果。傳統的移民故事溫暖人心，但移民做為美國戰爭連帶損失的故事，應該引發和淚水一樣多的憤怒。

被標誌為族裔或種族作家的寫作者，因為投入「身分政治」而被歸類與鄙視，但他們不該只是接受或否認這個貶抑之詞。這樣做就是被迫接受一個不可能的選擇，由建立在白種性

（whiteness）上的優勢社會強加於少數族群：當一個受害者，或是擁有自己的聲音，接受一個次於別人的身分，或是努力沒有任何身分認同。完全沒有身分認同是白種性的特權，也就是假裝沒有身分認同的身分認同，而且不承認其與資本主義、種族和戰爭的連結。若說受害與聲音是少數族群特定而必然的異化形式，那麼白種性就是白人的異化形式。受害與聲音成為少數族群差異與身分的標記，而白種性成為未標記的異化，體現在想必是普世共通的孤單、離異、厭倦與失範經驗中，而這些都是生活在資本主義社會的有害代價，產生的利潤又繼而為白種性帶來利益。如果身分政治真的是過度沉溺於自我，那麼白人的白種性和掌權者的自我關注也是。這種白種性和權力仍未受到某種少數族群身分政治所挑戰，這種身分政治既不戳破白種人的身分政治，也不對戰爭機器的權力直言真相。少數族群必須對白種政權提供的條件提出異議。他們必須引發怒氣與激憤，要求團結與革命，批判白種性、支配性、權力，以及戰爭機器的所有假面。東南亞人必須堅持，在美國定義了他們的那場戰爭不只是他們的戰爭，而是白人製造的戰爭，不是特例，而是希望難民把自身故事想成移民故事的戰爭機器存在的展現。

即使還小時我就一直知道，儘管只是模模糊糊的，我父母的故事不只是移民故事，而是戰爭故事。有些士兵受的苦比我父母多，但是我父母受的苦比許多在後方服役的士兵多。這些後方梯隊的士兵從未遭到射擊或實際被射傷、遭手榴彈威脅，被迫逃亡，失去幾乎所有，與至親分離數十年，而這些都是我父母和太多其他難民與平民所經歷的。他們的故事需要被講述，但是我一直遲疑不定。「很壞、很壞的事情，」我母親說，有些事情她告訴我，有些她拒絕了。「你說得還不夠多嗎？」我父親對她說。我總是好奇哪些事情在沉默中略過了。我想知道又不想知道，但是知道有一個不在場但存在的祕密已經足夠，那是他們的祕密，不是我的。我也不認得那些郵寄而來後擺放在我兒時家中壁爐架上的黑白照片所召喚的世界。在那些世界裡，受害者也可能是加害者，鬼魂可能有罪，而倖存者可能沒有人性。我可以偷取那些受害者、鬼魂與倖存者的故事，或是自己編造。但是為他人代言是一個太過簡單而不足的概念。聲音、人性和受害不足以完全說明當時在那裡發生的事情。過往的矛盾難題永遠留存，這個我無從知道與分享的空缺，那抗拒我言說的沉默，那些不願復活的鬼魂。若我只訴說鬼故事中將鬼魂的非人性加以人性化的部分，就要冒著成為替死鬼的命運。鬼魂是非人性也是人性的，而他們的出現告訴我們，我們也是如此。要了解我們和他們的命運，我們必須做得比講述鬼故事更多。我們還必須講述製造了鬼魂並且把我們變成鬼魂的戰爭故事，那些把我們帶來這裡的戰爭故事。

8 真實戰爭故事

何謂戰爭故事，怎樣才算好的戰爭故事？這個問題關乎一則戰爭故事的內容與講述方式，而前者較後者容易處理。兩者都構成我們所認為的美學，或說美的問題與其詮釋，只是這些問題涉及戰爭時又變得更具挑戰性。一方面，創作者必須傳達戰爭的誘惑，那些在閱兵、制服、徽章、爆炸與榮耀中尋得的美感，這些美化物全都是用來粉飾國家主義，亦即我們的時代中賦予戰爭正當性的主要理據之一。另一方面，創作者也必須處理城市、軀體與理想的掏空，以及戰爭後留下的荒蕪。藝術與戰爭的關係並不獨特，只是很極端，因為即使是生活中最平凡的部分，都被美與恐怖的同時性留下記號，愛與背叛的私密之事都在近距離被觀察。要能忠實對待戰爭的美與恐怖，在內容和形式的層面上都是困難的，卻也是必須的。要退縮到只處理戰爭故事內容的舒適範圍內很容易，然而如果一個人談論透過記憶戰爭尋求正義，那他或許也可同意，這樣的正義亦能在藝術作品的形式中找到。

首先談內容，許多地方的許多人想到戰爭故事就想到士兵與射擊，但是這個定義太狹隘了。使我們激動而熱血沸騰的「好的」戰爭故事，透過壯觀的戰役和犧牲自我的士兵講述戰爭的「真實」，這樣的故事也會肯定戰爭的必要性。這種對戰爭故事局限性的思考方式，正是反戰電影往往並不真正反戰的原因。這些電影一直以來的中心是士兵，以及對他或她是英雄還是反英雄的確認，連最不情願的觀影者有些都會被說服，無可奈何的接受戰爭。如果他們反對戰爭，也會屈服於「支持我們部隊」這種被動攻擊性（passive-aggressive）的要求，因為，要多不知感恩的人才會拒絕肯定這些愛國者？但是在為士兵提供慰藉時，我們也給了政客、將領和武器製造者許可，讓他們繼續那些「支持部隊」騙人而自私無情的辭令。這種辭令是騙人的，因為實際上它容許了持續發動戰爭。它是自私無情的，因為部隊回鄉後往往並未受到支持，面對憂鬱、創傷、無家可歸、疾病或自殺沒有受到保護，或受到的保護不足。真正的戰爭故事應該訴說的不只是士兵，還有在戰爭結束後他或她發生了什麼事。真正的戰爭故事也應該訴說平民、難民、敵人之事，以及，最重要的，涵納他們所有人的戰爭機器之事。但是當戰爭故事處理戰爭的平凡面向時，有些人可能會認為這些故事「無聊」，甚至根本不是關於「戰爭」。這些對戰爭故事的傳統認知，讓我們盲目於戰爭的廣泛本質，因為這些認知將似乎是戰爭主要行動者的英勇士兵，與實際上使戰爭發生並承受其後果的平民區分開來。

揭發戰爭機器從根本上挑戰了士兵、平民與戰爭的身分。這種戰爭故事直視戰爭如何全面動員政治體，若非整個政治體都投入，扣下板機幾乎不可能，所有器官和部位都必須與心智、記憶、想像和幻想聯合工作。湯婷婷以收錄於《中國佬》（*China Men*）中的故事〈在越南的兄弟〉（The Brother in Vietnam），鮮明地勾勒出一名士兵若非有整個國家的支持，根本無法戰鬥的現實：

> 每當我們吃糖果棒、喝葡萄汁、買麵包（Wonder牌土司是國際電話電報公司生產的）、用塑膠包裹食物、打電話、在銀行存錢、清理烤箱、用肥皂盥洗、使用電力、冰食物、煮食物、操作電腦、開汽車、搭飛機、噴殺蟲劑，我們都在支持那些企業製造坦克與轟炸機、燒夷彈、落葉劑，還有炸彈。用來地毯式轟炸的炸彈。1

從地毯到地毯式轟炸，戰爭編織在社會的紋理中。一個公民幾乎不可能不是同謀，不可能看不見就在自家腳下或隱藏在窗簾後面的戰爭，如同藝術家瑪莎・羅斯勒（Martha Rosler）在她的攝影蒙太奇中，呈現的一名美國家庭主婦，她掀開窗簾，露出就在窗外上演的戰爭，那一場她在幫窗簾吸塵時明明看見卻又拒絕看見的戰爭。把戰爭想成由士兵施行的孤立行動，是把士兵轉化為戰爭的臉孔和身體，但實情是他只是戰爭的附肢。倘若我們不能體認戰

爭的實情，就與那名家庭主婦一樣盲目。

僅僅透過士兵的觀點想像戰爭，弔詭地也許無法產生真正的戰爭故事，儘管這與作家提姆．歐布萊恩在他的越戰文學經典《負重》（*The Things They Carried*）中「如何說一個真正的戰爭故事」（How to Tell a True War Story）一章的主張有些衝突。這本虛構作品的敘事者也叫提姆．歐布萊恩，他勾勒出真正的戰爭故事有哪些特色：

> 戰爭是地獄，但那與全貌相差甚遠，因為戰爭也是神祕與恐怖與冒險與勇氣與發現與神聖與可憐與絕望與渴望與愛。戰爭壞透了；戰爭很好玩。戰爭很刺激；戰爭很苦悶。戰爭讓你變成男人；戰爭讓你變成死人。這些真實互相矛盾。[2]

歐布萊恩沒有提到戰爭還很賺錢，儘管代價也很高昂。這是一則戰爭故事可以訴說最真實的事情之一，因為利潤是人類持續上演非人性戰爭最重要的原因之一。要了解戰爭的此一面向，我們必須從最高的制高點觀察，這點是意欲征服天空與太空的超級強權所深知的。我們必須以能夠呈現龐大戰爭機器行動的衛星眼光看見，而不只是以一名步兵有限的眼光去看，對他來說，一輛坦克可能就是最大的戰爭機器了。這名步兵可以說一則精采的故事，或許是真實的戰爭故事，但也有可能是具局限性的故事。他或她也許能看到天際處，但是戰爭機器可以看到天際以外，因此，任何想講述真實戰爭故事的人也必須能夠如此。倫理即光學，如列維納斯所言；但戰爭也是光學，如維希留所主張。講述真正的戰爭故事需要正確的全景式光學，既是倫理的，也是美學的，讓我們得以看見涉入戰爭的所有人與所有事物。

儘管歐布萊恩的描述，多數也適用於某些平民戰爭經驗，但我們一般不會將平民與戰爭故事聯想在一起。身為不自主地陷入戰爭的平民，沒什麼有趣或刺激可言（不過若是以外交官、記者、承包商、援助工作者等身分自願參與戰爭的平民，那又是不同的故事，可能與士兵的戰爭故事有相似處）。對許多旁觀者與讀者而言，戰爭故事必須至少是有趣且刺激的，即使這些故事仍盡責地試圖傳達戰爭即地獄的感受。這些好看的戰爭故事，引致男孩女孩夢想成為士兵，但沒人會夢想戰爭的代價，或夢想成為陷入戰爭的平民、孤兒、寡婦或難民。玩士兵遊戲的孩童或許會幻想光榮的戰死，卻不會幻想失去身體部位、截肢、彈震症、無可解釋而使人失能的疾患、無家可歸、精神病或自殺，但這些對士兵與退役軍人都不是少見的經驗。而有人會幻想被燒殺擄掠的士兵強暴嗎？這是戰爭無可避免的後果之一。如果戰爭使你變成男人，強暴會把你變成女人嗎？

✢

強暴是許多人戰爭記憶的另一個極限，儘管這是有史以來最真實的戰爭故事之一。首次有人類部族對另一個人類部族發動殺戮時，很可能就伴隨著強暴。強暴是驅動男性上戰場的集體陽剛欲望必然的表現，雖然並非所有士兵都是強暴者，但所有軍隊都會強暴。儘管強暴在戰爭中極為普遍，不會有人在那許多清潔無毒的勝戰紀念碑中將強暴供奉起來。身為強暴者沒有榮譽可言，被強暴也不是光采或有趣之事，因此紀念強暴受害者的紀念碑極為罕見（紀念南京與其婦女在第二次世界大戰中遭日軍荼毒的紀念館，是極為特出的例子）。國家比較可能紀念士兵犯下的殺人而非強暴行為。強暴令人尷尬，以最極端的方式揭示出戰爭為情色經驗，使人興奮、藉此達到高潮，醜陋又好玩。強暴是戰爭最難以言說的後果之一，不能與士兵上戰場或返鄉時被堅貞的妻子與可愛的孩子迎接的溫馨影像共存。

學者茱蒂絲．赫曼（Judith Herman）指出，強暴和性創傷對受害者的損傷與戰鬥經驗一樣，但士兵至少會因為他們的犧牲而受到榮耀，但這些身為丈夫、兄弟與人子者所強暴的女性，則不會受到這樣的慰藉。遭到男性強暴的男性經驗則更為隱形而無聲，違反了戰爭做為異性戀過渡儀式的整個概念。強暴會摧毀關於英雄主義、陽剛氣質與愛國主義任何尚存的理想，是這些油滑的概念讓戰爭機器的齒輪運轉順暢。馮黎莉以年幼時就被招募為越共工作的女孩角度，敘述了真實的戰爭故事：女孩遭不公正地判定背叛罪名後，被兩名越共強暴，做為懲罰。「戰爭——這些男性——終於把我碾壓到與土壤合一，再也無法區分。」[3]此時的她已被強暴者的敵方南越人與美國人囚禁並虐待過。陷入這些敵對勢力之間的她，了解到各方的士兵與男性「終於找到了最完美的敵人——恐懼的農家女孩，她會無止境且愚蠢地同意成為他們的受害者，正如所有越南農民都同意成為受害者一樣，自創世以來到時間盡頭都如此」[4]。為了了解發生在自己身上的事，她以黎莉・海斯利普（Le Ly Hayslip）之名共同撰寫自己的回憶錄。這種真實戰爭故事聚焦於女性、兒童、農民、受害者，以及強暴使人崩潰的創傷，是極特殊的真實戰爭故事，迫使讀者思考被強暴後活下來講述此經驗的情境。

在較為典型的真實戰爭故事中，讀者不會自覺承受了被殺或被強暴的經驗，只是成為這類行為的見證者，雖然這本身也可能是很糟糕的經驗。提姆・歐布萊恩的故事比較貼近這個規則，雖是反戰的真實戰爭故事，但仍能融入讀者愛國與陽剛的想像中。有幕情景一再重複：一顆地雷把一名士兵炸飛到一棵樹裡，留下他的腸子掛在樹枝上等待同袍撿拾——很恐怖，但是可以預期，畢竟這是戰爭。重訪這一幕時，歐布萊恩依循馮黎莉訂下的鬼故事邏輯。據她所寫，「講述者必須說明受害者如何死亡，往往鉅細靡遺——由於死法會影響一個人在亡靈間的生活，講述者不能遺漏任何細節，尤其若死亡來的猝然而暴力。」[5]讀者自視為看著這一切發生的士兵，是倖存者，不是已經四分五裂、剩下液體，而若作者或讀者相信有鬼，已經變成鬼魂的那名士兵。讀者不會與死者、亦即鬼魂產生認同，因為如此一來故事就結束了，除非你要說的是鬼故事。在不是鬼故事的真實戰爭故事中，講述故事的士兵會活下去，也許是繼續受苦，但依然活著，見證這個故事。這類戰爭故事是美國與其他地方最常見的，包含在兩個極端內，一端是強暴，一端是平庸日常；一端是戰爭機器的情色驅動力，一端是其平淡乏味的意識型態臉孔。

兩者都存在於戰爭記憶的邊緣，因為要想像和記憶強暴固然艱難，平庸則太無聊乏味而難以記起。戰時服役的美國人多數從未參與戰鬥，他們在船艦上工作，守衛軍事基地，運送補給品，從事文書工作，在戰鬥部隊不乏汙言穢語的術語中被貶抑為「操他媽的後方梯隊」。這個諢名意在諷刺這些人的懦弱與特權，或許也表達了戰鬥部隊對他們的羨慕。不過，這個罵人話裡面還潛藏著別的什麼——是對事實的隱約覺察，亦即當代戰爭是官僚與資本主義的事業，需要那些無聊的職員、沒有靈魂的行政者、無知的納稅人、自相矛盾的神父和支持鼓勵的家庭。如果我們了解戰爭機器是一個無所不在的同謀體制，需要的不僅是前線部隊，也需要廣泛的後勤、情感和意識型態支持網絡，那我們就能了解，所有為戰爭大業歡呼打氣或只是順勢附和的官員與平民，每一個都是操他媽的後方梯隊成員，或許也包括我自己。

關於英勇戰士的堅固神話，讓他媽的後方梯隊即使在大後方，也能自視為愛國的熱血男兒。戰爭期間，這個神話在美國人心中受了幾乎致命的重擊，他們試圖修復該神話，將不被視為英勇戰士的士兵，轉變成受傷的戰士。但是士兵並非神話意義下的戰士，因在那個意義下，每個身強體壯的男性家中都有一支長矛或戰斧，隨時準備響應作戰的號召。但低階士兵是現代的展現，沒有臉孔而無名無姓，既是個體又是群體的一員，代表整個國家。真正的戰爭故事不能只是關於參與戰鬥的士兵和他們的肚腸，也必須關於國家和其肚腸。關於一個人的冰箱，這個冰箱用的可能是陶氏化學（Dow Chemical）生產的冷媒，生產橙劑（Agent Orange）的也是這家公司。這種除草劑造成使數千名美國士兵及其後代衰弱失能的病症，這是美國政府承認的，他們不承認的是也有數千名越南人及其後代受害。打開冰箱查看其內部，看到塞滿了資本主義生活那些塑膠包裝的奇蹟，這樣日常的故事比起血腥的肚破腸流故事同樣真實，甚至更讓人不安。日常的故事提醒我們，戰爭令人厭憎之處，不僅在於破碎的身體，也在於公民全體的同謀性。在或可稱為義務軍事主義的體制下，即使是反戰之人最後仍得支付戰爭的成本，因為雖然每個人在智識上都能理解戰爭即地獄，卻少有人能抗拒擁有一個冰箱。戰爭這種全面的居家化，正是戰爭身分的一部分，正如每個強暴者都是在某處的某些家庭所孕育。我們都是平庸與同謀的見證者，正因如此，我們才不願意記起。

✢

我最感興趣的真實戰爭故事與戰爭記憶，是寬大到足以容納流血與肚腸，以及無聊和日常的。真實戰爭故事坦認戰爭的真實身分，亦即戰爭是地獄的同時，也是平常的。戰爭既不人性也是人性的，正如其參與者。攝影師陶德．帕帕喬治（Tod Papageorge）的《美國運動一九七〇：或我們如何度過越戰》（*American Sports, 1970: Or How We Spent the War in Vietnam*），正是以這種方式描繪戰爭。這本攝影集呈現七十幅照片，除了一幅之外，所有照片拍的都是美國的運動賽事：運動員與球迷，記者會與球團巴士，球員休息區與更衣間，參與者有男有女、有老有少、有黑有白、美醜皆有。最後一張照片捕捉的既非運動賽事也非參與者，而是印第安納波利斯的戰爭紀念碑，對頁上的文字寫著「一九七〇年，四二二一名美國軍人死於越南」。恐怖成了平庸的附件，而這正是許多平民對戰爭的體驗。帕帕喬治暗指，美國士兵命喪海外的同時，家鄉的生活依然繼續，這樣的經驗在數十年後隨著美國在中東開戰而重複。很多時候，在美國，這些戰爭感覺並不像戰爭。歐布萊恩的故事也許是士兵觀點的真實戰爭故事，帕帕喬治的則是平民觀點的真實戰爭故事。有一種真實戰爭故事中驚人的血腥會使我們分心，聽不到我們生活其中的戰爭機器沉悶的嗡鳴聲，這龐大的機械以平庸之事為潤滑油、瑣屑之事為螺栓、由消極同意所賦能。講述並聽見這類平庸無聊的真實戰

爭故事，對於哲學家威廉・詹姆士（William James）所說的「反戰之戰」（the war against war）是必要的。[6]只要我們將戰爭想像成危險（但刺激），戰爭就不會終結。也許當我們看到戰爭實際上有多無聊，是如何滲透了日常生活，就會開始想像終結戰爭。全體公民隨時可以透過拒絕配合而終結戰爭，這絕非易事──相對於被動同意永續戰爭這種當代的全球反烏托邦，或許拒絕配合的這件事，本身就是烏托邦。

如果美國戰爭故事偏好對前線的鮮明描繪，對許多東南亞人而言，不論他們身在何處，真實的戰爭故事則是既鮮明亦平庸，因為戰爭就在他們的土地、城市、農場和家庭內上演。對某些讀者或觀者來說，這類真實戰爭故事不是「好」的戰爭故事，因為缺乏從士兵殺人與被殺的故事可以間接獲得刺激。有關平民和日常瑣事的真實戰爭故事，純粹因為其內容而讓某些人覺得無聊，從而也易於遺忘。很多東南亞人都是這樣的，其中許多出生於戰後，對於長輩的故事感到不耐。但是對許多活過戰爭的人而言，戰爭的記憶仍和鎂光照明彈一樣耀目，照亮黑暗，並傳達危險的信號。對於成為輸家而流亡海外的東南亞人而言，記得他們戰爭故事的必要性更為急迫。他們感覺到戰爭可能被遺忘，或敘述的內容與其記得的不一樣。由（白種）美國人講述的真實戰爭故事類型讓他們挫折不滿。藝術家黎光頂（Dinh Q. Lê）在談論他的創作系列《從越南到好萊塢》（*From Vietnam to Hollywood*）時有力地表達了這種挫折感，這個系列

> 汲取自我的個人記憶、受媒體影響的記憶和好萊塢製造記憶的融合，創造出既非事實也非虛構的超現實記憶地景。同時，我也希望以此系列探討這三個不同記憶來源之間，為了取得對越戰意義與記憶控制權的鬥爭。我想，我對於記憶由何構成的概念在這些年來有所改變，從認為記憶是具體的到認為它是可塑性極高的。但我依然保留的一個概念是，由於好萊塢與美國媒體一直在嘗試取代並摧毀我們對越戰的回憶，換成它們的版本，因此我必須持續奮鬥，讓這些記憶的意義繼續存在。[7]

這些記憶從恐怖的到讓人安慰的都有，這個美學光譜涵蓋了不論來源國或移居國的東南亞人的戰爭故事。在恐怖的一端，陳光咸（Ham Tran）史詩電影《淪陷後的旅程》（Journey from the Fall）中最有力量的一幕，闡明了歐布萊恩只是暗指的一點。在歐布萊恩的故事中，倖存者——最少是倖存的作家——有一個任務，「我們用故事為死者續命。」[8]但如果倖存者已經死亡，而死者反而活著呢？《淪陷後的旅程》透過西貢淪陷後一個家庭受到的戰爭衝擊，審視這種生者與死者的交會。這家人中的丈夫因曾是南越士兵而被送去再教育營後，他的母親、妻子與獨子逃離越南，成為船民。在某個處境邊緣的美國社區裡，他們獨自承受其所失去的，既孤立於美國人之外，也孤立於彼此，他們的創傷源自失去國家與父家長，也源自在船上遭受的苦難，包括強暴。年輕的兒子指控母親忘了父親，把他當成已經死了一樣時，她說：

> 你知道為了今天跟你們在一起，我經歷了什麼嗎？你以為你媽媽還活著嗎？她已經死了。死了！我在他們帶走你爸那一天就死了。我在海上又死了一次，阿萊。你稱為媽媽的這個人只是一具屍體，只為了照顧你而活著。但你真正的媽媽已經死了，兒子。我希望你知道。她死了，兒子。

我不是經常流淚的人，但是這一幕讓我眼中有淚，母親為了自己的告解而哭泣，兒子因為她揭露的事情而哭泣。這個以平凡客廳為場景的家庭生活一幕，以戲劇化的方式呈現戰爭對客廳裡的平民、女性、難民、兒童與最終是所有人的可怕代價，他們以為自己沒有在打仗，儘管他們的國家在打仗。

故事裡母親的那一番話，揭露出潛藏在人性表象底下的非人性，那些存在於我們之間與之內的活死人，那是西方人往往只透過關於活死人的殭屍電影和電視節目會看見的。如哲學家斯拉維．紀傑克（Slavoj Žižek）所說，「不死」（undead）既非活著亦非死亡，正就是怪物般的「活死人」（living dead）。[9]在難民之中，有些人就是活死人。如果需要社會學證據，看看在美國的柬埔寨難民中百分之六十二到九十二有創傷後壓力疾患，或者他們當中有些人如何為彷彿科幻小說中才有、名為歇斯底里視盲的疾病所苦，患者沒有明顯病因卻無法看見，或者有些蒙族難民看來一切健康且正值青年，卻一睡不醒，黑髮在一夜間變白。[10]是什麼造成了這些人的創傷、目盲和死亡？記憶。是什麼讓人變成活屍？記憶。由於這些人可能有傳染性且造成威脅，美國人也許想要將他們的記憶和戰爭故事加以隔離，但他們身為活死人的故事提醒我們，非人性存在於我們之內。正如紀傑克告訴我們的，不是人類（not being human）與非人（being inhuman）之間有所不同，前者是「外於人類、動物或神祇的」，後者「雖然否定我們所理解的人性，卻是身為人所固有的」。[11]批評家茱莉安娜．張

（Juliana Chang）以紀傑克的洞見進一步發揮，指出非人性「隱指懼怕與恐怖，不只因為它讓我們覺得陌生，也因為我們覺得它太過接近……非人性是滲入人性之異質，也是察覺已身為異質的人性」[12]。人性中這種對異質者與難民的排外恐懼情緒，不是植基於他們和我們的不同，而是他們和我們太過相似。他們的處境，我們可能也有責任，不僅如此，若是在我們身上發生重大災禍，他們的悲慘境況也可能成為我們的。更有甚者，如帕帕喬治的照片所隱隱指出，我們在有人因為我們的戰爭機器而死去的同時，做著如常的事情——誠然，做著開心享受的事情——這其中難道沒有什麼非人而有如怪物之處嗎？我們在渾然無感的追求樂趣時，看來與活屍有什麼不同嗎？如果戰爭機器的受害者拍了殭屍電影，難道不會將人類的角色分配給自己，而由戰爭機器的士兵與平民飾演殭屍嗎？戰爭機器的士兵與平民有辦法自視為殭屍、為非人嗎？簡言之，我們這些自認人性的人，知道自己也是非人的嗎？

最少有些難民知道自己是非人、活死人，而或許有些士兵也知道，比如小說家拉里・海涅曼，這位越戰退伍軍人的《近身戰》，讓我在非常年少時的心中就留下了陰影。他還寫過更令人不安的《帕科的故事》（*Paco's Story*），主角是一名身障的退役軍人，他所屬連隊在與越共的一場大規模戰役中幾乎全軍覆沒，唯一倖存的他，留下燒傷後的疤痕。四處飄泊的帕科來到一座典型的美國小鎮，受到當地居民鄙夷。他們就是當初大喊口號支持部隊的同一批人。讀者同情的對象是帕科，直到近尾聲處，他回憶自己的連隊集體強暴了一名遭俘的越共狙擊手，她是一名十五、六歲的少女，殺了兩個美國人。每個士兵都排隊等待強暴她，結束後，由其中一人朝頭部開槍處決了她。集體強暴事件後不久，帕科用手榴彈炸傷了另一名越共，接著用刀子結束他的性命。那名士兵乞求帕科饒過他，但只是徒勞。「我已經死了。」他在死前時說。[13]海涅曼以令人難受的細節描寫這兩幕，為接下來發生的事情鋪陳：帕科在閱讀他鄰居的日記。這名年輕女子寫下自己與帕科做愛的幻想，直到她想像他的疤痕碰到她的那一刻為止。「接著我醒來。我只能顫抖……我覺得噁心極了。」[14]小說在下一頁戛然而止。帕科離開這座典型的美國小鎮，再度展開飄泊。他無法忍受我們所見證的：他被迫體認自己的非人性，他讓人噁心的怪物樣貌，他的異質性。他是自己離開的，但是在他為美國小鎮潔淨的名聲打了一場骯髒的戰爭後，美國小鎮感覺到他所攜帶的疾病，先放逐了他。

✢

真實戰爭故事堅持要讓人知道這個使人不快的事實：存在於人性中的非人性，以及看似非人者的人性。但這樣的故事並不容易講述，尤其當講述者必須處理與女性、孩童、難民和平庸，特別是非人性平庸相關的真實戰爭故事。與從士兵轉而創作的人不一樣，這些說故事的人背負沉重負擔，因為他們要挑戰傳統戰爭故事的身分，並堅持戰爭故事牽涉到許多不同的人與事，不只是軍人。重塑戰爭的劇中人物會遭遇觀眾的抗拒，因為他們相信戰爭故事是關於士兵、男性、機器和殺戮。和所有其他創作者一樣，這些講述者也必須面對批評者的評斷。這些批評雖然是主觀的，但經常以客觀的方式宣告，比如光鮮的《娛樂週刊》雜誌（Entertainment Weekly）給楊嘉莉（Kao Kalia Yang）《夢歸家園》（The Latehomecomer）的B+評分。這成績不錯，但不是很好也非滿分，離美國體制中的最高等級A還差兩級。[15]在某次作家演講中，她提起評分的事情，我也記住了，因為她顯然介意這個評價。[16]我能同理，然而美學評斷往往就是這麼回事，儘管一般的方式不會這麼直白，揭露出美學評斷，其實與許多創作者在老師職務上也會做出的學業評斷頗為相似。諷刺的是，輕鬆而自信地為學生給分的教授暨權威人物，可能會在受到學生、院長、同儕與批評家並不是最優等的評鑑時，突然間感到這類評價頗為主觀。

突然間，職業上經常要進行評斷的人意識到，一個評分會帶著評論者未知的個人與美學偏見。但是作家與藝術家總會不容情地對自己和別人的作品做出評價，儘管並不總是公開如此。如果不能以最基本的方式評斷自己的作品，尤其是與自己希望透過創作所達到的程度相比，一個人要如何在自己的藝術上精進？必須承認的是，這種美學評斷是身分的一種表現，深為主觀而也許有瑕疵，但永遠必要。體認到這點之後，某些批評家會避免評斷一個作品的美，而是去考慮這個作品在特定脈絡中的表現。在看待少數族群、女性、窮人、勞動階級和被殖民者，或是作品經常被權威人物視為差人一等的任何創作者時，脈絡特別重要。在西方，權威人物通常是白人男性，但偶爾也有女性，他們偏好士兵與男性的故事，而非那些似乎只是戰爭旁觀者的故事。由於他們握有權力，這些評論者可以否認他們的身分形塑了他們的評斷，即使他們同時強調權力弱勢者通常無法超越自己的身分。這些批評家實行著他們職業中心照不宣的身分政治，但是他們的評斷被當成客觀的評價傳達，而非其實際本質：體制化權力的主觀表現，評論家是整個藝術與品味製造體制的一環，這個體制從學校開始，延伸至職業化的藝術世界，將藝術家與評論家都含納在內。

不承認自身偏見，也不承認其品味為他們的世界與美學產業所形塑的批評家，是不倫理的。不意外的，是一名作家對不倫理的批評家提出了尖銳的訓斥，這名作家是一九八〇和九〇年代越南首屈一指的短篇小說家阮輝涉（Nguyen Huy Thiep）。他的短篇故事〈阿坤〉（Cun）收錄於他經典的小說集《退休將軍》（*The General Retires*），主角是一名作家與他的好友，文學批評家K。作家告訴我們，「K對他所謂的人格有非常高的標準。勤奮工作、犧牲、奉獻、誠懇，當然還要文法很好，這些都是他所要求的特質」。「他很了解我們的文學辯論（我得承認我不懂）。」[17] K告訴作家，他的父親，也就是故事標題中的阿坤，在他短暫的一輩子只想當個人，卻失敗了。作家被這難解的隻言片語所吸引，編造了一個怪誕的故事，背景是一九四四年日本造成的饑荒期間，造成北越約一百萬人死亡，據我母親告訴我，當時她會在兒時家門外的階梯上看到餓死的人。這個故事的主角是行乞男孩阿坤，不幸的他

「有顆水腦症的大頭和軟趴趴看似沒有骨頭的四肢」[18]，他靠著在地上拖行移動，但是他好看的臉龐使他行乞時很能打動人。儘管身體帶著非人的醜陋，但阿坤是他那條街上唯一有人性的人，其他好手好腳之人的行為都缺乏人性。之後，阿坤透過意外繼承的遺產而致富。一名美麗但貧窮的鄰居說服阿坤把財富都送給她，換取一次性經驗，那也是阿坤一輩子唯一快樂的時刻。他後來因病而死，但死前看到她產下他的孩子。這個孩子就是文學批評家K，而作家的故事自然令他駭然，並認為是虛構的。為了證明真正發生的事，批評家出示他父親的照片，「一個肥胖的男子，穿著黑色絲襯衫，衣領漿得硬挺。他還蓄著修剪整齊的小鬍子，朝我微笑著。」[19]

批評家是權威人物，安然自得地代表文學體制，而在越南，文學體制也是政治體制的一部分。他對文學的評斷無法脫離他做為政權服務者的身分，這個政權視文學為可能危及其自身權威的威脅。不僅如此，他是個壞的批評家，因為他無法面對批評，尤其是質疑其身分的批評。針對那篇嘲諷他出身的故事，他的反應是天真地拿出一張照片，以顯示他父親實際是個人，不是非人，儘管這與他先前所暗指的事情互相矛盾。[20]但是正如帕帕喬治的照片所顯示，人類做著平庸之事的寫實照片，同樣能夠成為他們非人性的證據，顯示他們對以他們之名所行之事的漠然。批評家的反應不只是倫理標準的崩解，更是他虛偽的合宜美學最完整的表現。他那麼專注於自己父親的人性，因而也是他自己的，以至於他甚至無法針對故事中的主角乞兒進行討論。行乞的男孩也許代表被去人性化的窮人，也可能指涉橙劑的非人恐怖產物，或是更單純的代表了一個自身悲劇遭到忽略的人，看到他的人類，包括那位批評家，都沒有真正看見他。

我們不難想像西方批評家也有類似的特質，他們透過自以為客觀而人文主義的標準觀看，卻主觀地對眼前的非人性視而不見。垂直整合的美學教育和獎勵制度，強化了他們的這套標準，從最早的學校教育開始，並結束於大學、學院、文學批評喉舌和給獎單位的高深殿堂。在美國，這個世界通常聚焦在資本主義社會下個人主義、消費主義和異化的價值觀與感受。資本主義崇尚的作家或創作者，是能夠以品味定義者（tastemaker）認為精緻而正統的方式發揮其藝術的個人，而那些品味定義者就像批評家K的遠親，鮮少自問他們身為批評家的身分，以及他們對品味、美和善的感受，如何與優勢階級的價值觀和意識型態相互交織。他們看不見的是，他們以為證明了自身人性的美學價值觀，其實受到他們生活中的資本主義體制和戰爭機器所沾染與形塑，而他們將這兩者的利潤與成本皆視為理所當然。

如批評家潘卡吉・米什拉（Pankaj Mishra）所說，西方人，包括西方作家在內，經常認為非西方作者應該譴責壓迫他們的高壓政權。對西方作家而言，不表示抗議似乎有虧道德。但這些作家往往不會對自己社會透過「選擇性的人本主義」所犯下的罪行——亦即「無視己方的日常暴力，並否定其受害者的完整人性」——表達出同樣的美學義憤。[21]這些西方作家缺乏想像力，看不見他們關於不快樂、離婚、癌症等等的沉悶故事——正是會得獎的寫實主義素材，以及**在這裡**的白人特權的悲慘結果——可能與他們社會**在那裡**的戰爭和資本主義剝削有所連結，並因其而發生。如愛德華・薩依德（Edward Said）所言，文化與帝國主義不可分割，這可以解讀為人性與非人性不可分割。[22]當然，這種選擇性的人本主義不只屬於西方，而是普世皆然，正如米什拉費心指出的，「多數小說家，不論在西方或非西方，都避免與強大的體制和個人直接衝突，尤其是那些不僅能為作家帶來名聲與榮耀，更重要的，還能讓他們得以待在家裡安心寫作的體制和個人。」[23]

選擇性人本主義和與權力者同謀的指控，也能用在多數批評家身上。這正是阮輝涉故事的傑出之處，他含沙射影的指出吹毛求疵的批評家可能源自非人性的傳承，這讓批評家深感駭異，雖然對西方讀者不見得如此。身為共產主義的局外人，西方人很容易看見其偽善與盲點，以及其意識型態核心處的非人性。帶著反叛精神的越南作家面對一個權力、威望與品味的體制，這個體制定義了什麼是可以接受的、什麼是人性或非人性的。西方人要的是一個英雄式的反應！但是從外部觀之顯而易見的是，西方價值觀也會強化什麼是合宜的。這種合宜性寧可否認存在於白種性核心的非人性、殖民主義、帝國主義、對他人的宰制、戰爭和野蠻。這種非人性受到承認時，它與西方人性的關聯，以及對西方人性之汙染，往往受到藝術家、讀者與批評家的壓抑或否認，因為他們盲目於自身的偽善和矛盾、他們對非人性的參與，以及他們面對體制獎賞的誘惑時，自己所欠缺的英雄行為。

在西方文壇的新來者或少數族群作家所進入的世界裡，閱讀大眾不太可能對自身的非人性有所自覺。同時，這些作家可能覺得有必要證明自身的人性，因為在西方人眼中這點可能受到質疑。《娛樂週刊》對《夢歸家園》的書評無意中凸顯了這個困境。這本雜誌的重點在名人與娛樂消息，因此也許不是文學討論的最佳園地，但是其庸俗本質讓它得以頗為直率的展現出西方對於寫作的價值觀。整篇書評如下：

如果你的祖母曾經跑給一隻老虎追，你就知道自己血液裡流著堅忍不拔。見過楊家，這個蒙族家庭為了躲避巴特寮，在越南戰爭後渡過湄公河進入泰國，卻在不同的難民營間飄泊了八年。他們在明尼蘇達州尋得庇護，但是靠福利金生活。這一切對讀者造成的負擔，因為楊嘉莉對文化差異的輕淡描述——比如泰國綠鸚鵡香皂的氣味與海倫仙度絲洗髮精的比較——而變得輕盈，而《夢歸家園》的敘事中正充滿了生活的本質。

書評中並未說明這本書為什麼值得拿到B+，只提到「這一切對讀者造成的負擔」，顯然因為「生活的本質」而獲得減輕。隨成績刊出的這段評論有些難解，與大學生期中報告上來自過勞教授的評語或有相似。而B+雖然是不差的成績，但對於想擠入醫學院或法學院，或是努力想進入藝術碩士班、出版一本書、贏得獎項並獲得肯定的人而言，並不值得慶幸。美學產業對藝術家的要求，與學生受到的要求少有不同。一旦畢業，已經熟知被打成績（graded）是什麼意思的藝術家仍須努力爭取滿分，這體現在大加讚賞的評論、豐額的獎助金、炫目的獎項中。美學成功與學業成功的相似性——藝術家等同於好學生——明顯展現在《娛樂週刊》的書評中，以及《夢歸家園》講述的故事裡。在這兩者中，達到及格的成績都掩蓋了相反的情況：那糾纏不去、遭到降格（degraded）的可能性，甚至是在過往曾經遭到降格的事實。

✣

《夢歸家園》是楊家和與美國並肩作戰的蒙人歷史，同時也是一個難民如何成為作家的故事。生在泰國班維乃（Ban Vinai）難民營的楊嘉莉，從追溯家庭史及其越過寮國邊境進入泰國難民營的艱辛歷程寫起。這段徒步出逃的過程歷時四年。抵達難民營後，楊家人被聯合國編了號，並且要求他們報上生日。楊家有些人生日不詳，於是他們編造了出生日期。「對許多蒙人而言，」楊嘉莉寫道，「他們的書面生命始於聯合國將其登記為戰爭難民的那一天。」[24]楊嘉莉此處點到了蒙人直到一九五〇年代才擁有書面語言的事實。在進入西方官僚作業系統前，他們確實沒有存在的紀錄，也沒有書面文件。楊嘉莉寫了蒙族作者的第一本英文書，這又延續了蒙人紙上生命的轉變。她的回憶錄表示蒙族有了可以為他們發言的代表，帶著我們前文已經見過的一切錯綜複雜：

> 許多年來，小女孩體內的蒙人陷入沉默……所有文字都貯存在她體內……在美國書架上的那些書中，年輕女子注意到蒙族不是世界歷史中的一個註腳……年輕女子慢慢將屬於蒙族的洪流釋放到語言中，不是為一個名字或一個性別尋找庇護，而是為了一個民族。[25]

她的回憶錄是證據，記錄這些蒙族難民懷著矛盾的心態轉變為西方人，進入一個評估體制，不僅會評估想必沒有聲音、疲倦而恐懼的難民，也會評估以西方能懂得的語言賦予難民聲音的作家。

成為作家是一個方法，讓難民褪去她的非人性——那個使分數降低的「負擔」——成為一個人，描寫那些分數比較高的「生活的本質」。但是這名成為作家的難民，希望將真實戰爭故事從那些堅持這類故事屬於男人和士兵的人手中拿走，卻是離開了一個艱難的領域，進入另一個幾乎同樣危險的領域。在第一個領域中，身為難民的楊嘉莉在班維乃的遭遇是這樣的，「難民營最主要的特色是糞便的臭味。有廁所，但是全部滿出來了。」[26]七年後，楊家終於被送去帕納尼孔中轉營（Phanat Nikhom Transition Camp），準備前往美國。「我們被分發到的建築，聞起來就像我在班維乃難民營最害怕的廁所，」楊嘉莉回憶。「事實上，這棟建築被當成廁所使用。建物之間總是有人類排泄物，整個營地的水泥塊和大岩石之中也都有。」[27]穢物，尤其是未經處理的人類糞便，在其他蒙人對難民營生活的記述，以及在其他難民營的其他東南亞人的許多故事中，同樣揮之不去。[28]這不令人意外，畢竟難民是哲學家喬吉奧．阿岡本（Giorgio Agamben）口中的「裸命」（bare life或naked life），活著的程度只夠知道他們是人類，離死亡又夠近到知道他們不是人類。面對自己和他人的排泄物，生活在其中，聞到它，踩到它，讓這些難民確認了在官僚制度眼中自己不足的人性。生活在屎糞中是讓人留下創傷的真實戰爭故事。歐布萊恩描寫《負重》中的士兵在村民用來排泄的「糞田」中遭到伏擊時，某種程度上傳達了這一點。名為基歐瓦（Kiowa）的印第安人被殺了，或以大兵用語說，被廢掉了（wasted）。[29]他沉沒到屎糞之下，成為廢棄物底下的廢棄物。但儘管惡劣異常，這片糞田對如果活下去就可在一年後返鄉的美國士兵而言，只是暫時停駐的地方。對楊嘉莉筆下的難民，屎糞的無所不在卻是日常的一部分，可以持續多年，甚至數十年。這是一名士兵最後一次服役期間的戰爭故事，與一名難民可能是無期徒刑的戰爭故事間，關鍵的不同。

書寫真實戰爭故事的一個困難是其美學挑戰，要面對屎糞和廢棄物，以及士兵和平民同樣面對的死亡、忽略和非人性的不快事實。作者必須描寫屎糞，同時將其從鞋子或腳上擦去，使得故事在美學上夠體面，足以進入某人的家中。寫作，或吐露衷腸，因而是想要講述真實戰爭故事的難民會碰到的第二個危險領域。作家若吐露衷腸就必須處理屎糞，這包括讀者和像我這樣的批評者，可能會丟到他們身上的比喻意義上的屎糞。楊嘉莉與其他蒙族美國作家學會寫作，學會以英文寫作，獲取學位，出版著作，因而會評斷他們的不僅是其所屬的少數族群社群，還有全美國的讀者。旅居美國的中國作家哈金將這個困境描述為「發言人與部落」之間的緊張關係。[30]正如第一本蒙族美國文學作品集的編輯馬麥能針對在美蒙人所說：「這個社群非常注重隱私……很可能因為社群中年輕人的寫作而感覺受到威脅。」[31]講述真實戰爭故事因而是個有風險的事業，其中一個重要原因是，這樣的故事必然不僅是關於戰爭和記憶，也是關於身分。這一點對士兵與難民同樣為真。

真實戰爭故事最終會挑戰身分，因為戰爭本就從根本上挑戰身分，不論是在戰場上必須面對自己和敵人的士兵，還是在成為難民後發現自己不太能算是人的平民。戰場上被炸飛、肢解和廢掉的軀體，也從根本擾動了那些殺害他們、目睹他們死亡或埋葬他們之人的人類身分。當一個國家因為備受爭議的戰爭而分裂，或是政治體說服士兵殺人，即使這樣做使他們自己的人性也成了問題，而那些廢掉的軀體也動搖了國家的身分。虛假的戰爭故事忽略這種對人性的挑戰，因為它效忠的對象是戰爭與國家身分。虛假的戰爭故事以濫情、選擇性和不誠實的方式肯定「我們」（故事主角與其讀者）是人類的想法，即使我們可能更像剛剛目睹了令人悲傷的生命隕落而咯咯叫的母雞。一個好的或偉大的真實戰爭故事，會透過內容和形式有力地表達戰爭對身分與人性的挑戰，在戰爭使人降格的本質和必須成為及格的戰爭故事的拉鋸之間，求取平衡。

也許《夢歸家園》會拿到好成績而不是特優成績的一個原因，是它未能完全體認到它對身分所提出的挑戰。這個挑戰在於從被降格——生活在屎糞中——到能夠獲取成績，得以凸顯「生命本質」的轉變中。楊嘉莉對於自己的故事能代表自己和族人展現出信心，但是她沒有看到受害者化為聲音的陷阱。以她新國家的受眾能聽到的語言發言的難民，面臨一個困境：在為難民代言時，她已經不再是難民；在針對受害化發言時，她也已不再是受害者。她對並非難民的受眾講述故事的能力，改變了作者的身分。這也是為什麼難民社群有可能轉而反對其作家，因為這個社群知道它的身分已經不再與作家的相同了。在西方，難民作家是一名個人創作者，而他或她號稱所代言的社群則是一個集體，他們的處境是被即使他們發聲也聽不到的一般大眾所強加的。

楊嘉莉既然選擇了書寫回憶錄的形式，她的身分就經過了煉金術般的變化。離開難民營非人性而貶抑人的世界和其充滿廢棄物的原野後，她進入了一個高尚的高分世界，這裡沒有人提到屎糞，廢棄物永遠在關上的門扉後沖走，美學達到某種無氣味而如瓷器般的精緻度。

相似的，我的一名東南亞學院同僚開玩笑的（我認為）宣告自己從「難民到小資」後，我告訴他我也是難民時，他笑了。「你看起來不像難民。」我同事說，這回不是在開玩笑了。他說得對。我不再有著難民的髮型或衣服；我不再有著難民的口音或文法，也可能從沒有過；我不再聞起來像個難民；也不會再做一些難民做的事情，例如談錢，除非在私底下。我是個西化的批評家，正如楊嘉莉是西化的作家，我們兩人都受到西方標準評斷，同時受到原生社群的標準評斷。她和每一個處境相同的作家一樣，也許對自己受到的評斷不開心，但是身處一個高舉作者與創作者、崇尚資本主義社會中個人成就的世界，唯一的解決之道就是拿到滿分A。如果待在這個世界裡，要如何達到這一點？標準為何？或者，如許多學生曾經問過教授的：你要的是什麼？身為教授，我會給學生一套他們據以受到評分的規範。但是批評家不會提供評估藝術品的美學標準清單，像是汽車入廠時的檢修單。批評家理論上知道什麼是（好和壞的）藝術，就像法官知道什麼東西是猥褻的——他看到就知道了。因此我不會提供一個藝術品如何拿到滿分的標準，因為任何這樣的標準都與身分本身一樣主觀而易變。

✢

我關心的是，一個寫作真實戰爭故事並追求滿分的作者的經驗，本身如何又構成另一種真實戰爭故事。歐布萊恩在《負重》中深為理解的一點是，真實戰爭故事不只關於故事本身，也關於故事如何被講述、聆聽和傳遞。為此，他在書中創造了名為提姆．歐布萊恩的角色，這個角色與他同名，身為這本書的作者也與他職業相同，但是他與真實世界裡的提姆．歐布萊恩不是同一個人。提姆．歐布萊恩這個角色的掙扎，以一種也許經過過濾的方式表達出他的創造者在戰爭與說故事上的掙扎。這個真實戰爭故事的力道，其後座力，有一部分正來自這種自我反身性。相似的，楊嘉莉碰上像學生一樣被打分數的事，與她書中的故事一樣，也是真實的戰爭故事。正如士兵面對與《伊里亞德》（*Iliad*）和《奧德賽》（*The Odyssey*）所描繪一樣古老的兩個儀式：戰爭，以及其後的返家旅程，難民也要經歷這些儀式，不過是以倒反的方式。若說戰爭使倖存的士兵成為男人、成為他社會中有特權的成員，則戰爭使某些平民成為難民、成為民族國家與戰爭的垃圾。如果士兵為了返家而歷經真實與比喻意義上的奮鬥、與外部和內在的魔鬼作戰，那難民則是為了找到新家而奮鬥。士兵往往透過形式浩大的小說、回憶錄、賣座電影及國王與總統夸夸其談的演說而獲得肯定。難民鮮少值得這樣的肯定。因此楊嘉莉的回憶錄才會有那樣的包袱，她必須達到某一個成績，而光是好還不夠。「夠好」（good enough）是男性或多數族群對女性和少數族群往往不太情願的評語，或是如理論家霍米．巴巴（Homi Bhabha）所說，像殖民者對被殖民者「幾乎一樣但還差一點」、「幾乎一樣但不是白人」的評斷。[32]

並非所有從事寫作的軍人都能達到好成績，但是當他們能達到好成績，如歐布萊恩，那是因為戰爭故事屬於他們。從士兵到作家的艱難轉型，並不在於他或她已被賦予的人性要有所改變。但是一名難民要成為作家，就是要從非人變成人。成為作家的難民有了講述難民故事的許可，但是他或她所寫的並不被視為真實的戰爭故事，最少不與士兵所寫的具有同樣分量。不管是在講述難民經驗或真實的戰爭故事方面，要獲得好成績或特優成績，對於從難民轉型的作家都困難許多。這種困難與戰爭不可分割，因為是戰爭製造了難民，從而也製造了替難民轉型的作家打分數的條件。

難民與許多被歸類為他者的人共有這種被打分數的困境：女性、少數族群和被殖民者。這些他者也許對給分系統深信不疑，因而給自己打分數，並且發現自己有所不足。離完美差一點的分數陰影，對他們而言，特別糾纏不去並令人卻步。不及格的分數也許指向反叛和一個平行世界，那個世界裡有各種可能性、可以不聽話、可以拒絕權威者強加於學生的條件。但是，對於那些真的試過之人而言，離完美差一點的成績是真正的失敗，因為這確認了他們距離人還差一點，比打分數的人差了一點。李昌來（Chang-Rae Lee）以書名凸顯語言和歸屬感的著名亞美文學作品，也是他的第一部小說《母語人士》（*Native Speaker*），在其開頭便傳達了這一點。主角朴亨利（Henry Park）收到與他感情冷淡的白人太太的信，裡面說他是「生命的B+學生」。這個成績的用意是要傷人的。身為韓國移民之子的朴亨利，因為這個成績而深受打擊的同時，我卻不免覺得，小說家李昌來是否也擔心自己會被打上同樣的成績。他的寫作生涯以對於戰爭、記憶和身分的深刻關心所標誌，奮力地想當好學生，也獲得了應得的好成績，包括以關於韓戰的小說《投降者》（*The Surrendered*）進入普立茲獎決選名單。然而，儘管其小說行文優美，裡面卻帶著焦慮學生的意味，對歸屬感的渴望，和對於絕對不要寫出一個拙劣句子，誠然，是永遠要寫出完美句子的明顯追求，而這有時會導致過度修飾的句子，以及或許並不合理的抒情結尾，如創意寫作者所說的不是經營而來的（earned）結尾。

但這只是我個人對李昌來文字的感受。我針對他所說的事情，或許也適用於身為小說家的我。難道我不是在某些人眼中距離人還差一點的人嗎？我同樣是那個焦慮的學生，不由自主的透過他人的眼光看自己，因為渴望獲得讚許而讓我的感知和品味被蒙蔽。李昌來與楊嘉莉和我一樣，都陷入了講述真實戰爭故事的掙扎，同時也身處一則真正的戰爭故事中：這個故事是關於繼承了戰爭遺產的作家和批評家，如何陷入被降格貶損與獲得滿分間的兩難，受到一個與戰爭機器脫不了關係的美學體制所評斷。這不表示努力講述真實戰爭故事的創作者不能發聲或追求滿分；這所表示的是他們應該質疑自己身為藝術家的身分，以及他們所選擇的創作形式的身分，因為這兩種身分都是戰爭、記憶和身分這三元體不可或缺的一部分。

如何講述真實戰爭故事的掙扎，既是關於記憶在其他地方打的戰爭，也是關於記憶在這裡、在家鄉所上演的衝突。在共產國家，一個人想要講述真實戰爭故事，通常需要對國家宣戰，因為國家只對拙劣的戰爭故事有興趣，亦即不誠實地為戰爭合理化並稱頌國家的那種。在美國，文化戰爭在整個二十世紀分裂了美國，這些戰爭透過民權運動、工人鬥爭、女性主義、同志權利和酷兒賦權運動的興起而累積動能，一波波躁動不安在一九六〇年代的反戰運動匯聚起來，獲得了爆炸性的能量。這些文化戰爭在一九七〇年代止息，但在一九八〇年代又強勢捲土重來，當時，美國同質性的捍衛者高聲反對來到國門的蠻族，那些爬上文明之丘、抵達發光之城的有色群眾。楊嘉莉和李昌來都是那些蠻族中的一份子，不論他們是否願意，而我也一樣。我們這些蠻族或不甘願或熱烈地成為文化戰士，要求進入這個文明，同時又受到這個文明非人的戰爭所糾纏。我們也想講述真實的戰爭故事，而這些故事又與我們為了講述這些故事而打的戰爭，緊緊交纏。

9 論強大的記憶

在一八九九年隨魯德亞德．吉卜林（Rudyard Kipling）的詩作《白人的負擔》（*The White Man's Burden*）出版的插畫中，代表美國的山姆大叔（Uncle Sam）和代表英國的約翰牛（John Bull）沿著山坡朝文明的「光亮」往上爬，他們各自背了一個籃子，裡面滿是「剛被抓到的慍怒民族／一半像邪魔一半像小孩」。吉卜林對帝國主義的這首讚歌，說的是雖然悲慘但有必要的「為了和平的野蠻戰爭」，對象是當時正在鎮壓菲律賓反抗軍的美國；反抗軍一開始以為美國是來將菲律賓從西班牙手中解放出來的，實則不然。吉卜林警告美國人注意「你們守護之人的憎恨」。針對美國人將流的血與耗費的珍寶，他也提醒他們將「眼看著懶散異教徒的愚昧／使你們所有的希望落空」[1]。對當地人的這種描述，確實寫出了許多美國人如何看待他們號稱在援助的民族。一個世紀後，吉卜林的詩大可用來描述我的那場戰爭和其後續，亦即美國目前在中東打的戰爭。讀者只要把文明的光亮以民主自由的承諾取代即

"THE WHITE MAN'S BURDEN."

可，那是美國人先後給予越南人和中東人民的承諾。至於那些永遠被背著往上行的人們，包括我自己在內，在絕大多數的美國和西方想像中，我們依然是一半邪魔一半小孩。

若說吉卜林暗指教化戰爭的必要性是未卜先知，最少從文明國家的觀點而言，那麼為他畫插畫的維克多·吉蘭（Victor Gillam）也是如此。在他的描繪中，我們不是往下朝著啟蒙、文明或上帝走去，因為那未免太容易了。我們必須背著我們的重擔往上走，朝著高峰而非山谷而去，那樣離最終極的高地、亦即永恆的天堂比較接近，而當然我們此生是無法達到的。我了解這種衝動，也了解吉卜林描述救世主拯救不知感恩的民族的痛苦時，那自我感覺良好的受苦和認命語氣。雖然我可能一半是邪魔一半是小孩，永遠準備咬一口我的施恩者的手，並且拒絕任何虔敬的信仰，但我也受過文明的洗禮並穿著它的衣裳。我知道什麼是冀求、上爬、負重，並且以我主人的語言發言和書寫。這整本書就是一部勞動之作，為了抵達那示現和啟發、最終獲得出版的一刻，那不是發生在文本無法被看見的深谷，而是在明亮的高處，也是上帝將十誡傳達給摩西的地方。或許並不出奇的是，我轉向關於倫理的崇高想法，以挑戰我們必須背上戰爭重擔、戰爭永遠是我們身分一部分的想法。

但是寫作這本書也牽涉到發掘。若說我有一些見解，它們不只源自我達到了某片空氣清新的平原，在乾淨明亮有空調的檔案庫稍獲喘息，或是思索一些高明的想法，也來自行走和爬行在鬼魂居住的洞穴與隧道中，在牆壁斑駁而有著鐵窗的博物館裡流著汗，或是咒罵著酷熱、汙垢、嘔吐物、令人作嘔的廁所、崎嶇的道路、騙子和在永珍骨折的手指，斷指帶來了感染和在兩個國家的兩次手術。這一切要說的是，高處雖然對包括我在內的某些人而言值得想望，它也是有所缺陷的。從高處，我們看不見洞穴和隧道裡面，那是不知感恩、不知悔改而未受開化的人躲避我們的凝視、軍隊和道德權威之處。他們活著是為了顛覆，和咒罵。我未能自外於咒罵人與被咒罵，或是自居權威而呼籲他人展現倫理行為。我屬於批評家鄭明河（Trinh T. Minh-ha）所說的「使命感作家」（committed writers），「寫作是為了喚醒對已身罪責的自覺，也為讓讀者良心不安……這樣的定義，自然使使命感作家位在權力的那一邊。」[2]而權力，即使是以獲取正義的崇高意圖所施行，都會引發下位者的反叛與上位者的壓制。

在提醒過關於權力和使命感的危險後——畢竟，權力和使命感發展到極端時，不論意識型態為何，都會讓最嚴重的過當行為顯得合理，從死亡營到原子彈皆然——這最終章要談的是強大的記憶在對抗戰爭與尋找和平中的必要性。儘管與權力接觸有各種包袱，我們還是得面對它，並期待自己可以用符合倫理的方式管理權力，以及自己。我們使用權力時，必須對自己的人性與非人性及行善和作惡的能力有完全的自覺。即使是想要遠離權力，進入某種隱士或僧侶生活的人，若想改變自己以外的人，也必須現身參與。一個人或許可以獨自爬山朝啟蒙前進，但是不可能不接觸權力也不被權力所觸及而改變世界。與權力掙扎時，一個人難免自視為背負著重擔朝那座山上而去的人。因此，朝上方而行是進步跡象的故事，也滲入了我從低處開始逐漸往高地而去的敘事之中。

這兩個領域對強大的記憶都至關重要：低處迫使我們面對自己一直以來的非人性，高處提醒我們自己人性的潛力。這本書在烏托邦的光錐（cone of light）下寫作，高處是我們需要去的地方，但在這個光錐周圍反烏托邦陰影中的低處，才是許多人現在身處之地。對我而言，低處的力量在我於二〇一〇年夏天首度造訪吐斯廉（Tuol Sleng）博物館，也就是前赤柬政治監獄S-21時，最為明顯。同樣在那一天，我還去了金邊郊區的瓊邑克（Choeung Ek）殺戮場，這是常見的外國人市區一日遊行程（多數本地遊客喜歡造訪美麗的皇宮，這也無可厚非）。[3]我必須說明時間，因為東南亞的博物館和紀念碑會隨著時間改變，一如記憶和遺忘本身。博物館、紀念碑和記憶會改變，是因為它們的國家會改變。在某一個時刻合適的東西，可能在另一個時刻就成了麻煩物，或是過時而老派。至於我，我也改變了，因此我在幾年後第二次造訪吐斯廉和瓊邑克時，沒有受到那麼大的衝擊。我的心變硬了一點，和我第二度、第三度造訪西貢的戰爭遺跡博物館時一樣。我的眼睛如今已適應眼前所見，主要關心的是拍到好照片。同樣的東西看兩次——即使是暴行——就是會有這種效果。

但是那第一次，即使在造訪前，我已經閱讀過吐斯廉和瓊邑克的資料，因而知道會看到什麼，卻還是被震撼到不能自已。檔案管理者仍在整理保存於S-21的安全機構檔案，包括所有囚犯剛被關時拍下的照片，以及某些囚犯死後的照片。這些黑白照片都整齊的陳列在展示櫃中，幾何線條的布局像是美國高中畢業紀念冊中的照片排列，只是這些囚犯中幾乎沒人有笑容，也都沒有名字。訪客看著這些臉孔時，不禁帶著對他們命運的知情，而許多影中人可能也對自己的命運有所預感。空氣因為不祥之兆而凝重，幸好博物館內至少多數時間都很安靜。遊客低聲說話，有時帶著緊張，因為，當一個人走過鐐銬與血跡猶存的訊問室，究竟該說什麼？那些遺跡保存下來，成為引發強烈情緒的證據，指向許多青少年警衛施加的酷刑，而他們當中有些人後來也遭到被拍下相片的命運。

而一個人面對S-21監獄的倖存者時又該說什麼？春邁（Chum Mey）從監獄某翼的一個

房間裡走出來時，模樣與他在潘禮德令人不安的紀錄片《S-21：赤柬殺人機器》中完全一樣，在那部片子裡，他和另一名倖存者，畫家萬納（Vann Nath），一起重返當年被改為監獄的高中校園。在潘禮德的鏡頭逼視下，萬納與幾名獄卒對話，談到他們做過的事和誰該負責，但是春邁情緒太過激動，無法參與。他的家人死在那裡，而他生存下來純屬偶然。誠如學者卡薩雅．溫（Khatharya Um）所言，「倖存者傳達的感受是『一個身體，兩個生命』的生存狀態——一個生命在波布之前，一個在他之後。」[4]電影中，春邁穿著紅色短袖襯衫和灰色長褲，與我見到他時的穿著一樣。他的白髮也一樣剪得短短的。他帶我到一間狹窄的磚牆囚房，與他被囚的那間一樣，重演他上了鐐銬的樣子，又如何以一個生鏽的美國彈藥箱為廁所。透過我的通譯員，他描述了他所遭受的酷刑，一邊流淚，一如我在電影中及他在監獄指揮官杜赫的審判中做出證言時所見。他每次對像我這樣的人講述自己的故事時都會流淚嗎？如今我已不記得自己是否提出要與他合照，或是他主動提出，總之我們站在一起，他用手臂摟住我汗涔涔的背，用力把我拉近。我想我微笑了——我不願再看這張照片一眼——因為照相就是該這樣。

我的通譯員騎機車載我去了瓊邑克，S-21監獄的警衛會在夜晚時用卡車把犯人載去那裡。進入這片像公園般有著綠地的遺址時，目光焦點是一座宏偉的寶塔。接近寶塔時會看見，玻璃窗後擺了一層又一層人骨與頭顱。當你凝視空洞的眼窩，它們也回望著你。這些骨

骸既是這片遺址的守護者，也是其囚徒。如果鬼魂存在，他們是否對於這麼多陌生人闖入他們殞命之地而憤怒，還是他們樂見自己被記得？和緩起伏的綠色草坪上，手寫的牌子標誌著亂葬崗的位置，指出殺人者重擊嬰兒頭部的那棵樹，告訴訪客雨後仍會有人骨從土壤中浮現。數千人死在這裡，他們跪在敞壙前，而後頭部受到重擊，聲音被一部發電機的嗡鳴聲蓋過。我絕不會在夜晚燈光全無時造訪該處。我寧願在白天拍下我要的相片，就像穿著藏紅色袍子站在一片隆起處邊緣的那名僧人，用數位相機拍下眼前的一幕。高溫令人難受。回到旅館後，我做的第一件事是淋浴。然後躺下，震驚麻木的感受滲入我的身心深處。

✣

我曾造訪慕尼黑城外的達豪（Dachau）集中營，那雖然是一次沉重肅穆的經驗，我卻未曾像在金邊的精品旅館時那樣，感覺到情感與肉體都陷入癱瘓、精疲力竭而深受震動。是因為這段歷史似乎在時間、歷史與文化上與我更接近嗎？還是因為我在一九九八年造訪達豪時，紀念的簾幕已經降下？那個地方曾上演的恐怖不再能如此直接地被看見，而是經過過濾的，透過一層被抹除了親身感的薄紗，也透過多年來暴露於其他人對大屠殺的記憶所過濾，大屠殺轉化為一種記憶的遺物，像每間天主教堂中掛在十字架上的基督遺體，依然血腥但距離遙遠。這不是說達豪欠缺歷史細節。達豪的歷史細節之講究與精緻度，都遠比在吐斯廉和瓊邑克所見的明顯。德國人已有數十年時間面對他們的歷史，也以富裕國家的資源建立了對大屠殺最精美的紀念碑與博物館，符合因為西方霸權而普世通行的西方美學標準。從受害者的幸福往日到他們骨瘦如柴時的影像，照片檔案庫的規模、呈現方式與說明都極為豐富。受害者的遺物，從個人物品和衣服，甚至是一縷頭髮，都以巧妙的方式展出。集中營遺址的草地修剪整齊，看不出這裡曾經散亂布滿屍體。這是從高處進行的記憶工作，以記憶工業的力量所樹立。這樣的工作需要清醒、思考、自省和對死者的敬意與尊崇。它激勵我們更有決心永不讓這樣的暴行被遺忘或重演。但是我造訪德國的記憶網絡後所獲得的感想，也包括恐怖如何能以美麗的方式框架。對我們許多人而言，連恐怖也必須以有美感的方式傳達，以免對死者有失尊重，或讓生者感到不舒服。

吐斯廉和瓊邑克；馬德望的殺戮洞穴；柬埔寨地景上隨處可見，擺滿頭顱與人骨的小寶塔；寮國坦普沒有照明的洞穴；石缸平原附近用美國砲彈殼當裝飾的房舍；越南各地村落乏人照料的烈士或無名軍人公墓；二〇〇三年時仍以幾座小建物為家，以瓶子展出橙劑受害者畸形胎兒的西貢戰爭遺跡博物館——我在這些地方所見到的絕對稱不上美麗。我見到的是在貧窮國家和小地方常見的記憶貧乏。豐足記憶的典型跡象付之闕如。沒有遼闊的大理石與花崗岩建物、氣勢懾人的大片玻璃、精確的蝕刻和文法無誤的說明牌與評論文字，無論是哪一種語言。沒有大量的歷史紀錄文件、明暗剛好的燈光及調節過的聲音、景象、氣味與溫度形成的適度氛圍，無微不至的照顧你的身體與感官。同樣不見的是，與你一樣訓練有素的訪客，像習於上教堂的人，已經經過社會化，熟悉在沉默中敬拜記憶的風俗與儀式。在貧窮國家，富裕記憶的這些特質全部反轉過來。正如柬埔寨文獻中心（Documentation Center of Cambodia）一名館員提到吐斯廉的現狀和未來翻修計畫時所告訴我的，「它可以更美。」

若將記憶的屋宇加以比較，從豪華大宅到簡陋小屋，就會感受到實體環境會形塑記憶和我們對記憶的感覺。通常，在記憶相關的事物貧乏之地，氣氛不是恐怖，而是簡陋與悲哀，至少對像我這樣的人是如此，原因是呈現的內容與方式。但有時也可能完整面對恐怖，比如吐斯廉被害者死不瞑目的照片，或是來自越南解放者在監獄酷刑床上發現的駭人屍體的照片，展示在當初的酷刑室裡，幸好照片很模糊。令人悚然的是，你意識到這些影像雖然駭人，過去它們還不是最嚇人的畫面。曾經有一個全由人類頭骨組成的柬埔寨地圖——如今僅有地圖的一張照片尚存。只有三個頭骨仍展示在玻璃櫃中，可說呼應或預示了身價數百萬的藝術家達米恩．赫斯特（Damien Hirst）的「藝術」作品：鑲著鑽石和真實人類牙齒的白金頭骨。哪一個頭骨比較褻瀆？哪一個更為邪淫？哪一個更令人難忘？哪一個較讓人作噁？我的答案可以想見。在其光亮的表面下，財富與消費豪奢而令人嫌惡的展現，比貧窮未經修飾而令人不安的展現還讓人作噁，即使社會整體賦予閃閃發亮的東西更多價值。在富人購買這類藝術而窮人餓肚子的世界裡，鑲著鑽石的頭骨鼓勵我們忘卻自己的同謀性。然而，以最寬容的詮釋而言，這個「藝術」作品的奢豪過度，本身也許就會促使我們記得這個同謀性。同樣的，看到人的垂死掙扎，或是死後的身體僵直，也許亦讓人難以忘懷，至少我們這樣希望。

讓人喪氣的證據顯示，我們確實會忘記這些影像，或是預期它們來自特定地方，描繪特定民族，他們的命運在某些人眼中在所難免，因為他們所來之處讓他們注定死亡與受苦。儘管如此，我仍要捍衛發生在小地方、貧窮國家和低處的陰暗崇高性（shadowy sublime）。這些代表一種悲慘美學的簡略、粗糙、未完成、不完美而使人不安的例子，會因為貧窮的地方和人民變得更為富裕和較不悲慘，而隨著時間改變。這可以在河內的越南婦女博物館看到，從二〇〇三年初次到訪時，布展簡略而給人小地方感的空間，在法國策展合作方的協助下，這裡多了許多富裕國家記憶的特徵，到了二〇一三年，它已變身為全越南最精緻的博物館之一。吐斯廉也在改變中，他們獲得沖繩縣和平祈念資料館（Okinawa Prefectural Peace Museum）的策展人協助，柬埔寨策展人也前往受訓。沖繩縣和平資料館是少見會紀念參戰各方喪生軍人與平民的地方，不僅在寬敞的大廳與展間裡，也在位於峭壁邊緣的紀念公園內，所有死者的姓名——第二次世界大戰期間的沖繩爭奪戰，或太平洋戰爭中，喪生的大約二十萬人——都雕刻在巨大的石塊上，面對著時而平靜時而狂暴的海洋，那屬於大自然的崇高。誰不想要以這樣的方式被記得？

東南亞的記憶會改變，而人們獲得富裕記憶種種好處的權利不該被否定，就像他們也有權擁有汽車、冰箱、高檔包包和富裕者早已享有的消費生活型態的所有其他物品，這些物品的標價是環境破壞、人類彼此間的疏離及全球不公體制的延續。這些似乎是生產我們物品和欲望的真正成本。但是，雖然窮人應該和富人有權擁有同樣的東西，包括他們的記憶工業；我們也該察覺窮人重複富人行為的代價，不論發生在何處，包括在記憶的領域中。因為，雖然吐斯廉、瓊邑克和所有其他陰暗崇高之處令我不安，它們也以實體、心智和精神上的方式對我留下印記。這些地方不留情地提醒我，以及任何無意間遇見它們的人，有關非人性的事情。不只是藉由講述恐怖的故事，也藉由它們粗劣記憶美學未經雕琢而直白呈現的恐怖。這是使人直接面對而精疲力竭的記憶。是迎面的一巴掌而非來自山上的寶訓①。

從低處到高處，從褻瀆到神聖，我們兩種記憶工作都需要。但是什麼時候需要哪一種，與另一種的比例又為何？為了嘗試回答這些問題，我們來看一些從高處進行的強大記憶的例子。馮黎莉將回憶錄打樁在道德高處，從呂格爾所說的「寬恕的高處」發言。[5]在序言中，她譴責戰爭機器但寬恕其士兵，「如果你是個美國大兵，那不是你的錯。」[6]她的回憶錄以此「獻給和平」的序言和「啟蒙之歌」的尾聲所框架，目的在「永遠打破復仇的鎖鏈」[7]。她的回憶錄對美國士兵和美國做出和解的姿態，比如當她說她對於「住在美國深感榮幸，也對身為美國公民感到自豪」，但是這部回憶錄堅定地將越南農民放在他們自身故事的中心。[8]「這場戰爭完全是關於我們，」[9]她寫道。「我們農民生存下來——今天依然如此——既是我們戰爭的製造者也是受害者。」[10]一如導演潘禮德，她伸張了自己的同胞對這場戰爭的所有權，直接反駁了美國人一直以來相信這場戰爭完全是關於美國人的想法。身為協助製造這場戰爭並成為其受害者的人們，農民既負有道德責任，也贏得了寬恕的權力。馮黎莉作品的魅力有一部分來自她回憶錄中對所有人的寬恕，這不是有罪的美國人能做的，因為他們無法寬恕自己。有些美國退役軍人、和平倡議者和關心的平民曾造訪越南，試圖與越南人民或自己的過去和解，但是很少人用寬恕的語言與越南人對話。也許他們知道自己在道德高處無立足之地，無權寬恕。但是身為「在美國良知中無處安身者」[11]，馮黎莉在描述許多非人的事件後，提出了人性的希望。

攝影師黎安美（An-My Lê）提供了另一個來自高處的做法，但與其說是精神性的，毋寧說它更為精準冷靜。身為麥克阿瑟基金會的受獎人，她獲得超過五十萬美金的獎助金，這個一人獨得的金額，超過許多小國家的小博物館的預算。在攝影系列《軍事基地二十九棕櫚樹》（29 Palms）中，以美國軍方與媒體歐威爾式的用語說，她在美國海軍陸戰隊員於加州

① 譯註：此處典故為山上寶訓（Sermon on the Mount），指耶穌基督在山上對信眾所說的話，內容記載在《聖經・馬太福音》第五章到第七章。

一處沙漠基地訓練時「隨軍」（embed）攝影。最搶眼的影像之一攝於夜晚，一個裝甲車中隊發射武器，接連發射的曳光彈在黑暗中形成閃電與光焰的密集羅網。從高處拍攝下，裝甲車變成玩具卡車和汽車的大小。黎安美沒有馮黎莉身為受害者，與戰鬥、強暴和酷刑近距離接觸後存活下來的道德重量。她無從寬恕，但是透過她的鏡頭和美學，她站上了另一個高地，那是與道德相關的眼光（vision）。光學與戰爭和倫理都有關，而黎安美的鏡頭呈現了士兵，也一窺戰爭機器。陶德·帕帕喬治從平民觀點拍攝戰爭機器，黎安美則從軍方的角度拍攝。在這張照片與黎安美此系列的其他照片中，個別士兵與其感受的重要性比不上全體士兵和裝備，也就是戰爭機器的集體存在和力量。在制服、武器和裝甲的去個人化之下，這些人類個體轉變為從高處看見的非人性群體，這個觀點也是空中偵察、無人機、衛星和策略眼光的觀點。將軍和總統根據這些大型單位的移動與部署做決策，而個體與人性必須為此犧牲。黎安美在她的照片中捕捉到戰爭機器本質上非人性的臉孔，這個機器以其人造之美和恐怖，將人類與人類身體昇華為崇高之物，充滿誘惑力。

✣

要面對戰爭機器，並講述真實戰爭故事，藝術家、倡議者和關心的公民、居民、外來者或受害者，必須爬上高地。這是倫理與美學之舉，是牽涉到道德立場和策略眼光的雙重姿態。道德上，一個人必須超越衝突，才能棄絕並寬恕流血，同時看見自己和盟友在過去、現在與未來的衝突中（潛在）的罪責。策略上，一個人必須能看到遼闊的地景，才能理解戰爭機器的全貌與其機動性，以及戰爭機器的反面，亦即爭取和平的運動。「戰爭可以教會我們和平。」馮黎莉說。[12]這個工作需要藝術家和其他人投入。以超越國家公民身分的方式去想像和夢想，去表述對於想像領域中公民身分的渴望——這是藝術家的天職。要以這種方式想像和夢想，一個人必須在面對戰爭機器的同時，為和平而奮鬥。戰爭機器希望想像力的活動只聚焦於士兵的人性臉孔，但藝術家必須想像戰爭機器的總體性、集體性、龐大性、崇高性與非人性。藝術家必須拒絕接受戰爭機器透過人類士兵所營造的身分，如學者伊蓮・思凱瑞

（Elaine Scarry）所主張，士兵死去的殉難身體會說服愛國公民認同國家。[13]反之，藝術家必須顯示戰爭機器的非人性身分如何將愛國公民包含在內，使他或她也變成非人性的。

藝術在此扮演關鍵角色，對反戰運動和爭取和平的運動皆然，這兩者並非同一件事。反戰運動做的是反對和反應。有時反戰運動會重複戰爭機器的邏輯，比如當反戰運動人士將戰爭機器的受害者純粹當成受害者，以拯救他們的名義，剝奪了他們有瑕疵的（非）人性完整的複雜度。當一場特定戰爭結束，反對它的反戰運動亦可能隨之結束。了解到戰爭並非單一事件而是永續事件，才能動員和平運動。這個運動不只回應戰爭機器的我們對他們、受害者對加害者、善對惡，甚至是贏對輸的二元邏輯。永續戰爭（perpetual war）不再需要戰事中有一方勝利，如在韓國、越南與現在中東發生的事情所顯示。僵局或明確的敗仗——如果不是太慘烈——都可以被克服。戰爭機器可以將僵局或敗仗轉化為未來戰爭可用的教訓，以及讓公民更為惴惴不安的原因，而這兩者都為持續對戰爭機器進行心理上、文化上與經濟上的投資提供了理據。勝仗固然可喜，但是戰爭機器主要關注的是能夠合理化其存在與成長，而永續戰爭正可滿足這個功能。一場無止境的戰爭建立在一連串代理人戰爭、小戰爭、遠方戰爭、無人機攻擊、祕密行動等，而這所代表的是，戰爭機器永遠不會關閉或縮減預算，這是連某些保守人士都承認的。[14]

需要和平運動才能與這個非人的現實對抗。和平運動的基礎不是濫情而烏托邦式的願景，認為大家都是人類，所以能融洽相處，而是以一個清醒的願景為基礎，同時體認到所有人尚未實現的人性和潛藏的非人性。來自低處的強大記憶壓著我們的臉貼近這種非人性，以負面方式提醒我們所具有的殘暴能力。這種記憶會啟動我們的厭惡與反感。來自高處的強大記憶以正面方式提醒我們，有一種更具超越性的人性，透過檢視我們的非人性傾向而浮現。這種記憶能達成這個效果，是透過促進同理心（empathy）與惻隱心（compassion），以及對世界的一種世界性（cosmopolitan）導向，將想像力置於國家之上。同理心、惻隱心和世界主義無法保證任何東西，但為了打破我們的身分與戰爭機器之間的連結，這些都是必要的。馮黎莉與黎安美對同理與惻隱之心的重視，都超過政治與意識型態。馮黎莉不僅能同理和她一樣的人，還能對她的各方敵人與施虐者抱持惻隱心。她對自己的想像是一個世界公民，生活在所有人為的國界和種族界線之外。黎安美讓自己沉浸在戰爭機器裡，不管是為戰爭排練和操演之人，還是重演戰役之人，讓自己置身於他們當中。在《小戰爭》（Small Wars）系列一張驚人的影像中，黎安美將自己安插到穿戴當年制服與武器的美國平民重演越戰的一景中。她自己當上重演者，扮演越共狙擊手，將步槍瞄準美國士兵。如果觀者知道射手本身也被鏡頭所攝，這張照片就帶著趣味。不過，這張照片也重演了從未由美國人的相機記錄的東西：從越共觀點看見的伏擊。這個出於想像力的活動帶著同理心，黎安美因為越共而成為難民，因此她是透過對美國人和自己而言都是他者的觀點觀看。這種同理心就是記憶自己和他

者的倫理基礎。

相對的，戰爭機器要求一個人將同理心和惻隱心保留給和自己一樣，在我們這一方的人。自稱有政治意識的人深知，動員追隨者最有效的方式，就是終結對他者的同理心和惻隱心。順從這種政治要求的藝術家也許可以創作出有趣的藝術，但那樣的藝術是有所阻滯的，因為它無法對也許最困擾藝術家的他者有所想像。對藝術家而言，「政治」也許表示在生活與藝術上選邊站，但終究必須代表更多東西。好的藝術家必須將她同理和惻隱心的範圍擴大，以儘可能擁抱更多，即使是戰爭機器的參與者也該包括在內。真正有政治意識的藝術家可以望穿各種界線，而且就從分隔自我與他者的那些界線開始。對藝術家而言，政治最終應該是關於揚棄選邊，深入戰壕、國界與陣營間的無人之境（no man's land）。我們需要的藝術是能夠讚揚各方的人性，也能坦認各方的非人性，包括我們自己的。我們需要的藝術是可以讓強大的記憶上演、能對權力說真話，即使當使用並濫用權力的是我們這一方。

以這個目標而言，重點在於同理心和惻隱心是工具，不是解決之道。它們不會通往政治、甚至是道德上的確定性，同理心略遜一籌的表親同情心（sympathy）就是如此。針對同情心的批評是，它可能只會激發對某人的憐憫。但它也可能滋生一種共通苦難的感覺，而這種難兄難弟的感覺可能激發我們行動，同理心也可能促發這種衝動，因為它能讓我們認同他者，甚至自認為他者。這種同理式的認同（empathetic identification）可能透過我們與藝術作品的關係而產生，尤其是明白展現或描述惻隱心的作品。但這些敘事雖然要讀者見證受苦的情景，也可能滌除讀者採取政治行動的需要。[15]這正是為何桑塔格會說「惻隱心是不穩定的情感。它需要被轉譯為行動，否則便會枯死」[16]。果真如此，那惻隱心或是與其相關的同情與同理心，有何用處？我擁護這些情感，因為它們指向通往高處之路，不論它們是否掩蓋了更令人不安的事情。對他人的認同源自惻隱心，且往往與自我利益或自我保護的本能衝突，比如當他者威脅到我們的生存時。或者我們會從遠方實行對他者的情感，眼看著他們的苦難卻什麼也不做。至多我們可能提出慈善援助，不過那只能緩和問題而非解決問題。惻隱心可能讓我們得以否認自己的同謀性，但是少了惻隱心，我們將永遠無法把遙遠而令我們恐懼的人，移動到離我們親近的圈子近一點的地方。這樣的移動對藝術至為關鍵，也是寬恕與和解的根本，少了它，戰爭將永不止息。

生於越南但在美國長大的藝術家黎光頂，正是惻隱心能產生強大、動人而脆弱藝術的典範。他最著名的作品《從越南到好萊塢》系列，處理的是瑪莉安娜．赫希（Marianne Hirsch）所說的後記憶（postmemory），亦即傳承自他人的回憶，「因為以如此深植而帶情感的方式所傳遞，而**似乎**構成了接收者自身的記憶。」[17]後記憶的問題與記憶一樣，可能會導致一個人只關心自己人的苦難。黎光頂在《柬埔寨：光輝與黑暗》（Cambodia: Splendor and Darkness）系列中以柬埔寨的苦難為關注焦點，破除這種唯我論。一九七〇年代晚期，赤柬對越南邊境城鎮發動的攻擊，迫使黎光頂一家逃離家園，但與其只把自己視為受害者，他還向外探求，去看見另一個民族的痛苦。「無題．柬埔寨作品四號」（Untitled Cambodia #4）以他的招牌技巧將影像剪碎後編織在一起，將「光輝」（柬埔寨的過去）與「黑暗」（柬埔寨的種族屠殺）融合為一。有一個影像是吐斯廉監獄中一名赤柬受害者的照片。這名男子從吳哥窟一座神廟的石雕中浮現，並與之融合，而與黎光頂的其他編織作品一樣，「一個影像沒入另一個影像。臉龐與身形相結合，然後再次消融為純粹的圖案，形成揭示與掩蓋的連續節奏。」[18]這個作品所揭示與掩蓋的是以吳哥窟為代表的宏偉過往及無數的死者。不過，雖然將過往當成光輝燦爛來回憶著實誘人，但藝評人霍蘭．寇特（Holland Cotter）指出，此處

其實黑暗掩蔽了美麗，因為吳哥窟是為了獻給國王而由許多人的勞動所建造，「訊息很清楚：藝術向來既是人類暴行的阻礙物，也是其同謀。」[19]

黎光頂將死者變成藝術作品，也許是冒著成為同謀的風險，盜掘死者之墓並偷取他們的影像。如桑塔格曾指出，「在愈是遙遠或有異國風情的地方，我們愈可能看到死者與垂死者正面全貌的影像。」[20]生者能取走死者的影像，是因為他們強而死者弱。在這樣做的同時，生者也可能容許自己忘卻死者逝世時的醜陋，這就是從高處製造的強大記憶的危險。冒著這個危險的好處，源自一種感受，即這些逝去生命的光輝不會因為他們死去的方式而終結。黎光頂鼓勵我們再次凝望死者，讓眼光超越他們的受害性。[21]透過藝術而復活的死者觸動我們，警告我們莫忘自己潛藏的非人性，並告訴我們弔詭的是，若我們不記得，過往反而會重複。借用童妮・摩里森的話來說，這種藝術也讓我們看到一個既駭人又給人希望的洞見，「什麼都不會死」（nothing ever dies）。[22]

這是藝術抵抗戰爭機器的其中一個方式。但是戰爭機器會設法反制藝術，最具誘惑力的方法是透過獎賞它，尤其是具有世界性的藝術。黎光頂與黎安美都是世界性的藝術家，他們的作品在全球都有吸引力，與吐斯廉博物館中直接、甚至是殘忍的以死者為藝術形成鮮明對比，也超越其上。世界性的藝術家受到掌權者與體制所重視，比如藝廊、博物館、藝術節、基金會和擁有顯赫文學傳統的商業出版社。同時，世界性的藝術和文學對於它們所講述與代言的貧窮及異國族群，可能幫不上多少忙。既然帶著這種脆弱性，世界主義能夠抵擋戰爭機器嗎？即使世界主義能在我們內心培養對他者與陌生人更多的惻隱心，它能驅使我們在個人以外採取有意義的行動嗎？世界主義和惻隱之心能帶領我們朝向康德所說的「永久和平」（perpetual peace），亦即永續戰爭的解方前進嗎？

✢

懷疑者說，世界主義所想像的世界公民（world citizen）不可能少了世界國家（world state）而存在。如果真有這樣一個世界國家，那也會是極權秩序，因為可以制衡它的競爭權力將不存在。世界主義也低估了我們有多少人仍對自己的民族或文化有強烈依附，這種依附以世界主義所不能及的方式，催發真實的愛與熱情。對某些人來說，世界主義者似乎是缺乏忠誠的無根之人，他們會愛的比較可能是抽象意義上的人類，而非具體的人。世界主義仰賴視個人為世界公民的願景，尤其是搭乘噴射機來去的資本主義者那種世界公民，因此可能無法有效動員大量群眾，尤其是像難民這樣的非公民。同時，世界主義始於希臘，這樣的西方根源也可能表示它對非西方社會缺乏吸引力，這些社會反對世界主義的全球野心，以及對個人權利與自由的信念。[23]此外，世界主義可能對戰爭與對和平同樣有用，一如哲學家克瓦米・安東尼・阿皮亞（Kwame Anthony Appiah）所暗指。阿皮亞呼應列維納斯對正義需要當面對話的主張，支持世界主義與陌生人對話的衝動，這種對話是「一種隱喻，指的是與他者的經驗和想法互動」[24]，但是「世界主義的寬容有其限制……我們不會止步於對話。寬容需要對於什麼是無可寬容的有所概念」[25]。阿皮亞並未提到大度寬容的世界主義者會如何對待無可寬容的人，不過學者吉爾羅伊為此提供了一個名稱，「裝甲世界主義」（armored cosmopolitanism）。[26]

如列維納斯所言，大寫他者（Other）的臉孔可以引發正義，也能引發暴力。不願與我們對話的恐怖份子會讓我們想自己拿起武器，甚至先發制人。裝甲世界主義是白人的負擔較好聽的新說法，教化世界的老派想法經過重新剪裁，以適合具有文化敏感度的資本主義者，好服務美國、世界貿易組織和國際貨幣基金組織。受到惻隱心驅動而想成為世界公民的概念與想像，在由這類組織主導的世界裡也許顯得頗為蒼白無力，在這類組織我們還可加上八大工業國組織、世界銀行、Google、好萊塢電影產業等，多數由頗為世界性的人員所組成。正因如此，思凱瑞才會主張，僅僅是「世界主義式慷慨大度帶來的愉快感覺」，並不足以衡量「有想像力的意識」（imaginative consciousness）的成果。反之，這樣一種意識必須帶來的是「改變憲法與法律的具體意願」。[27]

儘管如此，由於「人類傷害他人的能力非常強大，正是因為我們想像他人的能力微乎其微」，思凱瑞主張，想像力的作品對於拓展人類意識有其重要性。[28]少了世界主義去提倡一種擴及所有人（包括他者）的同理心，我們剩下的便只有一個小得危險的親近圈子。文學與藝術不僅對於擴大我們的惻隱心扮演重要角色，對於限制和驅動它亦然。我們的社群以內隱和外顯的壓力，迫使我們同理自己人，第一步就是只提供與我們相同之人的故事。以他者為主角的故事之闕如，或是將他們描寫成惡魔的故事之存在，阻礙了我們道德想像的發展。我們也許根本想都沒想過他者，或也許想到時是意欲傷害他們。當我們以寬容的方式想像他者時，我們的社群可能會懲罰並威脅我們，小說家芭芭拉．金索沃（Barbara Kingsolver）就因為在九一一後幾天所寫下的文字而有了這樣的遭遇。她為受害者哀悼，但同時提醒美國同胞，規模相當的炸彈攻擊稱不上少見，而美國人經常做這樣的事。「對，這是最糟糕的事情，但只是在這個星期。」她寫道。「此刻全世界一定都為我們而哀傷。全世界一定也希望，透過我們自己流血的滋味，我們或許學到……從未有一種炸彈能消滅仇恨。」[29] 金索沃不願只同情美國自己人的態度，讓人想起小馬丁．路德．金恩的反越戰演說：

> 惻隱心和非暴力真正的意義和價值在於此：當它幫助我們看見敵人的觀點、聽到他的問題、知道他對我們的評價。因為，從他的觀點看，我們也許真能看到自身處境的根本不足，而若我們夠成熟，也許這些我們稱為敵人的兄弟之智慧，能讓我們有所學習、成長，和獲益。[30]

金恩對他者的標籤不是陌生人或外國人，而是敵人，這與我們都是人類的濫情說法背道而馳。承認他者是敵人、是恐怖的臉孔、是非人，提醒我們他者也不太可能以寬大同情的觀點看我們。誠然，他者同樣可能受制於卑劣的情感，以及必須也只能對己方展現的強制性同理心。他者與我們同樣非人，也同樣為人。阿皮亞提到無可寬容者的這一點顯示，當互相為敵的雙方同樣忿忿不平、同樣陷於低處的泥沼且同樣憎惡對方，要達成對話有多困難。女性、被殖民者與少數族群雖然可以發聲，但他們的話語往往不會被較為強大的他者聽到，除非是以這些他者所制定的方式。這些族群不得對話之門而入，或是在其中失去聲音，可能轉而採取暴力，以此為發聲的形式。阿皮亞稱這種暴力為不包容，在某些情況中確實如此。但在其他情況下，有些人也許認為，面對不公義又不願聆聽、對話和改變的權力時，暴力是唯一的選擇。

了解暴力者，亦即我們的敵人，不僅受到仇恨所驅動，也受到惻隱心和同理心所驅動——換言之就是愛——是對我們的一面鏡子，讓我們體認到自己的強制性情感有著同樣強烈的私心、偏見和力量。了解這一點，我們就能看到自己也處於低處，隨時準備施展暴力，不管原本有多少追求超越性的遠大抱負。來自低處的強大記憶提供的是這類映照，儘管我們對這樣的鏡像可能認同也可能排斥。最後我要以一個鏡像的例子作結，它顯示敵人的感受可以和我們（美國人）同樣強烈：《鄧垂簪日記》（*The Diary of Dang Thuy Tram*）。鄧垂簪在一九七〇年死於美軍手下時，是年方二十七的北越醫生，在南方服務。發現她日記的美國軍官將這本日記留在身邊數十年，二〇〇五年才將之歸還給鄧垂簪的家人。同年，這本日記於越南出版，銷售約四十三萬冊。[31]鄧家人與出版社為英文版選的標題是「昨夜我夢見和平」（Last Night I Dreamed of Peace），這是從日記中的兩個地方所萃取的感受。[32]多數時，這本日記充滿了對美國和南越軍隊「如夏陽般炙熱」的「仇恨」。[33]她所表達的情感與金索沃批判的愛國主義沒有兩樣，是由對己方的深刻情感與對他者的恐懼所支撐的愛國主義。如鄧垂簪自己所說，這本日記「也必須記錄我同胞的生活和他們數不清的苦難，這些南方土地的人民如鋼鐵般堅強」[34]。

對美國讀者而言，這本日記的力量源自鄧垂簪的同志愛和她對美國人的憤怒，不是來自她偶爾提及和平的時候。她夢想的和平將在擊敗敵人之後降臨，她渴望報復那些「惡狗」和「嗜血的惡魔」。[35]「讓我有這些感受和行動的不是我對某位年輕男子的愛慕，」她寫道，「我體內有著遼闊而生氣蓬勃的感受。我的渴望擴及許多人……我是誰？我是一個內心情感滿溢的女孩。」[36]她的日記明白顯示，浪漫愛情、革命之愛和對同志與民族的惻隱之心來自同一個根源。針對一名剛死去的士兵她寫道，「你的心跳停止，好讓民族的心臟可以永遠跳動下去。」[37]她描寫她與同志手足共享的是「一種神奇的愛，讓人忘掉自己、只想著自己親近之人的愛」[38]。然而，她雖然對受傷的同志懷有「深刻的惻隱心」，對「美國土匪」卻是嚴詞貶抑。[39]

諷刺的是，出於愛國主義而仇恨他者的美國人，反而能了解鄧垂簪對他們的愛國主義仇恨。美國讀者如今能為鄧垂簪和昔日越南敵人感到的惻隱心，源自這種共有的愛國主義，以及出自肺腑的低下情感。這樣的惻隱心雖然來晚了，卻是出現在被伊拉克與阿富汗戰爭永遠形塑的當下。在鄧垂簪日記出版後閱讀此書，其英文書名可能引發讀者的世界性感受，覺得如果我們可與昔日的敵人講和，也應該能與當下的敵人和解。因此，雖然「昨夜我夢見和平」凸顯了鄧垂簪書中相對而言無足輕重的主題，有失準確，卻表達出對於更全面和平的希望，超越了鄧垂簪所想像的和平。

世界主義和惻隱之心放大了這些和平的微光。正如戰爭需要愛國主義、和平的奮鬥需要世界主義，以想像一個烏托邦式的未來。少了這樣的想像，以及擴及我們親族之外的惻隱之心，就是對我們所繼承的世界認了命。哲學家瑪莎·納斯邦（Martha Nussbaum）指出，藝術，尤其是敘事藝術，讓「世界主義的教育」（cosmopolitan education）變得可能，讓我們能以同理心看見他者，並從他者的視角看見自己。[40]世界主義的教育透過我們的文化對於其他文化的人性或非人性的設想，滲入我們的心智與情感。一個普通美國人無需去過英國或上過大學，才會知道莎士比亞之名，並因此與英國文化感覺到一種人性連結，不管這感覺有多幽微。即使美國人傾向於反知識分子、反菁英和反法國人，這也不會導致一般美國人認為法國人沒做過什麼值得保存的事（最少我希望如此）。這種關於特定他者的世界主義教育透過環境實現，透過學校，與藝術作品的邂逅，以及大眾文化而實現。對於我們認為在人類量尺上較接近我們的人，世界主義教育有助於減少我們所施加的暴力，但是對於未被納入我們課程中的人，那些我們認為更接近動物的人，世界主義也可能合理化日益加劇的暴力洪流。

要衡量關於他者我們受到多少教育，可透過我們如何看待轟炸這件事。我們願意投下多少顆炸彈？哪種炸彈？投在哪裡，轟炸誰？美國在東南亞無區別的大規模轟炸之所以可能，是因為美國人本來就認為那裡的居民是非人的，或次於人的。原子彈是另一個炸彈測試。在《英倫情人》（*The English Patient*）中，小說家麥可．翁達傑（Michael Ondaatje）從印度拆彈兵基普（Kip）的角度描寫廣島原爆。基普是英國軍隊的士兵，他在聽說原子彈爆炸的事情時瞬間理解：白人永遠不會在白人國家丟下原子彈。對基普而言，原子彈帶來的尖銳頓悟，開啟了他的去殖民化，使他體認到是西方文明中的種族主義，讓西方技術被用來對付非西方人。做為小說，《英倫情人》描繪出當一個文化不承認另一個文化與它具有同等人性時會發生什麼事，而小說本身也反證了只有白人會寫作的種族主義思維。在恐怖原爆的反襯下，《英倫情人》證明了湯婷婷在《第五和平書》（*The Fifth Book of Peace*）中的主張，即「戰爭會導致和平」，因為戰爭會讓其見證者產生嫌惡之感。[41]

有些人可能認為這言過其實，因為如翁達傑這樣反制種族主義、帝國與戰爭的寫作，並不是以普世規模發生，而是以藝術家與其作品的個人規模發生。思凱瑞指出個人藝術作品不足以帶來重大改變，少有的例外僅有如《湯姆叔叔的小屋》（*Uncle Tom's Cabin*）或E．M．佛斯特（E. M. Forster）的《印度之旅》（*A Passage to India*）。許多人對藝術的看法很可能與思凱瑞一樣，不過可能還沒有她那麼寬容。抱持懷疑而並不閱讀文學或觀賞藝術的人，也許質疑它們的目的或用處，只是這些問題通常不會針對法律、商業或政府提出。但一般的律師、商人或官僚與一般的作家或藝術家相比，能造成更多改變、導致更多傷害或做更多好事嗎？一般的作家和藝術家，以及一般的書籍和藝術作品，必須與和他們相當的人事物並比衡量：做著一般工作的一般人。個別的藝術作品，不該用帶來普世的不同或改變世界這樣令人卻步的標準來衡量。在這麼高的標準之前，我們多數人都是失敗的，不只是一件一般的藝術品或普通無名的作家。因此，應該以一位中等作家與一間區域銀行的副總裁相比；以莎士比亞和比爾．蓋茲相比；以小說和電腦相比；以世界主義教育和戰爭相比。只有透過恰當的比較，我們才能說藝術及世界主義將藝術視為和平手段的渴望，是否能造成改變。[42]

湯婷婷在書中接著寫道，「和平必須被設想、想像、預言和夢想。」[43]這種夢想要能發生，不能少了世界主義和惻隱之心，以及它們持續而擾人的提醒：興起戰爭比為了和平奮戰容易。若說和平從個人開始，其實現則是透過集體的和平運動，因為和平不只關乎祈禱或希望，雖然這些事情和夢想一樣無傷大雅。事實上，和平發生的方式是透過正面對抗戰爭機器，並奪取支撐它的工業，包括記憶工業。和平似乎比戰爭更難達成，所以也不足為奇，因為戰爭能提供立即的利潤。戰爭寡情少義的支持者利用我們的恐懼和貪婪，連強大的記憶也能被其轉化成武器化的記憶。是這種記憶助長了愛國主義、民族主義和軍人英勇的為國捐軀。武器化記憶的力量，使得單靠來自高處的呼籲不足以終止戰爭或實現和平。對我們人性的召喚，經常轉變為對戰爭的合理化。正因如此，我們才需要記憶來迫使我們直視自身可能想要否認的非人性。體認到自身的非人性，我們才能開始重塑自己的身分，使它不屬於戰爭機器。這個機器告訴我們，我們一直是人也只會是人，而我們的敵人是次於人。

公正的遺忘

我們必須記得才能活著，但我們也必須遺忘。記得太多和遺忘太多都能致命，對我們自己絕對如此，對他人則或許如此。因為這樣，要人永遠記得與絕不遺忘的要求，終究會面臨和解與寬恕的呼聲。這個循環也會反向運作，為了對抗失憶而呼籲找回歷史。但是我們何時可以遺忘？如呂格爾所主張，遺忘有不公正與公正的方式，正如記得也有公正與不公正的方式。不公正的遺忘方式遠比公正的遺忘方式平常。這些方式牽涉到將我們尚未充分面對與處理的過往拋下。我們忽略那段過去，假裝它從未存在，或是為服務一個帶偏見的目的而書寫其歷史。有時我們在和解的偽裝下進行這些行為，比如當昔日的敵人達成讓他們當起朋友的條約，卻沒有面對將他們綁縛在一起的暴力歷史。以我的那場戰爭而言，這些不公正的遺忘方式都已經發生或正在發生。

不論我們是戰爭的贏家，還是輸家，遺忘的挑戰總與寬恕的問題緊密相關。寬宏與饒恕對贏家而言也許容易些，輸家承受苦難，或許也比較容易獲得原諒。但多數的寬恕是有所妥協的，而公正的遺忘很難發生，除非我們能滿足公正記憶的條件或做到真正的寬恕。當戰爭的贏家與輸家都企圖將自己描繪為道德的一方時（通常是如此），遺忘就變得很困難。他們自視為受害者，而絕非加害者。挫敗會加深這種情緒，在我成長的美國越南難民社群就是如此，他們除了記憶之外一無所有。他們完全有理由記得過去，但是他們往往也會遺忘，尤其在公開的紀念中，忘記南越政權的貪汙腐敗，己方士兵——也正好是他們的父親、兄弟和兒子——犯下的暴行，以及他們的感受從別處會如何被看待。正因如此，阮輝涉的短篇故事「別在加州哭泣」（Khong Khoc O California）才那麼讓人耳目一新。故事的敘述者從越南寫信給他流亡的同胞，告訴他們「**越南人，別在加州哭泣**」，那裡「**可能是世上最美麗的地方**」[1]。他也點名越南流亡者的偏遠前哨：路易斯安納州、巴黎第十三區、柏林、雪梨和東京。他叮囑離散的越南人「**記得我，記得你的祖國**」、「**你魂牽夢縈之處**」。[2]敘事者在愛人拋棄他前往加州之後有些崩潰，認為這些浸泡在自身憂鬱、失落與憤怒的越南流亡者與難民，應該體認到他們獲得的與失去的一樣多。雖然他們為自己而哭也許有道理，但若他們能看見別人，也就是留在他們離開的土地上的同胞，也許他們可以停止哭泣。若不如此，他們將承受所有流亡者的命運，借用波德萊爾（Baudelaire）的話，「無止境地為渴望所啃噬。」

一個人要克服自己的哀傷，從記憶的泥沼自拔，有一個方式是去記憶別人，透過與別人的關係看見自己，並且超然的看待自己。否則，如一行禪師（Thich Nhat Hanh）所說，「人很難放掉自己的痛苦。由於恐懼未知，他們寧願承受熟悉的痛苦。」[3]阮輝涉的敘事者不這麼有精神性，但是他努力將自己的苦難與他人的苦難相對來看。他自知是個「一口爛牙」、「買賣海洛因」的「懶漢」，於是向昔日的情人與所有和她一樣的流亡者伸出手。隨著敘事者成了越南的替身，故事來到寓言的高度，他說自己為「通貨膨脹」所苦，「發展遲緩」而「落後」。這個關於兩個失落的戀人的故事，其實是家鄉與離散者之間關於拋棄和誤解的愛情悲劇。他們各自困在過去，掙扎著向前，試著原諒彼此。記得與遺忘一如既往地處於拉鋸，或許永遠無法取得平衡。

既然如此，公正的遺忘這一艱難任務該如何完成？可以像王麥德（Mai Der Vang，音譯）說的，只在「感覺到戰爭的震顫代代流傳」時遺忘嗎？她是生長於美國的第二代作家，講述的是戰爭輸家中的另一個族群蒙人，他們逃離寮國、流亡美國，美國卻一心只想忽視他們的存在、傷痛與犧牲。「一個人可以撤離他受戰爭蹂躪的國家，卻永遠無法從其創傷中撤離，」她寫道。「我們許多人天生就與這個創傷相連，彷彿它編入了我們的DNA……這場戰爭是我的遺產。」她仍然強烈索求記憶，但是面向未來的需要同樣強烈，「我們必須建造一座蒙族身分的堡壘，能夠抵受流亡與離散的影響；它不會哀悼未能成真的事情，而是將創傷轉化為我們可以完整成為的人。」[4]

查雀與查那陶（Chue and Nhia Thao Cha，音譯）以他們的故事布（story cloth）實現了王麥德對難民歷史和記憶的了解。故事布是源自蒙族難民經驗的獨特藝術形式。[5]查氏夫婦的故事布以雙人床大小的商用布料在難民營中創作，敘述蒙人的壯闊歷史，從他們在中國的起源開始；到他們在緬甸、泰國與寮國山區定居；再到他們漫長艱辛，先是徒步、繼而渡過湄公河的逃難旅程；然後是泰國難民營裡的生活，以及他們搭上飛機準備前往西方的場景，出現在故事布左下角。故事布讓分散在許多國家的蒙人出現在地圖上，為人所知。[6]故事布本身亦是一幅地圖，而且違反了西方的外國地圖裡通常空蕩無人的樣貌。西方在記述新土地時往往將之描述為荒野，已經在那裡的人在西方人眼裡不存在。最終，那些西方地圖成了空中轟炸的指引。但是這塊故事布堅持，炸彈下面有人，而他們的記憶與歷史依然存在，儘管不是以西方偏好的線性方式。反之，由於故事布同時表現時間與空間，因而展現了王麥德的主張：歷史和創傷在蒙族難民身分中無時不刻一直存在。[7]對於查氏夫婦和王麥德，戰爭、記憶和身分無可分離，因為蒙族在美國的身分無法脫離戰爭而存在。至於創傷的轉化則與公正的遺忘一樣，少了公正的記憶都不可能發生。王麥德的文字和查氏夫婦的故事布，就是帶我們朝向公正的記憶前進。

✢

我在這本書裡始終主張，公正的記憶來自三件事。首先，對我們同時擁有人性和非人性的倫理自覺，這會使我們更細密的理解我們的身分、身而為人的意義，以及我們在我方、親族、甚至是我們自己的行為中的同謀性。第二，對記憶工業平等的近用權，不管在國家之內或國家之間，而這要財富與權力分配發生根本改變，甚至是革命，才有可能。第三，想像一個不同世界的能力，在這個世界裡，沒有人會從我們視為親愛之人的圈子，被放逐到那屬於遙遠而被恐懼之人的偏遠疆域。我強調的是，能夠超越國家去思索和看見的想像力，因為國家主宰著我們為了文化與種族、經濟和領土、權力與宗教的鬥爭方式。正如詩人德瑞克．沃克特（Derek Walcott）說到這如何攸關重大時所寫——「我要不是無名小卒、要不是一個國家。」[8]國家誘惑著我們，尤其若我們是被它放逐的難民，這個族群如今為數至少六千萬，形成被剝奪家園的人類飄蕩在全球的群島。[9]但是沃克特的詩句固然鏗鏘有力，我卻更偏愛同首詩中更帶著希望的另一行詩句，「如今除了想像的國度我別無國家。」[10]詩人在此拒絕了國家以外的唯一選擇是個人被否定的虛假說法，並且修正了世界主義對世界公民的概念。由於這樣的立場可能忽視與公民相對的另一種人，即被迫逃離的難民，藝術家因而不以世界或國家為歸屬，而是轉以想像的領域為歸屬。透過此舉，我們獲得了通往公正的記憶與公正的遺忘之途徑。

這種遺忘非常罕見，也遠比由意外、時間、失憶或死亡所偶然導致的不公正的遺忘難以達成，那類遺忘很平常，亦無需任何努力。不公正的遺忘的跡象是重複。如果我們重複一段暴力的歷史，就表示我們尚未面對並處理暴力的根由。美國當下的困境正由此而來：我們陷入了永續暴力的時間錯位。美國的戰爭似乎無止無休，最少對永遠生活在當下的美國人而言似是如此。正因如此，新聞記者戴斯特・費爾金斯（Dexter Filkins）描寫中東的戰爭時，才會在同名的書中將它們共同稱為「永遠的戰爭」（The Forever War）。這一說法借自作家喬・霍爾德曼（Joe Haldeman）的經典科幻小說《永遠的戰爭》（*The Forever War*）。霍爾德曼是我那場戰爭的退役美國戰鬥軍人，靠著書寫科幻寓言來面對那場戰爭的荒謬性。在他虛構的戰爭中，地球菁英被徵召前往異星與蟲子般的外星生物戰鬥。軍方讓士兵對殺戮無感，並植入使他們仇恨並摧毀外星生物的程式，然而這場戰爭原來竟是因為溝通不良而發生。搭乘太空船的士兵受相對論法則所影響，返回地球後發現他們雖然只過了幾個月，地球上卻已過了數十年。無法調適的士兵自願出更多任務，而且明知他們返回時親人將已死去。對士兵而言，戰爭永遠繼續。對大後方的平民而言也是如此，他們已經無感於成為日常生活一環的永續戰爭。他們擁有永恆，但不是神聖的那一種。

這是科幻，卻也是當下，現時的人類與自己的非人性親密共存，接受了這是正常而永恆的。虛構文學，以及廣泛而言的說故事與藝術創作，是讓我們看見這種正常性之荒謬的一種方法。如果我們第一次打一場戰爭是悲劇、第二次是鬧劇，那第三次要叫什麼呢？更遑論第四次、第五次，如此反覆不斷下去的不知第幾次。永續戰爭，永恆戰爭，永遠的戰爭，我的戰爭只是其中一集，在美國自己所見的年表中只是一次中斷、一次異常。

這個年表以美國生活方式的勝利為中心，並且將民主自由和資本主義與逐利動機混為一談。在這個時間線裡，少了資本主義的民主不可想像，反之亦然。對這個時間線的深信不疑，驅使許多美國人在造訪我的起源國時採信一個讓他們安心的故事，關於進步與美國生活方式之必然性：即使美國人輸了戰爭，最終，勝利依舊屬於資本主義。有關我出生國的外國報導中，重複出現的主題是多數人民出生於戰後，不願記得這場戰爭，而是專注於物質主義，連他們的共黨領袖也受此所驅動。[11]「革命已死。美金勝利。資本主義萬歲！」（寮國和柬埔寨的情況也大同小異。）儘管在美國和越南都有那麼多人記得，一場不公正的遺忘卻占了上風。這是因為越南的官方記憶並不公正，無法面對革命未能為所有人民帶來自由與獨立的事實。美國的官方記憶也不公正，因為除了要更有效率的打一場永遠的戰爭，它沒有從我的戰爭學到任何教訓。[12]若說越南與美國達成和解，那也是兩種不公正的記憶和遺忘形式之間的和解。

如果公正的遺忘必須以公正的記憶為前提，那也許這是種不可能的遺忘。究竟要到何時我們才會對自己的非人性有倫理自覺，記憶工業人人可用，而將想像領域據為己有的藝術意志成為常規而非例外？這是烏托邦的想法。然而，曾經，人類想像的思維無法超越火光照耀的範圍，然後是部族徒步能及的距離，再然後是城邦的高牆之內。那麼，為何我們不能想像一個國家交戰顯得荒謬的未來？小說家多麗絲・萊辛（Doris Lessing）是這樣說的：

> 我活過憤怒咆哮的希特勒；還有墨索里尼；我們以為會萬世永存的蘇聯；似乎堅不可摧的大英帝國；羅德西亞和其他地方的膚色障礙；歐洲帝國的黃金時代。這一切會消失是不可想像的。它們似乎永恆不變。如今沒有一個尚存——我想這足以讓人樂觀。[13]

不可能的事情，在未來某一時間也許會有可能，而藝術，連同其他媒介，將再次扮演引領角色。有時候藝術靠著想像烏托邦達成這一點，也或許是透過反烏托邦的負面教材。有時候是靠著提供我們模範，讓我們看到如何以更人性或倫理的方式對待彼此，或是要求我們看見自己可以有多非人與不倫理。有時候，藝術就只是藝術，呼喚我們與之建立關係，並且提供一種反思性、深思性和冥想性的思維與感受範本，讓我們得以成為想像世界的公民。這是個人而神祕的領域，在其中，面對持續影響我們的戰爭、暴力、流血、仇恨與恐怖的冷酷歷史，藝術和想像提供了一些希望與撫慰。不過，雖然藝術能引發公正記憶所需對自身非人性的倫理自覺，但是當記憶工業依然缺乏平等，單憑藝術仍無法獲致公正的記憶。

儘管如此，藝術仍有潛力幫助個人，在不公正的記憶和遺忘的時期，在我們今日的時代，尋得慰藉。這種慰藉也可在最真誠的寬恕中找到，亦即哲學家德希達所說的「純粹」寬恕，一種「卓異」（exceptional）而「特殊」（extraordinary）的寬恕。[14]對德希達而言，純粹寬恕（pure forgiveness）有別於其他受到政治、法律或經濟考量沾染的寬恕，這些寬恕見於特赦、免責、遺憾、補償、道歉、心理治療，諸如此類的行為。[15]純粹寬恕源自「原諒那不可原諒的」（forgiving the unforgivable）悖論。所有其他形式的寬恕都是有條件的——我可以寬恕，如果你回報我某個東西。這樣的寬恕之舉是有妥協的，正如美國與越南之間的情形一樣。越南可以寬恕美國，只要美國投資越南，並保護它不受中國侵略。美國可以寬恕越南，只要越南開放美國投資，並准許美國使用其領土——陸海空皆然——以對抗中國。返回越南，並且因為越南人似乎寬恕了他們而驚奇的美國人並不明白，這樣的寬恕是有條件的。

越南人確實對美國人展現了一定的寬大精神，但是底下有著逐利的潛流，畢竟美國人就是行走的錢囊。這樣的寬恕之所以可能，也因為本土越南人對海外越南人懷著更深的敵意，而後者返回故土時的感受可能是矛盾，甚至包袱沉重的。越南人與他們的法國或美國入侵者之間的和解，也必須以越南人對中國人的敵意為背景而衡量。越南人與中國人也有他們之間的永遠的戰爭，始於中國對越南的一千年殖民期間。中國與越南都沒有忘記衝突的歷史，因而仍重複著那段過去。

面對個人與國家針對寬恕與其相關詞和解所進行的妥協、濫用與剝削，德希達主張，寬恕「不是也不應該是正常的」[16]。反之，「寬恕必須宣告自身就是不可能性本身，」不以可能被寬恕之個人或實體的懺悔為依存。[17]我得承認，初次邂逅德希達對寬恕的概念時我頗為掙扎，因為以他自己的話來說，那是「過度、誇張、瘋狂的」[18]。如果一個東西無可原諒（unforgivable），那它要如何被原諒？大規模轟炸、屠殺、死亡營、種族滅絕，還不提個體生命的喪失——這些有任何一個可以獲得寬恕嗎？我沒有經歷過其中任何一種，無法斷言。我失去的是有時連造訪都不愉快的家鄉；是一個沒有血緣關係、被留在家鄉、四十年中我見過一次的姊姊；是一個也許快樂的童年；也或許是比現在快樂而健康的父母。但話說回來，如果沒有那場戰爭，而我沒有失去這些東西，我現在不會寫下這些字句。也許我不會是一個在寫下這段文字以前，從未想過寬恕問題的作家。現在我想，可以，我可以在抽象意義上寬恕美國和越南——包括它們所有的派系和變體在內——在過去做過的事情。但我無法寬恕它們當下在做的事，因為當下尚未結束。也許，當下永遠是無可原諒的。

那麼，那些讓賠償、歸還或承認得以發生的務實的寬恕時刻，又怎麼說呢？它們不重要嗎？在我那場戰爭的例子中，連這些務實的行為都少見。美國付出微薄的金錢，移除它在越南、寮國和柬埔寨投下的數噸未爆彈藥。它拒絕承認橙劑在過去和現在對東南亞人民和土地的損傷。許多東南亞流亡者與難民依然仇恨他們的共產黨敵人，不承認共黨政府，不敢或不願意返鄉。越南和寮國的共產黨從未為了再教育營及迫害最後成為難民的人民而道歉。柬埔寨政府不願承認與赤柬政權同謀者的牽連廣泛，包括其政客與領袖在內。人民與政府為了坦承過往的錯誤與恐怖，可以採取的合理行動包括：透過真相與和解委員會促成敵對方之間的當面對話；審判戰犯，或最少提供特赦，藉此確立某些人曾犯下刑事罪行；將現在可能屬於其他歷史受害者的家園與財產歸還給難民；建立給另一方的死亡難民和士兵的紀念建築；建構一套承認所有參與方的教程；容許可以對過往自由表達異議和討論的公民社會；上演真誠互相的道歉，而非較常見的哀傷與怨恨戲碼。其中任何一個行動都將極為艱鉅，但也有助於癒合過去的傷口，並鼓勵人民和政府在不否認過去的同時，往前邁進。

但是我們沒有這些，我們有的是用意良善但有瑕疵的努力，例如聯合國支持的柬埔寨法院特別法庭（Extraordinary Chamber of the Courts of Cambodia），僅獲授權起訴五名赤柬政權中的高階幹部，為赤柬的罪行負責。審判已進行多年，還將持續多年，至少到所有垂垂老矣的被告都死亡，或如其中一位已經失智，無法起訴。這是真正的政治劇場（political theater），演出長度與熱門的百老匯音樂劇相當，而製作成本高昂得多。在這個平均薪資為每年數百美金的國家，審理這些案件的花費卻達數千萬美元。要造訪這個位於金邊市郊的劇場，必須先預約，並提早抵達。禁止拍照，一如所有劇場。我造訪的當天早晨，高中生占了多數座位。這齣戲劇是教學性質的，因為關於種族滅絕，柬埔寨人民受到的教育很少。雖然法院會判處刑期，達成某種正義，但這也是一場表演，意在使柬埔寨人民相信政府確實在面對，並處理過去，即使這些努力頗為薄弱。這場表演也是要向全球確保，聯合國實踐著為世界傷口止血的使命，即使在它無法做到的時候。

審判發生在禮堂前方的台上，更加深了劇場感。一道玻璃牆加上玻璃後方的布幕，分隔了觀眾與參與者——參與者包括法官、律師、被告、證人、翻譯、法庭速記員和警衛。觀眾魚貫而入，並在開著空調的禮堂中入座時，布幕是拉起的。表演開始，布幕開啟，演員走到台上，在這場假審判中就定位。這場保證以有罪定讞的審判雖有其價值，卻只會帶來與過去的假和解。造成赤柬崛起的不公不義依然存在，而無可原諒者不會被原諒。即使是要求獲得寬恕的S-21監獄指揮官，也是第一個被定罪並入獄的杜赫，也不會獲得寬恕。至於其他數千名仍在世的赤柬成員，其中許多是掌權者或至少處於相對安寧的狀態，以及越南、中國和美國的政府——即使受到審判，他們也不會要求獲得寬恕，更何況他們並未受到審判。

但是德希達並未否認假寬恕與假和解可以在面對過往中扮演一角。問題只在它們實現的和平是暫時的，是戰爭與暴力的不在場，而非消除。與其妥協，他堅持的是標準高到不可能的純粹寬恕。雖然聽起來極不合理，但是在歷史累積的恐怖和我們個人責任不可承受的重量之前，純粹寬恕其實是足以與之相對應的。為什麼謀殺數百萬人是可能的，而想像純粹寬恕或公正的遺忘卻不可能？這是我們自己的錯。我們精神和想像的限制沒有別人可怪。我們順從那些堅稱戰爭是我們人性和身分一環的務實者、牟利者和妄想者。他們對了一半，但完全錯誤的認定是，我們體認到自身必然的非人性之後，無法將其轉化為一種不一樣的現實主義，這種現實主義相信我們必須想像和平，無論看似有多不可能。真正不現實的是永續戰爭。永續戰爭是瘋狂的，打造它的是官僚體系的理性語言，和民族主義與犧牲的浮誇辭令，透過可能導致人類滅絕的戰役而運作。能與這種瘋狂抗衡的，只有永續和平的邏輯，以及過度而烏托邦式的堅定相信純粹寬恕，這是人類賴以生存的東西。如果我們將活下去，就需要一個相信不可能的現實主義。

✣

啟發了小馬丁・路德・金恩的一行禪師，為看待「承受戰爭或其他不公情況的國家處境」提供了另一觀點。與其將罪責歸於某一方，他說：「涉入衝突的每一個人都是受害者。」對於自視為受害者為其後代的人而言，要採取這樣的觀點顯然很困難。儘管如此，「要了解，包括交戰方或似乎是對立方的所有人在內，沒有人希望苦難繼續。要了解，這個情況要怪罪的不只是一個人或少數幾個人。」不過，雖說沒有單一行動者可以怪罪，他並沒有免除我們的罪責。「要了解，這個情況之所以可能，是因為對意識型態和不公的世界經濟體系的緊抱不放，而這是由我們每一個人透過無知或缺乏決心改變所維持的。」更有甚者，衝突本身的二元性，戰爭與仇恨的非彼即此性質，是虛幻的，「要了解，衝突的雙方並不真的對立，而是同一個真實的兩面。」越南與美國愈來愈像是同屬於一個真實。這兩國曾經象徵冷戰的對立，如今都加入了全球資本主義、軍事工業複合體、自利政黨稱霸、民族國家存續和為了權力而延續權力的行進。那麼，如果最後會發生的只是又一場戰爭，那原來那場戰爭究竟是為了什麼？「要了解，最根本的事情是生命，而殺戮或壓迫彼此不會解決任何事情。」19

德希達和一行禪師所要求的，和康德與小馬丁．路德．金恩所呼籲的，是既簡單又困難的事，是要挑戰許多人樂於接受的戰爭與暴力的故事。根據這個故事，我們必須認命接受戰爭是必要、甚至是高貴的。即便到了現在，戰爭與暴力無疑已是人類身分認同的一部分，但身分認同並非天生如此。它可以改變，只要我們訴說另一種故事，並奪取流通這個故事所需的生產手段。這個故事預見一種公正而非不公正的遺忘，立基於公正的記憶和純粹的寬恕。

如哲學家查爾斯・葛利斯沃（Charles Griswold）所說：「怨恨是一種敘事的熱情，」可以透過由寬恕所驅動的另一種敘事去處理，「這需要怨恨的故事有所改變。」[20]葛利斯沃與一行禪師一樣，認為「未加抑制的怨恨會吞噬一切和所有人，包括其擁有者」[21]。原諒他人、放下怨恨，既是為了他人也是為了自己而做。如阿維賽・馬格利特所說：「決定原諒之後，會讓人停止耽溺於過去的不公，停止一直對別人訴說。」[22]唯有透過對他人和自己純粹的寬恕，我們才能真正做到公正的遺忘，並期待一種新的故事，毋需頻頻回望不公的過往。

因為如此，廣泛而言的藝術，特別是說故事，才會在本書裡占這麼重的份量。說故事讓我們得以針對戰爭和戰爭與我們身分認同的關係，說一則不同的故事。透過這種方式，說故事改變了我們如何記憶和遺忘戰爭。動人的紀錄長片《背叛》（The Betrayal–Nerakhoon，又譯《紐約異鄉人》）揭露了說故事如何處理背叛與怨恨。這部電影以一個寮國家庭為主角，家中的父親在戰爭期間與保皇派（royalists）和美國人並肩作戰。電影中至少發生兩次背叛，第一次是美國人背叛了寮國盟友，拋下他們獨自面對共產黨。故事中的父親被送去再教育營，他的家人淪為難民，被迫逃到紐約的移民聚居區。第二次是父親背叛了家庭，從再教育營獲釋後，另外找了個太太。這雙重背叛對他第一任妻子和小孩造成情感重創，使他們陷入貧窮，亦撕裂了家庭。但是長子薩維索克・帕薩維斯（Thavisouk Phrasavath，音譯）結識了年輕的導演艾倫・庫拉斯（Ellen Kuras），兩人共同將這個家庭的故事拍成電影。故事的結局稱不上幸福快樂。寮國黑幫殺了薩維索克同父異母的弟弟——寮國人彼此暴力相向是戰爭的長遠遺害之一——在此之後，薩維索克與父親展開了脆弱的和解過程。父親承認他在戰爭中的罪責，因為他的工作就是呼叫美國轟炸機。「我真心後悔自己做的事。」父親說。「我和美國人合作轟炸我自己的國家，以拯救它。我參與了外國人對我國家的嚴重破壞。無可言喻的破壞。」薩維索克結了婚，當上爸爸，返鄉造訪寮國，與當初被留下的兩個妹妹淚眼重逢——對他母親而言那是「最沉重的悲傷」——但是他不能帶她們回美國。「我奔跑在我記得的與遺忘的之間，尋找我們民族尚未被如實講述的故事，」薩維索克說。「隨著我們日漸遠離過去的寮國，我們也是進出於夢境和噩夢的旅人。在我們稱為家園這片土地上的人民會怎麼樣？」

《背叛》並未癒合戰爭對這家人造成的所有傷口，但是這個故事指向了公正的記憶，和家人之間的原諒。同樣重要的是，《背叛》拒絕了好萊塢式的奇觀或導演做為電影作者（auteur）的虛榮。反之，它是一次漫長而有耐心的合作，拍攝時間橫跨數十年。帕薩維斯和庫拉斯之間的關係需要信任與付出，而別忘記，這都是原諒的一部分。電影和其創作者積極地避免對記憶的背叛，而這部電影是他們給觀影者的禮物。每當我遇見意義獨具的藝術作品，都感覺像收到了意料之外的禮物，值得珍惜。說故事與創作藝術並非給予和收到禮物的唯一方式，但它們是最極致的一種禮物形式，不求回報。贈禮的概念在靈性和信仰之人間極為普遍，尤其是我們視為殉難者的人，從耶穌基督，到釋廣德，到小馬丁．路德．金恩。然而禮物也可以是世俗的、微小的，這本書探索了眾多這樣的小禮物，每一個都朝著公正的記憶和公正的遺忘往前了一步。

至少在英文裡，「原諒」（to forgive）曾經包括給予（giving）或准予（granting）的意思。在當代定義中，當「原諒」表示放下（give up）並停止懷抱怨恨或憤怒時，仍有給予的意思留存其中。這個定義中隱含著降服（surrendering）的概念，不是挫敗，而是因為一個人拒絕再戰鬥下去而對戰爭的勝利。「原諒」也表示赦免罪行，放棄報復的權利，捨棄對債務人求償，或是免除債務（forgive a debt）。[23]這些對給予和原諒的定義，不僅包括這類行為的個人、情感和精神意義，也有物質和經濟的意涵。你可以免除別人欠你的債務，但是在給予時也可能產生債務。收受者也許覺得欠了人情需要回報，或是認為接受禮物是一種順服。禮物因而可能陷入對交換或互惠的期待中。

再回頭說白人的負擔。當西方為所有其他人（the Rest）背起擔子，它也期待它贈予了文明之禮的那些人知所虧欠（indebtedness）、心存感激、知恩圖報。西方偶爾會免除這個人情債，但這不等於遺忘這個債務。欠債以經濟交換為前提，而在資本主義體制中，經濟交換又以不公的遺忘為基礎。[24]如馬克思所主張，我們深深喜愛的商品——那個**東西**（thing）——仰賴的是我們忘掉以勞力創造了它的人類。於是，非人的東西對我們而言，變得比人類勞工更為真實。正因如此，西方才會經常忘記了所有其他人，同時又深愛所有其他人所製造的東西。

對呂格爾而言，脫離這個給予和欠債的非人循環之道，就是不求回報的付出。他引用《路加福音》第六章第三十二至三十五節，「你們倒要愛仇敵，也要善待他們，並要借給人不指望償還。」基督教的愛與寬恕的贈禮，是個人公正遺忘之舉的模範，使人放下過去、怨憤與仇恨而不期望任何利益，除了期盼敵人能夠回報這樣的愛。[25] 寬恕也是一行禪師提出的佛教實踐的核心，更耐人尋味的是，寬恕亦是某些戰爭老兵世俗的藝術作品核心。他們造訪昔日敵人的土地，或是透過寫作與那些敵人交流，比如著有《記得天堂的臉孔》（*Remembering Heaven's Face*）的約翰·巴拉班（John Balaban）、著有《回去》（*Going Back*）的W·D·艾爾哈特（W. D. Ehrhart）、著有《黑山》（*Black Virgin Mountain*）的拉里·海涅曼（Larry Heinemann）、著有《遊魂》（*Wandering Souls*）的韋恩·卡林（Wayne Karlin）和著有《圓滿的杏》（*The Circle of Hanh*）的布魯斯·韋格（Bruce Weigl）等美國作家。對這些老兵而言，原諒也牽涉到不再需要以國家主義的表述方式被記得。國家主義本就隱然建立在對他者的敵意上。這是為了國家退役士兵所立起的紀念碑與紀念館隱藏的代價。這也是為何艾爾哈特會寫道，「我不要紀念碑……我要的是不再有紀念碑。」[26]

在這種付出與原諒、放下與臣服的模式中，可以明顯看到一個令人滿足的畫面：兩個敵人握手言和，上演付出者與接受者的二分法。這個模式值得讚許，但也頗為脆弱，因為它可能促使我們忽視不符合這種二元方案的事物。因此，論及我的戰爭，它複雜的歷史往往被簡化為越南和美國之間的衝突。那麼寮國與柬埔寨、南越人，以及這些國家的內部多元性又如何呢？對許多人而言，忽略這些與其他差異，將重點放在（勝利的）越南與（戰敗的）美國和解的形象比較容易。兩個敵人握手言和的模式之所以脆弱，也因為贈禮的互惠性依然隱隱指向虧欠待償的狀態，對於送禮後應該獲得回報的期望，即使付出的是愛與友誼。因此，越南與美國的和解並未真正帶來和平，除非你對和平的定義是沒有戰爭。和解帶來的是一切回歸正常，兩個國家為了在中南半島和南海的權力與利益而交涉談判。這種腐敗的和解由透過資本主義與軍事主義牟利者所操控，掩蓋了兩個國家間出於自利的交換。在這個交換中，禮物成為商品，和平成為著眼於當下利益和潛在戰爭的同盟關係。若我們冀求的是真正的和平、純粹的寬恕與公正的遺忘，就必須記得製造商品的勞力，以及潛伏在和平表象後面的戰爭歷史。

不求回報的付出，包括藝術的贈禮，是純粹寬恕與公正遺忘的一個模式。與其將付出視為只牽涉到兩個人或實體，不妨把付出想像為一條鏈子的一環，禮物沿著鏈條在許多人之間流通。收到禮物的人無需回禮，但是可以送禮物給另一個人，而這個付出本身就是一個禮物。透過這種方式，付出者消除了回報與期望的問題。文化批評家路易士・海德（Lewis Hyde）曾提出這個看法。他認為藝術作品是藝術家送給世界的禮物，意在傳遞給他人。對海德而言，

> 藝術不會籌組政黨，也不是權力的僕從或同僚。應該說，藝術作品純粹是透過忠實地呈現精神而成為政治力量。創造自我或集體的影像是一個政治行為……只要藝術家持續呈現真實，那麼每當政府說謊或背叛人民，他就會成為一股政治力量，無論他是否意圖如此。[27]

最純粹的付出是寬恕世界的一個方法，那個接受戰爭與資本主義、血與債都無可避免的世界。對於只想付出的人而言，這樣的世界難道不是無可原諒的嗎？透過不求回報的付出，我們可以朝一個未來努力，在這個未來，公正的遺忘和真正的正義存在於所有生活方式，包括在記憶當中。以真實為精神而創造的藝術作品是公正的象徵，也指向公正，即使它無法脫離會將禮物變成商品的物質與不公世界。儘管如此，將禮物送出去的藝術家，會記得其他藝術家送給他的藝術之禮。他付出並忘掉任何需要給他的償還。在這位真正的藝術家所期盼的

時代，所有人只要願意都能成為藝術家、都能付出、都能活在對不公過往的公正遺忘已經發生的時代裡。

有人要求我們即使不公義也必須遺忘，這樣才能往前走，對這些人我要說——不惜任何代價的遺忘，有一天將由你或你的後代付出代價。你希望留在過去的暴力和不公終將回歸，也許以昔日的模樣，又或許以騙人的新樣貌出現，而那也只是永續戰爭的另一張臉孔。沒錯，你可以遺忘，但你不會向前。公正的遺忘只能做為公正記憶的結果而發生。以這種方式記憶，仍是看似不可能的任務，因為我們許多人寧願背著不公義的擔子，也不願將它卸下，反而使我們與過去和當下綁在一起，實在諷刺。在所有人都經歷公正記憶那不可能的時刻到來前，有些人可以透過付出與原諒，承擔起公正遺忘的工作，也許獨自努力，抑或如果可能，最好與他人團結一起。

與此同時，記憶的未來仍未可知。最後一次去東南亞時，為了匆匆一瞥未來，我造訪了柬埔寨偏遠之地，來到邊境城鎮安儂范（Anlong Veng），這裡離泰國十三公里，所在區域曾是赤柬的最後根據地。從暹粒搭乘私家車前往，需要兩個小時，我們開上山路，途經雕刻在大石中的舊時赤柬紀念碑。有人將曾經驕傲地站在那裡的赤柬士兵雕像砍了頭。車子開過紀念碑和安儂范之後，我們繼續前往與泰國的過境點，在這裡輕易找到了我在找的東西。路邊寫著「波布火化處」的藍色牌子指向他的墳墓。墓地在離牌子二十公尺的地方，位在一片由

棚屋和防水布組成的營地中，這裡的人生活貧窮，過得好一點的人賣東西營生，比如裝在約翰走路舊瓶子裡的汽油。波布的遺體埋在一小片光禿禿的泥土地裡。繩子將訪客阻擋在外，但警衛收一塊美金就可為你把繩子放下。墓地塵土飛揚而乏人照料，及膝高的生鏽鐵皮屋頂下有一方低矮的長方形土堆，周圍裝飾著幾朵可憐兮兮的花朵。長眠於此的人代表了人性與非人性的極端，他是個理想主義者，在光之城巴黎學會了將柬埔寨帶到紀元零年（Year Zero）的想法。[28] 現在的這座反紀念碑（anti-memorial）正適合他，外形與他的遺產一樣醜陋，但我只能希望這個現況維持下去。畢竟，他的墓地幾乎就位在公路對面一百公尺外興建中的賭場陰影下。我寫下這些字句時，賭場應該蓋好了，而它鄰近波布墓地的這點，一定會為兩地都帶來更多觀光客。這裡不會有付出，遑論原諒。

沿著坑坑疤疤的紅土路往前幾公里就是觀光的末

來，「塔莫屋歷史景點」（Ta Mok's House Historical Attractive Site），這是波布最後的盟友與可能殺了他的人，外號屠夫的塔莫故宅。頹圮的住宅隱藏在屏幕般的雜草與小樹後方，外牆上寫滿了辱罵塔莫的文字。一旁的空地上，餐館和平房小屋誘人去吃飯飲酒，放鬆休息。一對年輕情侶依偎在一棟小屋內，一邊凝望山下的平原景色。也許有天波布墓地會為酒吧所環繞。有何不可，反正都是要從像我這樣的人身上賺錢。在安儂范小鎮上還有另一個塔莫景點，是他住過的院落建築。幾輛巴士載來的高棉遊客在院落內空蕩蕩的房舍間閒晃，房子裡家具全無，但依然以吳哥窟風景的壁畫妝點。孩童躺在一間露天房間的陽台上，在房間面對的田野上，曾經立著其他赤柬高階領袖波布、喬森潘（Khieu Samphan）和英薩利（Ieng Sary）的住宅。這些房子已經消失了。曾做為波布行動無線電台的一輛卡車已被摧毀，蹲踞在前院裡。亭子遮蔭下的水泥地上有兩個巨大的鐵籠，以前是用來關囚犯的。塔莫生前將鐵籠和犯人都放在陽光下。一名女子用手指撫觸一個鐵籠的柵門，露出笑容，還輕笑出聲。我猜她並不是覺得這個地方好笑，但是正如新聞記者尼克·鄧洛普（Nic Dunlop）針對種族滅絕所寫過的話，「面對曾經發生之事的龐大規模，一個人該如何反應？」[29]我幫她拍了照。

也許眼淚與悲傷並不足夠。也許看到這些地方時一個人應該微笑、應該笑出聲來，不是因為這些地方好笑，而是因為奇怪，這些絕望與希望交雜的記憶之地。在這些地方，我們無法將荒謬的與悲劇的分開。兩名男子為了一場革命而死，這場革命為了拯救一個國家而殺了一整個國家的人，這是跟法國人與美國人學來的。如今，他們的鬼魂住在一個貧窮而受創的國家，不公正記憶和不公正遺忘的勢力，遠遠超過了追求公正記憶的勢力。無可預測的未來仍等待被建立在過去的遺骨上。這些遺骨會只是關於瘋狂的反面教材，或是提供任何教訓嗎？它們也會讓人看見並反對導致瘋狂的匱乏，那些過去至今的種種不公不義嗎？過去會只是被遺忘（just forgotten），還是被公正的遺忘（a just forgetting）？

後記

寫這本書時，我一次次回到人們稱之為我的故鄉的地方，那是我父母的出生地，也是我的。但是對越南人而言，故鄉不單是一個人的起源國。故鄉是一個人的父親出生與埋骨的村子。我父親的父親死在他應死的地方，但我父親和我不會。父親的父親死在他出生的省分，墓園離胡志明的出生地僅三十分鐘的距離。該地區以生產強硬的革命分子和死忠的天主教徒聞名。我父母屬於後者。革命分子和宗教分子在地理上的接近，經常讓我忖想，我的生命可能有多不同的走向，我所繼承的戰爭可能有多不一樣。

我回到父親的家鄉祭祖，卻發現他的父親並未葬在墓園中。土壤和香菸沾污了墓園建築，附近就是我祖父蓋的院落房舍，我的叔伯和多數堂兄弟姊妹依然住在那裡。祖父的忌日銘刻在墓園頂端，下方有兩個墳墓。我的姑姑和伯母、嬸嬸拔去雜草，掃除灰塵，點上香。祖母的墳上有一張黑白相片，照片裡那張愁苦的臉也曾在我兒時家中的壁爐架上望著我。但在她一旁的祖父墳墓卻是空的，沒有以石板封起，上面沒有名字，裡面沒有遺體。我祖父的遺骨葬在好幾公里外泥濘的田野中，靠近火車鐵軌，遠離生者，是十年前葬在那裡的。

我在他的墳前點了香。後來我的叔伯們也在他們屋內的祖父遺照前點了香。我對這名男子的認識僅限於他的稱謂，我父親的父親。即使我認識他，也不可能有人覺得我可以直呼其名諱。要等回到加州以後才驚覺，我並不知道我父親的父親的名字。但父母家中壁爐架上的照片讓我清晰記得他的臉孔。在我造訪的幾年後，這張照片，他的照片，被安放到他的墳墓上，在他妻子照片的旁邊。

這張照片後來成為導演克里斯・馬克（Chris Marker）曾談論的那種記憶，也是最讓我著迷的一種，「那種唯一的功能就是留下記憶，此外無他的記憶。」[1] 我繼承了許多這類記憶，從我成長時身邊的難民身上，從我採用了他們舉止與習俗的美國人身上，從我的父母親身上。他們鮮少談論永遠形塑了他們的那場戰爭，然而他們的生命中處處散發那些記憶的力量，即使他們鮮少言說。

我記得有幾次母親工作十二小時後回到家，而家中還有更多工作等著她時所發生的事。她和我父親一年中的每一天都這樣勞動著，除了耶誕節、復活節和新年。失去所有的他們為了把那些都賺回來，幾乎是工作到死。那幾次她問我要不要跟她一起去兜風，就我們兩個。我大概十一、二歲吧，也許更小。我們在夜裡沉默地行駛，搖下車窗讓涼風吹拂。廣播沒開。我父母在車裡從不聽廣播。她沒有跟我說話，也或許她有，但我沒聽或不復記憶了。就算她和我說話，我也不知道自己能說什麼。我們在沉默中駛入山間，然後回家。也許這是她在向我伸手，我這個失去了母語、或是為了習得的語言而捨棄了母語的男孩。也許她只是需要片刻能遠離工作，還有她整天無時不刻都要見到的父親。她在想什麼，她記得什麼。現在我已經問不到了。她的記憶在消失中，她的身體不聽使喚。她不會被算成戰爭的傷亡者，但是對於一個因為戰爭而失去了國家、財富、家人、父母、女兒和內心平靜的人，還有什麼別的稱呼？

我想起馬克還說過，「記得的功用不是遺忘的反面，而是其襯裡。」[2]是的，記得與遺忘交纏在一起，這個雙股螺旋讓我們成為我們，兩者永遠相伴。我想要記得，但有太多已被遺忘或噤聲。我的個人記憶並不可靠。整個年少時期，我一直記得我們在南中國海漂流時，船上的士兵朝另一條船開槍。當時我四歲。我哥哥大我七歲，他說從沒發生過開槍的事。成人後，我記得母親在我小時曾經住院。幾年前，我找到一本大學時寫的記事，我從自己的字句裡讀到，她是在當時住院，不是多年以前。她的疾病，以及患者在裡面喃喃自語的陌生病房，讓我覺得自己像個害怕的小孩。我記得的是那個感覺。

至於我父親，問他關於過去的事情是白費力氣。他與過往的關係是將它摀住消音，至少在我面前時如此。雖然我造訪了他的故鄉，卻從未去過我出生的城鎮、我自己的根源地，因為他禁止我去。他不只一次告訴我，「你永遠不可以回去！」那裡有太多人會記得他，因而迫害我，他是這樣相信的。我想起漫畫家亞特・史畢格曼（Art Spiegelman）說過關於他逃過大屠殺父親的話，「我對如何找到我父親口中那些他成長的地方毫無頭緒，他也幫不上忙，只是告訴我們，千萬別去，因為那裡會殺猶太人。他用的是現在式，『那裡會殺猶太人。別去！』他為我們擔心。」[3]和史畢格曼的父親一樣，我父親一定也對那些永不消逝的重記憶（rememories）深信不疑，那些記憶中的威脅依然保有致命的力量。雖然我在許多事情上違背了父親的意思，但在這件事上卻沒辦法。來自父親的禁令太強，未知過往的魅影太令人不安。他對這個地方記得什麼、不告訴我的是什麼，如果他是對的呢？這種空白令人卻步的存在，才是記憶的相反。也許有些事永遠不會被記得，卻也永遠不會被遺忘。也許有些事從未被言說，卻一直被聽見。也許我只會在父親走後才去造訪我的出生地。到那時要看見他記得的是什麼已經太遲，因為他的重記憶終將消逝。這就是過去、創傷、失落和戰爭的弔詭之處，這是一則真實的戰爭故事，沒有結局，只有未知，沒有對話，除了無法完成的那種。

我回想起我父親的父親和他遺體的歸處。越南人相信一個人應該被埋葬兩次。第一次在遠離家園與村落的田野裡，讓土地消耗肉體。第二次，在世者必須將遺體挖出。如果時間算得剛好，只會剩下骨頭。如果時間沒算好，則骨肉皆有。無論挖出的是什麼，他們都必須親手清洗骨頭。接著他們將骨頭再一次埋葬，這次離生者近一點。[4]

註釋

序言

1. King, "Beyond Vietnam," 144.
2. Ibid., 156.
3. 美國人將越南與伊拉克戰爭並比的相關概述見Gardner and Young, ed., *Iraq and the Lessons of Vietnam*, 以及Dumbrell and Ryan, ed., *Vietnam in Iraq*。
4. King, 194–95.
5. Ibid., 143. 金恩這篇演說在一九六七年發表當時的爭議性質，以及黑人知識份子如弗雷德里克．道格拉斯（Frederick Douglass）與杜博依斯（W. E. B. DuBois）的反戰示威傳統，詳見Aptheker, *Dr. Martin Luther King, Vietnam, and Civil Rights*.
6. Guevara, *On Vietnam and World Revolution*, 15. 格瓦拉不是唯一有此感受的拉美人，這點可從Macarena Gómez-Barris對智利政治犯卡門．羅哈斯（Carmen Rojas）的訪問中得見。羅哈斯說她「所屬的世代在自己體內感受到越南的鬥爭，而這種感覺迴盪在反帝國主義的示威遊行中」（*Where Memory Dwells*, 99）。

公正的記憶

1. 以戰爭和記憶為主題的文學與學術作品為數可觀。許多作品都會在本書正文與尾註中提及，但仍在此先提供一些對我有幫助的其他作品：Ashplant, Dawson, and Roper, "The Politics of War Memory and Commemoration"; Winter, "From *Remembering War*"; 以及出自Winter and Sivan, ed., *War and Remembrance in the Twentieth Century*的這幾篇專文：Merridale, "War, Death, and Remembrance in Soviet Russia," Winter, "Forms of Kinship and Remembrance in the Aftermath of the Great War," Winter and Sivan, "Introduction," Winter and Sivan, "Setting the Framework."
2. 關於暴力與國族的建立，見Renan, "What Is a Nation?"
3. Shacochis, *The Woman Who Lost Her Soul*, Kindle edition, 196.
4. 有兩部實用而簡要的概述作品，兼從美國與越南觀點看這場戰爭的歷史：Bradley, *Vietnam at War*以及Lawrence, *The Vietnam War*. 寫作本書時，我亦以兩部長篇歷史著作為來源：Young, *The Vietnam Wars*以及Logevall, *Embers of War*.
5. 卡薩雅・溫（Um）亦曾為文討論戰爭的名稱如何包含了其意義："The 'Vietnam War' ": What's in a Name?"
6. 學者威廉・斯帕諾斯（William Spanos）在其著作《America's Shadow》與《American Exceptionalism in the Age of Globalization》中，對二十世紀美國帝國的批判即以越戰為中心。愛德華・薩伊德（Edward Said）在其里程碑式著作《Orientalism》中將歐洲對「近東」與「中東」的想像，與美國對「遠東」的想像相互連結。對薩伊德而言，東方人（the Oriental）不僅包括二十世紀中期美國在太平洋地區的敵人，也包括自二十世紀晚期以降在中東的新敵人。
7. Dudziak, *War Time: An Idea, Its History, Its Consequences*, 8.

8. 這些比例，係根據我以越南傷亡人數相對於北方與南方人口普查的計算結果。對美國、越南、寮國及柬埔寨傷亡人數更詳細的探究，見Turley, *The Second Indochina War*, 255–58.

9. Ginzburg, *A Place to Live*, 58.

10. 來自韓國、泰國、澳洲、菲律賓及紐西蘭的美國盟軍部隊相關記述，見Blackburn. 對這場戰爭國際向度的討論，見Bradley and Young, *Making Sense of the Vietnam Wars*.

11. 對移民在美國的記憶空間（spaces of memory）有限的討論，見Behdad, *A Forgetful Nation*.

12. 有關集體記憶的其他重要作品，見Olick, *The Politics of Regret*及Lipsitz, *Time Passages*.

13. Young, *The Texture of Memory*, xi.

14. Bercovitch, *Rites of Assent*, 1–67, particularly 19–22.

15. Kundera, *The Book of Laughter and Forgetting*, 218.

16. 有關記憶己方和他者之倫理的這些想法，在我先前的論文中出現過，見“Just Memory: War and the Ethics of Remembrance.”

17. 對懷舊之情的細緻變化深具啟發性的探究，見Boym, *The Future of Nostalgia*.

18. 對於記憶產業這一概念與自一九七〇年代以來爆發的記憶「榮景」（boom），相關論述見下列讀本中的文章：*The Collective Memory Reader*, edited by Olick, Vinitzky-Seroussi, and Levy: Rosenfeld, “A Looming Crash or a Soft Landing? Forecasting the Future of the Memory ‘Industry’ ”; Nora, “From ‘Reasons for the Current Upsurge in Memory’ ”; 以及Olick, Vinitzky-Seroussi, and Levy, “Introduction.”

19. 關於記憶產業及該產業和權力的關係，見Sturken, *Tourists of History*.

20. Zelizer, *Remembering to Forget*, 4.

21. Freud, “Remembering, Repeating, and Working-Through.”

22. 關於身分認同的這些批評，部分見Michaels, *The Trouble with Diversity*及Schlesinger, *The Disuniting of America.*

23. 舉例而言，在文章「A Surfeit of Memory?」中，查爾斯．梅爾（Charles Maier）將放眼未來與轉型政治面臨的阻礙，歸咎於碎片化與抱怨不滿——正是身分政治或狹隘族群性（narrow ethnicity）（444）的明確跡象。但或許是這些轉型政治運動尚未充分面對和處理過往的傷口，或是不夠全面包容，以致限制了這些運動對受到「狹隘族群性」影響者的轉型力量。

24. 許多研究記憶的學者曾據理主張，記憶與遺忘互為表裡的關係。僅舉其中二者：Connerton, "Seven Types of Forgetting," 及Schacter, *The Seven Sins of Memory*.

25. Ricoeur, *Memory, History, Forgetting*,57.

26. Nietzsche, *On the Advantage and Disadvantage of History for Life*, 10, 粗體字為原文中所標示。

27. Ricoeur, *Memory, History, Forgetting*,68.

28. Borges, "Funes the Memorious," in *Ficciones*,107.

1 論記憶己方

1. 有關越南如何面對戰爭記憶的概述，見Tai, ed., *The Country of Memory*.

2. Augé, "From *Oblivion*," 473–74.

3. Kundera, *The Book of Laughter and Forgetting*, 217.

4. 有關革命軍人死後的哀悼習俗，詳見Malarney, "The Fatherland Remembers Your Sacrifice" 及*Culture, Ritual and Revolution in Vietnam*.

5. Didion, *Blue Nights*, 13.

6. Margalit, *The Ethics of Memory*, 8.
7. Forster, *Aspects of the Novel*, Kindle edition, loc. 735–850.
8. 有關越南人記憶美國戰爭的方式，詳細研究見Schwenkel, *The American War in Contemporary Vietnam*。
9. 關於「胡伯伯」，詳細記述見Duiker, *Ho Chi Minh*。
10. Ninh, *The Sorrow of War*, 232.
11. Ibid., 42.
12. Ibid., 57.
13. 有關創傷與對創傷的一再回想，見Caruth, *Unclaimed Experience*。
14. Ninh, *The Sorrow of War*, 180. 創傷及其受害者重演暴力的可能性，也許可說明建的暴力行為，詳見Leys, *Trauma*。
15. Ninh, *The Sorrow of War*, 204，關於強暴的普遍性與創傷衝擊，見Herman, *Trauma and Recovery*。關於在同遭戰爭蹂躪而命運相似的韓國，女性因為性暴力而遭汙名化的羞恥，以及性創傷揮之不去的遺產，見Cho, *Haunting the Korean Diaspora*。關於越戰中發生的強暴行為，見Weaver, *Ideologies of Forgetting*。
16. Ninh, *The Sorrow of War*, 94.
17. Ibid., 233.
18. 關於士兵像的雕刻者阮清秋（Nguyen Thanh Thu），詳見Vo, *The Bamboo Gulag*, 209。
19. Herr, *Dispatches*, 330.
20. Ninh, *The Sorrow of War*, 88.
21. Ibid.
22. Aguilar-San Juan, *Little Saigons*, 64.

23. Nhi Lieu, *The American Dream in Vietnamese*.
24. 戰後美國對越南的政策見Martini, *Invisible Enemies*.
25. Nora, "Between Memory and History."
26. 引用於Ch'ien, *Weird English*, Kindle edition, loc. 819.
27. Boym, *The Future of Nostalgia*, viii, 41–48.
28. Davey, "In Kansas, Proposed Monument to a Wartime Friendship Tests the Bond."
29. Cargill and Huynh, *Voices of Vietnamese Boat People*, 151–52.

2 論記憶他者

1. 欽定版聖經（King James Bible）《便西拉智訓》（Ecclesiasticus）四十四章第八至九節。有關宗教與記憶和這場戰爭的關係，見Tran, *The Vietnam War and Theologies of Memory*，尤其是關於越南退伍軍人紀念碑（Vietnam Veterans Memorial）的章節（212–35）。
2. 關於由林櫻設計的紀念碑的製作過程、環繞它的爭議及其美學力量，有些實用的記述見：Ashabranner, *Always to Remember*; Edkins, *Trauma and the Memory of Politics*; Griswold, *Forgiveness*; Hagopian, *The Vietnam War in American Memory*; Hass, *Carried to the Wall*; Huyssen, *Present Pasts*; Lin, *Boundaries*; Marling and Silberman, "The Statue at the Wall"; Menand, *American Studies*; Shan, "Trauma, Re(-)membering, and Reconciliation"; Sturken, *Tangled Memories*; 以及Wagner-Pacifici and Schwartz, "The Vietnam Veterans Memorial."。
3. 對這段戰後時期及戰爭對美國記憶與生活的影響，內容豐富的記述見Isaacs, *Vietnam Shadows*。
4. 關於這場戰爭的記憶在政治和文化上的轉變，言簡意賅的敘述見McMahon, "Contested Memory"。
5. Dowd, "After the War."

6. Appy, *American Reckoning*, Kindle edition, loc. 3689.
7. Assman, "From *Moses the Egyptian*," 211.
8. Swofford, *Jarhead*, 5–6.
9. Lin, *Boundaries*, 5:06.
10. DuBois, *The Souls of Black Folk*, 5.
11. Ibid.
12. Tatum, *The Mourner's Song*, 9.
13. Ninh, *The Sorrow of War*, 180.
14. Margalit, *The Ethics of Memory*, 87.
15. Ricoeur, *Memory, History, Forgetting*, 496.
16. 歐巴馬總統宣告二〇一二年三月二十九日為越南退伍軍人日（Vietnam Veterans Day），紀念美國參戰五十週年，見"Presidential Proclamation."。
17. 關於馬格利特（Margalit）提及記憶時將倫理與道德區分開來的批評，見Blustein, *The Moral Demands of Memory*。
18. Ricoeur, *Memory*, *History*, *Forgetting*,82–83.
19. 楊蘭（Duong, Lan）在其著作《Treacherous Subjects》中，呈現了越南不分意識型態陣營的父權體制，都經常將憤怒對準女性。
20. Young, *The Vietnam Wars*, 50.
21. Duong, *Novel without a Name*, 138.
22. Ibid., 84.

23. Ibid., 62.
24. Ibid., 256.
25. Fussell, *The Great War and Modern Memory*, 341.
26. Heinemann, *Close Quarters*, 261.
27. Baudrillard, *Simulacra and Simulation*, 59.
28. Chong, *The Oriental Obscene*.
29. Sturken, *Tangled Memories*, 62–63.
30. Ibid., 82.
31. Lesser, "Presence of Mind."
32. 對美國如何記憶蒙族軍人的批評，見 Vang, "The Refugee Soldier."。
33. Moua, *Bamboo among the Oaks*, 61–62.
34. Ricoeur, *Memory, History, Forgetting*, 89.
35. Gilroy, *Against Race*, 115.
36. Ibid., 114.

3 論不人道

1. Solzhenitsyn, *The Gulag Archipelago 1918–1956*, 168
2. 學者曾研究同情（sympathy）與同理（empathy）之區別，以及這兩種情感各自與共通的力量和問題，見：Bennet, *Empathic Vision*; Berlant, "Introduction: Compassion (and Withholding)"; Garber, "Compassion"，以及 Woodward, "Calculating Compassion."

3. 關於戰爭倖存者不願自視為加害者、只願自視為受害者，還有另一個例子，見此深具說服力的研究：Yoneyama, *Hiroshima Traces*。
4. Butler, *Precarious Life*, 150.
5. Chong, *The Girl in the Picture*.
6. Turse, *Kill Anything That Moves*.
7. 關於南越女性在美國人想像中的作用，見Stur, *Beyond Combat*, 17–63。有關越南女性的自身記憶，見Nguyen, *Memory Is Another Country*。
8. Levinas, *Totality and Infinity*, 23.
9. Ibid., 51.
10. Ibid., 47.
11. 列維納斯說「自由來自對存在（Being）的順服；並不是人擁有自由；是自由擁有人」、「自由至高無上，標誌了西方哲學的方向，並定義了其整體」（45）；「自由的定義為此：維護自己不受他者侵犯」（46）。這樣的哲學並未對不公不義提出質疑，會導致「權力、帝國主義稱霸，以及暴政」（47）。
12. 同上，見頁26–27對無限（infinity）及同者和他者之間關係的討論。
13. Ibid., 225.
14. 對列維納斯提出另一解讀，並應用於少數族群和他者地位的研究，見Parikh, *An Ethics of Betrayal*。在《Totality and Infinity》一書中，列維納斯針對正義及其與他者的關係指出，「正義在於在他者中認出我的主人。個體之間的平等本身沒有任何意義；它有經濟意義並以金錢為前提，並已經以正義為基礎——而當正義有序時，會以他者為開端」（72）；「正義是發言的權利」（298）；「在正義中為他者挺身而出的善」（302）。
15. 在電影《德希達》（Derrida）中，德希達說「一般來說，我試圖將我們所稱的未來（the Future）與『將臨』

（l'avenir）加以區分。未來是明天、後來、下世紀會來的事。有一個可以預測、計畫、排程和預見的未來。但還有一個未來是將臨（to come），指的是一個完全無可預期其到來的人。對我而言，那才是真正的未來。那全然不可預測的。在我無法預料的情況下來到的他者。因此若在另一個已知的未來以外還有真正的未來，那就是將臨，因為那是他者在我全然無法預知時的到臨」。不過，如我在本書其他章節所主張，他者不僅可能是正義的跡象，也可能是恐怖的跡象。

16. Herr, *Dispatches*, 20.
17. 與攻擊目標之間的距離對殺手有何影響，見Grossman, *On Killing*。
18. Duong, *Novel without a Name*, 237.
19. Levinas, *Totality and Infinity*, 225.
20. Ibid., 262.
21. Kundera, *The Book of Laughter and Forgetting*, 4.
22. Foucault, *The History of Sexuality*, 93.
23. 這是麥納瑪拉（McNamara）在埃洛・莫里斯（Errol Morris）執導的紀錄片《戰爭迷霧》（The Fog of War）中提到的第一個教訓。
24. 對S-21監獄和其受害者深刻有力的記述，見Chandler, *Voices from S-21*及Maguire, *Facing Death in Cambodia*。
25. 對了解這段歷史大有助益的著作，見Becker, *When the War Was Over*。
26. Ratner, *In the Shadow of the Banyan*, 277.
27. Panh and Bataille, *The Elimination*, Kindle edition, loc. 2110.
28. Ibid., loc. 418.
29. Michael Paterniti, "Never Forget," 9.

30. Panh and Bataille, *The Elimination*, Kindle edition, loc. 678.
31. Ibid., loc. 3098.
32. Ibid., loc. 1298.
33. Ibid., loc. 2998.
34. Ibid., loc. 3004.
35. Ibid., loc. 2866.
36. Ibid., loc. 2164.
37. Ibid., loc. 1881.
38. Ibid., loc. 928.
39. Ibid., loc. 1736.
40. Ibid., loc. 2195.
41. Ibid., loc. 2202.
42. Dunlop, *The Lost Executioner*, 23.
43. 澤巴爾德引言出自Schwartz, *The Emergence of Memory*, loc. 591–93。
44. Panh and Bataille, *The Elimination*, Kindle edition, loc. 1547.
45. Kundera, *The Book of Laughter and Forgetting*, 85–87.
46. Levinas, *Totality and Infinity*, 303.
47. 同上，「他者不是神的肉身化，但恰恰是通過臉孔使他者非肉身化，顯現了上帝現身於其中的高度」（79）。
48. Ibid., 261.
49. Ibid., 233.

50. Ibid., 71.
51. Ibid., 51.

4 戰爭機器

1. Nietzsche, *On the Genealogy of Morals*, 497.
2. Sebald, *On the Natural History of Destruction*, 89.
3. Herr, *Dispatches*,260.
4. Rowe, "'Bringing It All Back Home,'" 197.
5. 這張唱片是「討伐體制」（Rage Against the Machine）樂團的同名專輯。搖滾明星是「珍的耽溺」（Jane's Addiction）與「嗆辣紅椒」（Red Hot Chili Peppers）前樂團成員戴夫．納瓦羅（Dave Navarro）。MTV《名人豪宅秀》的這一集影片可在YouTube觀賞：https://www.youtube.com/watch?v=OXJVxwAdOUg。
6. Sturken, *Tangled Memories*, 8.
7. Farocki, *Inextinguishable Fire*.
8. 關於北越攝影師的工作及面臨的困難，見Faas and Page, eds., *Requiem*。
9. Williams, *Marxism and Literature*, 131–32.
10. Marx and Engels, *The German Ideology*, 64.
11. 關於記憶的技術和這場戰爭，見Sturken, *Tangled Memories*, 9–10。
12. Iyer, *Video Night in Kathmandu*, 3.
13. 見"Virtual Reality Exposure Therapy"（無作者）及Calverley, "Next Generation War Games."。
14. 柏格森（Bergson）在《Matter and Memory》書中提到「有再現，但永遠是虛擬的」（28），而我們的感知

「與記憶交織」，記憶的存在被暗指為虛擬的，因為「一個記憶……要借用身體，潛入身體的某種感知中才變成真實」（72）。

15. Makuch, "Destiny Reaches 16 Million Registered Users, Call of Duty Franchise Hits $11 Billion."

16. 見Keen, *Empathy and the Novel.*

17. 大衛．葛洛斯曼（David Grossman）在《論殺戮》（*On Killing*）中，特別把兒童對暴力的敏感度降低歸咎於電玩。他對電玩的道德憤怒立場，模糊了更令人不安的現實，即製造電玩的是戰爭機器，對兒童宣揚暴力的也是戰爭機器，灌輸他們一輩子的愛國主義、民族主義、不可知他者的邪惡、憲法第二修正案的神聖性等諸如此類的想法。

18. Apostol, *The Gun Dealers' Daughter*, 122.

19. 美國與他國觀光客反應的證據，可以在許多博物館提供的訪客留言簿裡看到，這些簿子邀造訪者寫下他們的反應和感受。美國觀光客對戰爭遺跡博物館的一些回應，見Laderman, *Tours of Vietnam*。

20. 關於這類旅程的記述，見Becker, "Pilgrimage to My Lai."。

21. 美國老兵返回越南的記述，包括他們與越南的紀念碑和記憶的邂逅，見Bleakney, *Revisiting Vietnam*。

22. McCarthy, *The Seventeenth Degree*, 268.

23. Irwin, "Viet Reparations Ruled Out."

24. 詹鶽（Johnson）在他書中數度使用基地帝國（empire of bases）一詞，這是他主張的核心概念，見*The Sorrows of Empire*。

25. 柯波拉（Coppola）在一九七九年的坎城影展說了這些話，這一刻記錄在他太太艾蓮諾．柯波拉（Eleanor Coppola）的紀錄片《Hearts of Darkness》中。

26. Baudrillard, *Simulacra and Simulation*, 59.

27. Herr, *Dispatches*,160.
28. Swofford, *Jarhead*,6–7.
29. Appy, *Patriots*,216.
30. Karlin, Khuê, and Vu, eds., *The Other Side of Heaven*, 11.
31. 費茲傑羅（Fitzgerald）在*Fire in the Lake*書中，對美國軍方稱不由他們控制的地區為「印第安地區」有所討論，見頁368。
32. Virilio, *War and Cinema*, 26.
33. Trinh, "All-Owning Spectatorship."
34. Espiritu, *Body Counts*, 83.
35. Chin and Chan, "Racist Love."
36. "Remarks of Senator John F. Kennedy at the Conference on Vietnam Luncheon in the Hotel Willard, Washington, D.C."
37. 關於亞洲與亞裔美國人如何受到美國冷戰衝突與政策所形塑，見Kim, *Ends of Empire*。
38. Baudrillard, *Simulacra and Simulation*, 60.

5 成為人類

1. 本章中的戰爭歷史資訊，來自Cumings, *The Korean War*。
2. 關於洛杉磯發生的事件，詳見Gooding-Williams, ed., *Reading Rodney King, Reading Urban Uprising*。
3. 洛杉磯韓國移民的相關記述，見Abelmann and Lie, *Blue Dreams*。
4. Jager, "Monumental Histories," 390.

5. 文承淑（Moon）這樣描述軍事化的現代性與南韓的關係，「軍事化現代性的核心要素，是建構與共黨他者交戰的反共韓國，透過規訓與實質力量組成反共政治體的成員，以及將正在工業化的經濟與兵役制相互交織。這樣的軍事化國族身分環繞著反共意識型態與國家安全運轉。易言之，南韓的建立，就是要成為一個與『大敵』（arch-enemy）北韓對抗的反共國家。這樣以意識型態建立國族，讓現代化中的國家得以部署監視與常規化的規訓技巧，以及體制化暴力，重塑個人與社會團體。這也導致軍事化國家安全的地位，凌駕任何其他社會政治議題，也合理化了強大現代軍隊的建構，以及男性兵役制度與經濟體制的整合。」(*Militarized Modernity and Gendered Citizenship in South Korea*, 24).

6. 在其文章中，Cumings將韓國對韓戰的美化記憶，與該國對其在越南戰爭中扮演角色的美化記憶相提並論，見"The Korean War."。

7. 關於將南韓定位為次帝國，見Lee, "Surrogate Military, Subimperialism, and Masculinity," 657。東亞國家，尤其是日本、韓國與台灣是與美國有著新殖民關係的次帝國概念，來自Chen, *Asia as Method*。

8. 這本書先後於一九九四年和二〇一四年由同一名譯者翻譯為英文，我引用較晚的版本。關於這部小說的意義，詳見Hughes, "Locating the Revolutionary Subject."。

9. 韓國姓名的羅馬拼音方式不同。比如黃皙暎（Hwang Suk-Yong）在小說其他版本或文學批評文章中也以Hwang Suk-Young與Hwang Seok-young出現。我以我引用的文本、封面與電影版本中出現的作者、導演與角色羅馬拼音為準。

10. Hwang, *The Shadow of Arms*, 65.

11. Ibid., 66.

12. Park, "Narratives of the Vietnam War by Korean and American Writers," 76.

13. Hwang, *The Shadow of Arms*, 137.

14. 文承淑（Moon, *Militarized Modernity and Gendered Citizenship in South Korea*）與崔貞茂（Choi, "The Discourse of Decolonization and Popular Memory"）都以不同方式主張，南韓人與西方和西方所代表的事物有著矛盾的關係。對文承淑而言，南韓人對西方現代性的擁抱，參雜了對西方現代性是殖民主義遺緒的自覺。崔貞茂則主張，南韓仍為與美國之間的新殖民關係所苦。對於先前為被殖民國，但是又涉入了美國對其他國家的殖民或宰制的矛盾心態，影響了韓國人對越南人的態度。
15. Hwang, *The Shadow of Arms*, 41.
16. Ibid., 399.
17. Ibid., 46.
18. 完整歌詞及這首歌的風行和後來改編電影的相關記述，見Ryu, "Korea's Vietnam," 106。權憲益（Kwon, *After the Massacre*, vii）回憶戰時，還是少年的他也會唱這首歌，證實了這首歌的風行程度。戰後於韓國境內流傳的大眾文化敘事中，越戰退役的韓國士兵出現在「對傳奇性的大韓國民士兵驕傲而誇耀的再現中」（Ryu, "Korea's Vietnam," 102）。也許這並不足為奇，因為韓國大眾並未反對這場戰爭，而根據文承淑所述，他們也未參與連在鄰近的日本都風起雲湧的全球反戰運動。反之，韓國大眾受到政府的「大規模動員和宣傳」行動影響，「學生被鼓勵寄送慰勞的信件與食品，給在越南服役的韓國士兵。大眾媒體生產了大量的影像與故事，以撐起韓國士兵勇敢英武的在越南打仗的日常神話」（*Militarized Modernity and Gendered Citizenship in South Korea*, 26）
19. Hwang, *The Shadow of Arms*, 67.
20. 士兵與妓女的存在證明了「性的普羅化」（sexual proletarianization），這指的是韓國鼓勵貧窮鄉村男性志願到越南擔任「軍事勞工」，並鼓勵貧窮女性把自己外銷到越南擔任性勞工（Lee, "Surrogate Military, Subimperialism, and Masculinity," 656）。黃晳暎在《戰地陰影》書中提到韓國士兵寄送家電回鄉，見*The*

Shadow of Arms, 239。

21. 關於韓國人對白人與黑人的態度，以及這些如何受到美國和其在南韓的軍事勢力所形塑，見Kim, *Imperial Citizens*。
22. Armstrong在其文章中說明了電影韓文名為《白色戰爭》（*Hayan chonjaeng*）的原因，見“America’s Korea, Korea’s Vietnam,” 539n22。
23. Ahn, *White Badge*, 289.
24. Ibid., 40.
25. 韓國與越南共和國的戰時經濟關係，以及這個關係對韓國崛起的影響，詳見Cumings, “The Northeast Asian Political Economy”, Woo, *Race to the Swift*, 45–117, 及Woo-Cumings, “Market Dependency in U.S.–East Asian Relations.”。
26. Ahn, *White Badge*, 40.
27. Ibid., 155.
28. Ibid., 69.「飢餓而貧窮的他們亟欲證明自己的男子氣概。」韓國士兵成為縮小版的美國人，「充滿惡意的模仿與重複。」見Lee, “Surrogate Military, Subimperialism, and Masculinity,” 663–64。
29. Ahn, *White Badge*, 154.
30. Ibid., 155.
31. Ibid., 78.
32. Ibid., 278.
33. Ibid., 314.
34. Ibid., 155.

35. Cumings, "The Northeast Asian Political Economy," 129.
36. 小說與其改編電影的詳細分析，見Williams, "From Novel to Film."
37. 關於此一主題的更多論文，見Stringer, *New Korean Cinema*。
38. Jeffords, *The Remasculinization of America*, 以及Kim, *The Remasculinization of Korean Cinema*.
39. 有學者主張，充滿復仇心的女鬼之存在，代表韓國人至今仍認為無可想像之事，也就是韓國士兵如電影中所暗示的，參與了「難以言喻的性別暴力故事」，包括「各種性活動，從強暴、召妓，到遺棄他們在越南實質上的妻子和子女，對許多士兵而言，這些被遺棄的妻小本是他們戰場外的真實」。見Ryu, "Korea's Vietnam," 111。
40. 鬼魂、鬧鬼與創傷的主題，也出現在關於越戰的一齣南韓音樂劇《藍色西貢》（Blue Saigon），這部音樂劇在二〇〇二年於首爾的國立劇場演出，而《羅密歐點》（R-Point）的創作者對此應該知情。音樂劇的主角是韓國軍隊某單位唯一的倖存者金中士，時間是當代韓國，他因美國噴灑的橙劑而臥病在床，離死不遠（這是對黑臉金中士的另一個指涉）。金中士的女兒也因為橙劑對其父親的影響而身有殘疾，而他與一名越南陪酒女郎兼越共特務生下的兒子終於來到韓國，卻對所見所聞感到幻滅。將死的金中士躺在床上時，鬼魂般的一名女子出現在他床邊，唱起「藍色西貢」。在許多方面，《藍色西貢》與此處提到的其他作品觸及的是同樣的記憶領域。劇情概述與創作意圖，見Kirk, "Confronting Korea's Agony in Vietnam."。
41. 「己方誤擊」這一主題，在美國的越戰記憶中極為普遍，見Kinney, *Friendly Fire*。關於越戰的韓國電影，為了同樣的理由使用好萊塢慣用的主題：讓這場戰爭的主角變成韓國人，而非越南人。
42. 對此一說法的描述，見Jager and Jiyul, "The Korean War after the Cold War," 234。
43. 越南文中關於韓國士兵的部分，稱他們為「朴正熙的傭兵」（*bọn lính đánh thuê Pắc Chung Hy*）。
44. 阮高奇描寫，「許多南韓與泰國志願兵……在美軍福利商店購買便宜家電，然後，或者運回家鄉在黑市出售，或者以成本三倍價格賣給越南人。但是這些男子……貧窮又薪餉過低，出於個人經驗，我能了解他們為什麼會做錯事。」見Nguyen Cao Ky, *Buddha's Child*, 164。

45. Brigham, *ARVN: Life and Death in the South Vietnamese Army*, 60.
46. 在反戰大全電影《遠離越南》（Loin du Vietnam，Joris Ivens等人導演）中，米雪勒・瑞（Michèle Ray）出現的片段談到「越南人厭惡並害怕這些韓國人」（一小時十一分鐘處）。
47. Hayslip, *When Heaven and Earth Changed Places*,198.
48. Kwon, *After the Massacre*, 29.
49. 這首歌是「超級金曲」（mega-hit），見Ryu, "Korea's Vietnam," 104。
50. 對韓國士兵和他們行為的記憶，如何影響戰後越南平民與政府之間的關係，見Kwon, *After the Massacre*.
51. King, "Address at the Fourth Annual Institute of Nonviolence and Social Change at Bethel Baptist Church," 338。
52. Ibid., 339.
53. 韓裔美國人對洛杉磯起義的觀點，以及對唯一的韓裔美國死者的記述，見紀錄片*Sa-I-Gu*。
54. 我非常感謝權憲益告訴我如何前往這座紀念館。我對這座紀念館的討論，深受他在*After the Massacre*一書中對這座紀念館的研究所影響，在這個主題上為我提供了很多資訊的另一著作，見Kim, "Korea's 'Vietnam Question.' "。

6 論不對稱

1. Yamashita, *The I-Hotel*, 2.
2. Gustafsson, *War and Shadows*, xiii.
3. 對戰時越南女性的研究，見Taylor, *Vietnamese Women at War*及Turner and Phan, *Even the Women Must Fight*。

4. 導演在「夢想和平」（Dreaming of Peace）活動上的發言。
5. 這些打火機的影像集，見 Buchanan, *Vietnam Zippos*。
6. 關於 Zippo 打火機的段落改寫自我的文章，“The Authenticity of the Anonymous.”。
7. Mbembe, “Necropolitics,” 29.
8. Kundera, *The Book of Laughter and Forgetting*, 30–31.
9. 有關這張照片實物狀況的描述，來自霍斯特．法斯（Horst Faas）二〇〇三年六月二日的私人電子郵件。
10. Faas and Page, *Requiem*, 315.
11. Ricoeur, *Memory, History, Forgetting*, 15–19.
12. Young, *The Texture of Memory*, 5.
13. 關於死者人數遠超過生者，比例約為十五比一的研究，見 Stephenson, “Do the Dead Outnumber the Living?”
14. Ricoeur, *Memory, History, Forgetting*, 166。

7 受害者與聲音

1. 本章前六段，改寫自我的論文“Speak of the Dead, Speak of Viet Nam.”。
2. Bao Phi, “You Bring Out the Vietnamese in Me,” from *Sông I Sing* (11). 當然，在此關於照片和照片與死者之間關係的思考，受到桑塔格（Sontag, *On Photography*, *Regarding the Pain of Others*）、巴特（Barthes, *Camera Lucida*）和澤巴爾德（Sebald, *Austerlitz*, 以及他的許多其他作品）影響。
3. thuy, *The Gangster We Are All Looking For*, 99.
4. Nguyen-Vo, “Forking Paths,”159.
5. Kingston, *The Woman Warrior*, 3.

6. Ibid., 19.
7. Hayslip, *When Heaven and Earth Changed Places*, 15.
8. Gordon, *Ghostly Matters*, 187.
9. Espiritu, *Body Counts*, 23.
10. Sollors, *Multilingual America.*
11. 關於種族（race）與族裔（ethnicity）的區別，見Takaki, ed., *From Different Shores: Perspectives on Race and Ethnicity in America*，以及Omi and Winant, *Racial Formation in the United States*。
12. 美國文化內部對於越戰意義的看法分歧，相關的學術論述與新聞報導為數眾多。此處僅能列出一些，而書名本身也許就足以顯示某些意義為何：Anderson and Ernst, eds., *The War that Never Ends*; Appy, *American Reckoning*; Bates, *The Wars We Took to Vietnam*; Christopher, *The Viet Nam War/The American War*; Hellman, *American Myth and the Legacy of Vietnam*; Rowe and Berg, *The Vietnam War and American Memory*; Turner, *Echoes of Combat.*
13. Pelaud, *this is all i choose to tell.*
14. 寫作本章期間，大眾媒體亦有在當代戰爭脈絡下提起這場戰爭的一些文章發表，包括：Friedman, "ISIS and Vietnam"; Logevall and Gold- stein, "Will Syria Be Obama's Vietnam?"; Packer, "Obama and the Fall of Saigon."。
15. 越裔美國文學的歷史敘述，見Janette, *Mỹ Việt*。
16. Waters, *Ethnic Options.*
17. Le, *The Boat.*
18. 關於族裔文學中的背叛主題，見Bow, *Betrayal and Other Acts of Subversion*，以及Parikh, *An Ethics of Betrayal.*
19. C. Wong, "Sugar Sisterhood."。

20. Cao, *The Lotus and the Storm*, Kindle edition, loc. 80.
21. Nguyen, *The People of the Fall*. 批評家Mimi Thi Nguyen稱此感恩與背叛的兩難處境為「自由的禮物」（the gift of freedom），她的著作亦以此為名。
22. Wittgenstein, *Tractatus Logico-Philosophicus*, 89.
23. Espiritu, *Body Counts*, 101.
24. 關於越裔美國文學中的返鄉主題，見Wang, "The Politics of Return"。
25. O'Connor, *Mystery and Manners*, 86.
26. McGurl, *The Program Era*.
27. Truong, "Vietnamese American Literature," 235.
28. Palumbo-Liu, *The Deliverance of Others*, 1.
29. Duong, *Treacherous Subjects*, 1–22.
30. Nguyen, *Pioneer Girl*.
31. Kinnell, "The Dead Shall Be Raised Incorruptible," from *The Book of Nightmares*.
32. thuy, *The Gangster We Are All Looking For*, 160.
33. Trinh, *Woman Native Other*, 7.
34. Ibid., 98.
35. Dinh, *Love like Hate*, Kindle edition, loc. 113.
36. Hong, "Delusions of Whiteness in the Avant-Garde."
37. Dinh, *Postcards from the End of America*, http://linhdinhphotos.blogspot.com/。
38. 小馬丁．路德．金恩一九六六年在CBS Reports節目接受麥可．華勒斯（Mike Wallace）的訪談。http://

www.cbsnews.com/news/mlk-a-riot-is-the-language-of-the-unheard/.

39. Phi, *Sông I Sing*, 9.
40. Ibid., 39.
41. Ibid., 78.
42. Baldwin, *No Name on the Street*, 167.
43. Sontag, *Regarding the Pain of Others*, 112.
44. Ibid., 113.
45. Acosta, *Revolt of the Cockroach People*, 201.
46. Díaz, *The Brief Wondrous Life of Oscar Wao*, 4. 吳子春（Judy Tzu-Chun Wu）為尋求與中國和越南共產黨建立國際關係的美國少數族群激進份子，提供了歷史脈絡，見*Radicals on the Road: Internationalism, Orientalism, and Feminism during the Vietnam Era*。

8 真實戰爭故事

1. Kingston, *China Men*, 284.
2. O'Brien, *The Things They Carried*, 76–77.
3. Hayslip, *When Heaven and Earth Changed Places*, 97.
4. Ibid.
5. Ibid., 15.
6. James, *The Moral Equivalent of War*, 3.
7. Miles and Roth, *From Vietnam to Hollywood*, 20.

8. O'Brien, *Journey from the Fall*, 226.
9. Žižek, *How to Read Lacan*, 47.
10. Hinton et al., "Assessment of Posttraumatic Stress Disorder in Cambodian Refugees Using the Clinician-Administered PTSD Scale," 以及Marshall et al., "Mental Health of Cambodian Refugees 2 Decades after Resettlement in the United States."
11. Žižek, *How to Read Lacan*, 47.
12. Chang, *Inhuman Citizenship*, 14.
13. Heinemann, *Paco's Story*, 195.
14. Ibid., 209.
15. "The Latehomecomers," *Entertainment Weekly*.
16. 作家在「離散的東南亞人」（Southeast Asians in the Diaspora）會議演講，伊利諾大學香檳分校（University of Illinois, Urbana-Champaign），二〇〇八年四月十六日。
17. Thiep, *The General Retires*, 102.
18. Ibid., 104.
19. Ibid., 113.
20. 關於「阿坤」的段落改寫自我的論文，"What Is the Political? American Culture and the Example of Viet Nam."
21. Mishra, "Why Salman Rushdie Should Pause Before Condemning Mo Yan on Censorship."
22. Said, *Culture and Imperialism*.
23. Mishra, "Why Salman Rushdie Should Pause Before Condemning Mo Yan on Censorship."
24. Yang, *The Latehomecomer*, 46.

25. Ibid., 4.
26. Ibid., 46.
27. Ibid., 93.
28. 關於難民營骯髒的衛生條件，亦見Cargill and Huynh, *Voices of Vietnamese Boat People*, Kindle edition, loc. 1341 and 1798。
29. O'Brien, *The Things They Carried*, 161.
30. Jin, *The Writer as Migrant*, 4.
31. Moua, *Bamboo among the Oaks*, 10.
32. Bhabha, *The Location of Culture*, 87.

9 論強大的記憶

1. Kipling, *Kipling*, 97–98.
2. Trinh, *Woman Native Other*, 10–11.
3. Schlund-Vials在她極有價值的著作《War, Genocide, and Justice》中主張，S-21監獄鼓勵訪客透過監獄管理者與獄卒的眼睛看那裡的歷史（43）。若果如此，這可能是高棉人無意造訪的一個原因。
4. Um, "Exiled Memory," 832.
5. Ricoeur, *Memory, History, Forgetting*, 457.
6. Hayslip, *When Heaven and Earth Changed Places*, xiv.
7. Ibid., 365.
8. Ibid.

9. Ibid., xv.
10. Ibid., 365.
11. Storr, *Dislocations*, 28.
12. Ibid., xv.
13. Scarry, *The Body in Pain*, 131.
14. Utley, "12 Reasons Why America Doesn't Win Its Wars."
15. 這段關於同情、同理和惻隱心的討論受到一些來源影響，包括：Berlant, "Introduction"; Edelman, *No Future*, 67–100; Garber, "Compassion"; Keen, *Empathy and the Novel*; Song, *Strange Future*, 87–90; 以及Yui, "Perception Gaps between Asia and the United States of America," 71。
16. Sontag, *Regarding the Pain of Others*, 101.
17. Hirsch, "From 'The Generation of Postmemory,'" 347. 亦見Hirsch, *Family Frames*。
18. Ollman, "Dinh Q. Le at Shoshana Wayne."
19. Cotter, "Two Sides' Viewpoints on the War in Vietnam."
20. Sontag, *Regarding the Pain of Others*, 70.
21. 對黎光頂的分析改寫自我的論文，"Impossible to Forget, Difficult to Remember: Vietnam and the Art of Dinh Q. Lê."
22. Morrison, *Beloved*, 44.
23. 對世界主義的評論為數眾多。其中幾個包括Appiah, *Cosmopolitanism*; Archibugi, "Cosmopolitical Democracy"; Brennan, *At Home in the World* and "Cosmopolitanism and Internationalism"; Cheah and Robbins, *Cosmopolitics*; Clifford, *Routes*; Derrida, *On Cosmopolitanism and Forgiveness*; Douzinas, *Human Rights and*

Empire; Gilroy, *Against Race* and *Postcolonial Melancholia*; Hollinger, "Not Universalists, Not Pluralists"; Kant, *To Perpetual Peace*; Kaplan, *Questions of Travel*; Nussbaum, "Patriotism and Cosmopolitanism"; Srikanth, *The World Next Door*; 以及 Vertovec and Cohen, *Conceiving Cosmopolitanism*。

24. Appiah, *Cosmopolitanism*, 85.
25. Ibid., 144.
26. Gilroy, *Postcolonial Melancholia*, 59–60.
27. Scarry, "The Difficulty of Imagining Other People," 105.
28. Ibid., 103.
29. Kingsolver, "A Pure, High Note of Anguish."
30. King, "Beyond Vietnam," 151.
31. 關於這本書的影響與風行程度，見 Fox, "Fire, Spirit, Love, Story"; Vo, "Memories That Bind"; 以及 Vuong, "*The Diary of Dang Thuy Tram* and the Postwar Vietnamese Mentality."。
32. Tram, *Last Night I Dreamed of Peace*, 27 and 111.
33. Ibid, 114. 引言取自日記的英文版，翻譯經筆者與越南原文對照確認。
34. Ibid., 158.
35. 同上，分別見頁83與47。
36. Ibid., 96.
37. Ibid., 83.
38. Ibid., 86.
39. Ibid., 104.

40. Nussbaum, "Patriotism and Cosmopolitanism," 6.
41. Kingston, *Fifth Book of Peace*, 227.
42. 本章中關於惻隱心、世界主義與和平的主張改寫自我的文章，"Remembering War, Dreaming Peace."。
43. Kingston, *Fifth Book of Peace*, 61.

公正的遺忘

1. Thiep, "Don't Cry in California," 602, 粗體字為原文所有，英文由我從越南原文翻譯而來。
2. Ibid., 599 and 600, 粗體字為原文所有。
3. Hanh, *Fragrant Palm Leaves*, Kindle edition, loc. 1837.
4. Vang, "Heirs of the 'Secret War' in Laos."
5. 對蒙族故事布文類的精闢敘述，見Conquergood, "Fabricating Culture," 及Chiu, "'I Salute the Spirit of My Communities.'"
6. 查氏夫婦的故事布，見Cha, *Dia's Story Cloth*.
7. 這個段落改寫自我的文章，"Refugee Memories and Asian American Critique."
8. Walcott, "The Schooner Flight," *Collected Poems*, 330.
9. UN News Centre, "UN Warns of 'Record High' 60 Million Displaced amid Expanding Global Conflicts."
10. Walcott, "The Schooner Flight," *Collected Poems*, 334.
11. Davies, "Vietnam 40 Years On."
12. 這類關於戰爭教訓的文章很多，其中，Pincus的"In Iraq, Lessons of Vietnam Still Resonate"在我寫作本書最後幾章時發表。

13. O'Reilly, "Q&A: Doris Lessing Talks to Sarah O'Reilly about *The Golden Notebook*," loc. 11316.
14. Derrida, *On Cosmopolitanism and Forgiveness*, 31–32.
15. Ibid., 27.
16. Ibid., 31.
17. Ibid., 33–34.
18. Ibid., 39.
19. Hanh, *The Miracle of Mindfulness*, Kindle edition, loc. 741.
20. Griswold, *Forgiveness*, 29.
21. Ibid., 30.
22. Margalit, *The Ethics of Memory*, 193.
23. "Forgive," Oxford English Dictionary.
24. Connerton在*How Modernity Forgets*一書中，論及遺忘是資本主義與現代性不可或缺的一部分，而贈禮應該能透過強迫記憶而反制遺忘（53）。
25. Ricoeur, *Memory, History, Forgetting*, 481.
26. Ehrhart, "The Invasion of Grenada."
27. Hyde, *The Gift*, 258.
28. 研究赤柬領袖波布生平時，對我大有助益的資料來源是Short, *Pol Pot*.
29. Dunlop, *The Lost Executioner*, 22.

後記

1. Marker, *Sans Soleil.*
2. Ibid.
3. Spiegelman, *Metamaus*, 60.
4. 後記有部分改寫自我的文章“War, Memory and the Future.”

引用書目

Abelmann, Nancy, and John Lie. *Blue Dreams: Korean Americans and the Los Angeles Riots*. Cambridge, MA: Harvard University Press, 1997.

Acosta, Oscar Zeta. *Revolt of the Cockroach People*. New York: Vintage, 1989.

Aguilar-San Juan, Karin. *Little Saigons: Staying Viet nam ese in America.* Minneapolis: University of Minnesota Press, 2009.

Ahn, Junghyo. *White Badge: A Novel of Korea*. New York: Soho Press, 1989.

Anderson, David L., and John Ernst. *The War that Never Ends: New Perspectives on the Vietnam War.* Lexington: University Press of Kentucky, 2007.

Apostol, Gina. *The Gun Dealers' Daughter*. New York: W. W. Norton, 2012. Kindle edition.

Appiah, Kwame Anthony. *Cosmopolitanism: Ethics in a World of Strangers*. New York: W. W. Norton, 2006.

Appy, Christian G. *American Reckoning: The Vietnam War and Our National Identity*. New York: Viking, 2015. Kindle edition.

———. *Patriots: The Vietnam War Remembered from All Sides*. New York: Viking, 2003.

Aptheker, Herbert. *Dr. Martin Luther King, Vietnam, and Civil Rights*. New York: New Outlook Publishers, 1967.

Archibugi, Daniele. "Cosmopo liti cal Democracy." *In Debating Cosmo-politics*, edited by Daniele Archibugi, 1–15. New York: Verso, 2003.

Arendt, Hannah. *Eichmann in Jerusalem: A Report on the Banality of Evil*. New York: Viking, 1963.

Armstrong, Charles K. "Amer i ca's Korea, Korea's Vietnam." *Critical Asian Studies* 33, no. 4 (2001): 527–39.

Ashabranner, Brent. *Always to Remember: The Story of the Vietnam Veterans Memorial*. New York: G. P. Putnam's Sons, 1988.

Ashplant, T. G., Graham Dawson, and Michael Roper. "The Politics of War Memory and Commemoration: Contexts, Structures and Dynamics." *In The Politics of War Memory and Commemoration*, edited by T. G. Ashplant, Graham Dawson, and Michael Roper, 3–85. London: Routledge, 2000.

Assman, Jan. "*From Moses the Egyptian: The Memory of Egypt in Western Monotheism*." In The *Collective Memory Reader*, edited by Jeffrey K. Olick, Vered Vinitzky-Seroussi, and Daniel Levy, 209–15. New York: Oxford University Press, 2011.

Augé, Marc. "From *Oblivion*." In *The Collective Memory Reader*, edited by Jeffrey K. Olick, Vered Vinitzky-Seroussi, and Daniel Levy, 473–74. New York: Oxford University Press, 2011.

Balaban, John. *Remembering Heaven's Face: A Story of War time Rescue in Vietnam*. Athens: University of Georgia Press, 2002.

Baldwin, James. *No Name in the Street*. New York: Dell, 1972.

Bao Ninh, *The Sorrow of War*. New York: River head, 1996.

Barthes, Roland. *Camera Lucida: Reflections on Photography*. Translated by Richard Howard. New York: Hill and Wang, 1981.

Bates, Milton J. T*he Wars We Took to Vietnam: Cultural Conflict and Storytelling*. Berkeley: University of California Press, 1996.

Baudrillard, Jean. *Simulacra and Simulation*. Translated by Sheila Faria Glaser. Ann Arbor: University of Michigan Press, 1994.

Becker, Carol. "Pilgrimage to My Lai: Social Memory and the Making of Art." *Art Journal* 62, no. 4 (2003): 50–65.

Becker, Elizabeth. *When the War Was Over: Cambodia and the Khmer Rouge Revolution*. New York: PublicAffairs, 1998.

Behdad, Ali. *A Forgetful Nation: On Immigration and Cultural Identity in the United States. Durham*, NC: Duke University Press, 2005.

Bennett, Jill. *Empathic Vision*: *Affect, Trauma, and Contemporary Art*. Stanford, CA: Stanford University Press, 2005.

Bercovitch, Sacvan. *The Rites of Assent: Transformations in the Symbolic Construction of America*. New York: Routledge, 1993.

Bergson, Henri. *Matter and Memory*. New York: Cosimo Classics, 2007.

Berlant, Lauren. "Introduction: Compassion (and Withholding)." *In Compassion: The Culture and Politics of an Emotion*, edited by Lauren Berlant, 1–13. New York: Routledge, 2004.

Bhabha, Homi. *The Location of Culture*. New York: Routledge, 1994.

Blackburn, Robert M. *Mercenaries and Lyndon Johnson's "More Flags."*Jefferson, NC: McFarland and Com pany, 1994.

Bleakney, Julia. *Revisiting Vietnam: Memoirs, Memorials, Museums*. New York: Routledge, 2006.

Blustein, Jeffrey. *The Moral Demands of Memory. Cambridge*: Cambridge University Press, 2008.

Borges, Jorge Luis. *Ficciones*. New York: Grove Press, 1994.

Bow, Leslie. *Betrayal and Other Acts of Subversion: Feminism, Sexual Politics, Asian American Women's Literature*. Prince ton, NJ: Prince ton University Press, 2001.

Boym, Svetlana. *The Future of Nostalgia*. New York: Basic Books, 2001.

Bradley, Mark. *Vietnam at War*. New York: Oxford University Press, 2009.

Bradley, Mark, and Marilyn B. Young, eds. *Making Sense of the Vietnam Wars: Local, National, and Transnational Perspectives*. New York: Oxford University Press, 2008.

Brennan, Timothy. *At Home in the World: Cosmopolitanism Now*. Cambridge, MA: Harvard University Press, 1997.

———. "Cosmopolitanism and Internationalism." *In Debating Cosmo-politics,* edited by Daniele Archibugi, 40–50. New York: Verso, 2003.

Brigham, Robert K. *ARVN: Life and Death in the South Vietnamese Army*. Lawrence: University Press of Kansas, 2006.

Brochure for War Memorial of Korea. Seoul, Korea: np.

Buchanan, Sherry. *Vietnam Zippos: American Soldiers' Engravings and Stories, 1965–1973*. Chicago: University of Chicago Press, 2007.

Bui Thac Chuyen. *Living in Fear*. Hanoi: Vietnam Feature Film Studio, 2006.

Butler, Judith. *Frames of War: When Is Life Grievable?* New York: Verso, 2009.

———. *Precarious Life: The Powers of Mourning and Violence*. New York: Verso, 2004.

Butler, Robert Olen. *A Good Scent from a Strange Mountain*. New York: Henry Holt, 1992.

Cao, Lan. *The Lotus and the Storm*. New York: Viking, 2014.

Calverley, Bob. "Next Generation War Games." *USC Trojan Family Magazine*, Spring 2002. http://tfm.usc.edu/

spring-2002/next-generation-war-games.

Cargill, Mary Terrell, and Jade Ngoc Quang Huynh, eds. *Voices of Viet nam ese Boat People: Nineteen Narratives of Escape and Survival*. Jefferson, NC: McFarland, 2001. Kindle edition.

Caruth, Cathy. *Unclaimed Experience: Trauma, Narrative, and History.* Baltimore: Johns Hopkins University Press, 1996.

Cha, Dia. *Dia's Story Cloth*. Denver: Denver Museum of Natu ral History, 1996.

Chandler, David. *Voices from S-21: Terror and History in Pol Pot's Secret Prison*. Berkeley: University of California Press, 2000.

Chang, Juliana. Inhuman *Citizenship: Traumatic Enjoyment and Asian American Literature*. Minneapolis: University of Minnesota Press, 2012.

Cheah, Pheng. *Inhuman Conditions: On Cosmopolitanism and Human Rights.* Cambridge, MA: Harvard University Press, 2006.

Cheah, Pheng, and Bruce Robbins, eds. *Cosmopolitics: Thinking and Feeling Beyond the Nation*. Minneapolis: University of Minnesota Press, 1998.

Chen, Kuan-Hsing. A*sia as Method: Toward Deimperialization*. Durham: Duke University Press, 2010.

Ch'ien, Evelyn. *Weird English*. Cambridge, MA: Harvard University Press, 2005. Kindle edition.

Chin, Frank, and Jeffery Paul Chan. "Racist Love." *In Seeing through Shuck*, edited by Richard Kostelanetz, 65–79. New York: Ballantine Books, 1972.

Chiu, Jeannie. " 'I Salute the Spirit of My Communities': Autoethnographic Innovations in Hmong American Literature." *College Literature* 31, no. 3 (2004): 43–69.

Cho, Grace. *Haunting the Korean Diaspora: Shame, Secrecy, and the Forgotten War*. Minneapolis: University of

Minnesota Press, 2008.

Choi, Chungmoo. "The Discourse of Decolonization and Popular Memory: South Korea." *positions: east asia cultures critique* 1, no. 1 (1993): 77–102.

Chong, Denise. *The Girl in the Picture: The Story of Kim Phuc, Whose Image Altered the Course of the Vietnam War*. New York: Viking Adult, 2000.

Chong, Sylvia Shin Huey. *The Oriental Obscene: Vio lence and Racial Fantasies in the Vietnam Era*. Durham, NC: Duke University Press, 2011.

Chow, Rey. *Ethics after Idealism: Theory-Culture-Ethnicity-Reading*. Bloomington: Indiana University Press, 1998.

Choy, Christine, and Dai Sil Kim-Gibson. *Sa-I-Gu*. San Francisco: CrossCurrent Media: Distributed by National Asian American Telecommunications Association, 1993.

Christopher, Renny. *The Viet Nam War/the American War: Images and Representations in Euro-American and Vietnamese Exile Narratives*. Amherst: University of Mas sa chu setts Press, 1995.

Clifford, James. Routes: *Travel and Translation in the Late Twentieth* Century. Cambridge, MA: Harvard University Press, 1997.

Connerton, Paul. *How Modernity Forgets*. Cambridge: Cambridge University Press, 2009.

———. "Seven Types of Forgetting." *Memory Studies* 1, no. 1 (2008): 59–71.

Conquergood, Dwight. "Fabricating Culture: The Textile Art of Hmong Refugee Women." *In Performance, Culture, and Identity*, edited by Elizabeth C. Fine and Jean Haskell Speer, 207–48. Westport, CT: Praeger, 1992.

Coppola, Eleanor. *Hearts of Darkness*. Hollywood: Paramount Home Entertainment, 1991.

Coppola, Francis Ford. *Apocalypse Now*. Santa Monica: Lionsgate, 1978.

Cotter, Hollan. “Two Sides’ Viewpoints on the War in Vietnam.” *New York Times*, December 9, 2005, E35.

Cumings, Bruce. *The Korean War: A History*. New York: Modern Library, 2010.

———. “The Korean War: What Is It that We Are Remembering to Forget?” *In Ruptured Histories: War, Memory, and the Post-Cold War in Asia*, edited by Sheila Miyoshi Jager and Rana Mitter, 266–90. Cambridge, MA: Harvard University Press, 2007.

———. “The Northeast Asian Po liti cal Economy.” In *What Is in a Rim? Critical Perspectives on the Pacific Region Idea*, edited by Arif Dirlik, 99–141. Lanham, MD: Rowman and Littlefi eld, 1998.

Dang Nhat Minh. Speech given at “Dreaming of Peace: Vietnamese Filmmakers Move from War to Reconciliation,” University of Southern California, January 23, 2010.

Dang Thuy Tram. *Last Night I Dreamed of Peace*. New York: Harmony Books, 2007.

———. *Nhat Ky Dang Thuy Tram* [The Diary of Dang Thuy Tram]. Hanoi: Nha Xuat Ban Hoi Nha Van, 2005.

Davey, Monica. “In Kansas, Proposed Monument to a War time Friendship Tests the Bond.” *New York Times*, August 2, 2009.

Davies, Nick. “Vietnam 40 Years On: How a Communist Victory Gave Way to Capitalist Corruption.” *The Guardian*, April 22, 2015.

de Palma, Brian. *Casualties of War*. Burbank, CA: Columbia Pictures, 1989.

———. *Redacted*. Los Angeles: Magnolia Home Entertainment, 2008.

Debord, Guy. *Society of the Spectacle*. Detroit: Black and Red, 1983.

Derrida, Jacques. *On Cosmopolitanism and Forgiveness*. New York: Routledge, 2002.

Díaz, Junot. *The Brief Wondrous Life of Oscar Wao*. New York: Riverhead Books, 2007.

Dick, Kirby, and Amy Ziering Kofman. *Derrida*. New York: Zeitgeist Films: Jane Doe Films, 2002.

Didion, Joan. *Blue Nights*. New York: Knopf, 2012.

Dinh, Linh. *Love like Hate*. New York: Seven Stories Press, 2010. Kindle edition.

Douzinas, Costas. *Human Rights and Empire: The Po liti cal Philosophy of Cosmopolitanism*. New York: Routledge-Cavendish, 2007.

Dowd, Maureen. " After the War: White House Memo; War Introduces a Tougher Bush to Nation." *New York Times*, March 1, 1991.

DuBois, W. E. B. *The Souls of Black Folk*. New Haven, CT: Yale University Press, 2015.

Dudziak, Mary L. *War Time: An Idea, Its History, Its Consequences*. New York: Oxford University Press, 2013.

Duiker, William J. Ho *Chi Minh: A Life*. New York: Hyperion, 2000.

Dumbrell, John, and David Ryan, eds. *Vietnam in Iraq: Tactics, Lessons, Legacies and Ghosts*. New York: Routledge, 2006.

Dunlop, Nic. *The Lost Executioner: A Journey to the Heart of the Killing Fields*. New York: Walker and Company, 2005.

Duong, Lan. *Treacherous Subjects: Gender, Culture, and TransVietnamese Feminism*. Philadelphia: Temple University Press, 2012.

Duong Thu Huong. *Novel without a Name*. New York: Penguin, 1996.

Eastwood, Clint. *Gran Torino*. Burbank, CA: Warner Home Video, 2008.

Edelman, Lee. No Future: *Queer Theory and the Death Drive*. Durham, NC: Duke University Press, 2004.

Edkins, Jenny. *Trauma and the Memory of Politics*. Cambridge: Cambridge University Press, 2003.

Ehrhart, *W. D. Going Back: An Ex-Marine Returns to Vietnam*. Jefferson, NC: McFarland, 1987.

———. "The Invasion of Grenada." http://www.wdehrhart.com/poem-invasion-of-grenada.html.

Ellison, Ralph. *Invisible Man*. New York: Vintage, 1995.

Espiritu, Yen Le. *Body Counts: The Vietnam War and Militarized Refugees*. Berkeley: University of California Press, 2014. Kindle edition.

Faas, Horst, and Tim Page, eds. *Requiem: By the Photog raphers Who Died in Vietnam and Indochina*. New York: Random House, 1997.

Farocki, Harun. *Inextinguishable Fire*. Berlin: Deutsche Film-und Fernsehakademie Berlin (DFFB), 1969.

Fitzgerald, Frances. *Fire in the Lake: The Vietnamese and the Americans in Vietnam*. Boston: Back Bay Books, 2002.

Forster, E. M. *Aspects of the Novel*. New York: Harcourt, Brace, 1956. Kindle edition.

Foucault, Michel. *The History of Sexuality: An Introduction*. Translated by Robert Hurley. 3 vols. New York: Vintage, 1990.

Fox, Diane Niblack. "Fire, Spirit, Love, Story." *Journal of Vietnamese Studies* 3, no. 2 (Summer 2008): 218–21.

Freud, Sigmund. "Remembering, Repeating, and Working-Through." In *The Standard Edition of the Complete Works of Sigmund Freud*, 147–56. London: Hogarth Press, 1958.

Friedman, Thomas. "Isis and Vietnam." *New York Times*, October 28, 2014.

Fuller, Samuel. *China Gate*. Los Angeles: Twentieth Century-Fox Film Corporation, 1957 (Theatrical): Republic Pictures Home Video, 1998 (VHS).

Fussell, Paul. *The Great War and Modern Memory*. New York: Oxford University Press, 1975.

Garber, Marjorie. "*Compassion.*" *In Compassion: The Culture and Politics of an Emotion*, edited by Lauren Berlant, 15–27. New York: Routledge, 2004.

Gardner, Lloyd C., and Marilyn Blatt Young. *Iraq and the Lessons of Vietnam, or, How Not to Learn from the Past*. New York: W. W. Norton, 2007.

Gilroy, Paul. *Against Race: Imagining Po liti cal Culture beyond the Color Line*. Cambridge, MA: Belknap Press of Harvard University Press, 2000.

———. *Postcolonial Melancholia*. New York: Columbia University Press, 2006.

Ginzburg, Natalia. *A Place to Live*. Translated by Lynne Sharon Schwartz. New York: Seven Stories Press, 2002.

Goldstein, Gordon M., and Frederick Logevall. " Will Syria Be Obama's Vietnam?" *New York Times*, October 7, 2014.

Gómez-Barris, Macarena. *Where Memory Dwells: Culture and State Vio lence in Chile*. Berkeley: University of California Press, 2009.

Gooding-Williams, Robert, ed. *Reading Rodney King, Reading Urban Uprising*. New York: Routledge, 1993.

Gordon, Avery F. *Ghostly Matters: Haunting and the Sociological Imagination*. Minneapolis: University of Minnesota Press, 1997.

Greene, Graham. *The Quiet American*. New York: Penguin, 2004.

Griswold, Charles L. *Forgiveness: A Philosophical Exploration*. New York: Cambridge University Press, 2007.

Grossman, David. *On Killing: The Psychological Cost of Learning to Kill in War and Society*. Boston: Back Bay Books, 2009.

Guevara, Che. *On Vietnam and World Revolution*. New York, Merit Publishers, 1967.

Gustafsson, *Mai Lan. War and Shadows: The Haunting of Vietnam*. Ithaca, NY: Cornell University Press, 2009.

Hagopian, Patrick. *The Vietnam War in American Memory: Veterans, Memorials, and the Politics of Healing*. Amherst: University of Massachusetts Press, 2009.

Halbwachs, Maurice. *On Collective Memory. Chicago*: University of Chicago Press, 1992.

Hass, Kristen. *Carried to the Wall: American Memory and the Vietnam Veterans Memorial*. Berkeley: University of California Press, 1998.

Hayslip, Le Ly, with James Wurts. When Heaven and Earth Changed Places. New York: Doubleday, 1989.

Heinemann, Larry. *Black Virgin Mountain: A Return to Vietnam*. New York: Vintage, 2005.

———. *Close Quarters*. New York: Vintage, 2005.

———. *Paco's Story*. New York: Vintage Contemporaries, 1986.

Hellman, John. *American Myth and the Legacy of Vietnam*. New York: Columbia University Press, 1986.

Herman, Judith Lewis. *Trauma and Recovery*. London: Pandora, 2001.

Herr, Michael. *Dispatches*. New York: Vintage, 1991.

Hinton, Devon E., Dara Chhean, and Vuth Pich, M. H. Pollack, Scott P. Orr, and Roger K. Pitman. "Assessment of Posttraumatic Stress Disorder in Cambodian Refugees Using the Clinician-Administered PTSD Scale: Psychometric Properties and Symptom Severity." *Journal of Traumatic Stress* 19, no. 3 (2006): 405–9.

Hirsch, Marianne. *Family Frames: Photography, Narrative, and Postmemory*. Cambridge, MA: Harvard University Press, 1997.

———. "From 'the Generation of Postmemory.' " In *The Collective Memory Reader*, edited by Jeffrey K. Olick, Vered Vinitzky-Seroussi, and Daniel Levy, 346–47. New York: Oxford University Press, 2011.

Hollinger, David. "Not Universalists, Not Pluralists: The New Cosmopolitans Find Their Own Way." In *Conceiving Cosmopolitanism: Theory, Context, and Practice*, edited by Steven Vertovec and Robin Cohen, 227–39. New York: Oxford University Press, 2002.

Hong, Cathy Park. "Delusions of Whitenss in the Avant-Garde." *Lana Turner* 7 (2015). http://arcade.stanford.edu/content/delusions-whiteness-avant-garde.

Hughes, Theodore. "Locating the Revolutionary Subject: Hwang SukYoung's The Shadow of Arms." Munbal-ri, Korea: Changbi Publishers, 2003.

Huong, Duong Thu. Paradise of the Blind. New York: William Morrow, 1993.

Huyssen, Andreas. Present Pasts: Urban Palimpsests and the Politics of Memory. Stanford, CA: Stanford University Press, 2003.

Hwang, Sok-Yong. *The Shadow of Arms*. Translated by Chun Kyung-Ja. New York: Seven Stories Press, 2014.

Hyde, Lewis. *The Gift: Creativity and the Artist in the Modern World.* New York: Vintage, 2007.

Irwin, Don. "Viet Reparations Ruled Out." *Los Angeles Times*, March 25, 1977, 1.

Isaacs, Arnold R. *Vietnam Shadows: The War, Its Ghosts, and Its Legacy.* Baltimore: The Johns Hopkins University Press, 1997.

Ivens, Joris, William Klein, Claude Lelouch, Agnès Varda, Jean-Luc Godard, Chris Marker, Michèle Ray, and Alain Resnais. Loin du Vietnam. Paris: Société pour le Lancement des Oeuvres Nouvelles (SLON), 1967.

Iyer, Pico. *Video Night in Kathmandu*. New York: Vintage, 1989.

Jager, Sheila Miyoshi. "Monumental Histories: Manliness, the Military, and the War Memorial." *Public Culture* 14, no. 2 (2002): 387–409.

Jager, Sheila Miyoshi, and Jiyul Kim. "The Korean War after the Cold War." *In Ruptured Histories: War, Memory, and the Post-Cold War in Asia,* edited by Sheila Miyoshi Jager and Rana Mitter, 233–65. Cambridge, MA: Harvard University Press, 2007.

James, William. *The Moral Equivalent of War, and Other Essays: And Selections from Some Problems of Philosophy*. New York: Harper and Row, 1971.

Janette, Michelle. *Mỹ Việt: Viet nam ese American Lit er a ture in En glish, 1962– Present*. Honolulu: University of Hawaii Press, 2011.

Jeffords, Susan. *The Remasculinization of America: Gender and the Vietnam War*. Bloomington: University of Indiana Press, 1989.

Jeong, Ji-Yeong. *White Badge*. Costa Mesa, CA: Distributed by Vanguard Cinema, 1994.

Jin, Ha. *The Writer as Migrant*. Chicago: University of Chicago Press, 2008.

Johnson, Chalmers. *The Sorrows of Empire: Militarism, Secrecy, and the End of the American Republic*. New York: Metropolitan Books, 2004.

Kant, Immanuel. *To Perpetual Peace*: A Philosophical Sketch. Translated by Ted Humphrey. Indianapolis: Hackett Publishing, 2003.

Kaplan, Caren. *Questions of Travel: Postmodern Discourses of Displacement*. Durham, NC: Duke University Press, 1996.

Karlin, Wayne. *Wandering Souls: Journeys with the Dead and the Living in Viet Nam*. New York: Nation Books, 2009.

———. *War Movies: Journeys to Viet Nam: Scenes and Out-Takes*. Willimantic, CT: Curbstone Press, 2005.

Karlin, Wayne, Lê Minh Khuê, and Truong Vu, eds. *The Other Side of Heaven: Post-War Fiction by Viet nam ese and American Writers*. Willimantic, CT: Curbstone Press, 1995.

Keen, Suzanne. *Empathy and the Novel*. Oxford: Oxford University Press, 2007.

Kellogg, Ray, and John Wayne. *The Green Berets*. Burbank, CA: Warner Home Video, 1968.

Kennedy, John F. "Remarks of Senator John F. Kennedy at the Conference on Vietnam Luncheon in the Hotel Willard,

Washington, D.C." http://www.jfklibrary.org/Research/Research-Aids/JFK-Speeches/Vietnam-Conference-Washington-DC_19560601.aspx.

Kim, Hyun Sook. " Korea's 'Vietnam Question': War Atrocities, National Identity, and Reconciliation in Asia." *positions: east asia cultures critique* 9, no. 3 (2001): 621–34.

Kim, Jodi. *Ends of Empire: Asian American Critique and the Cold War.* Minneapolis: University of Minnesota Press, 2010.

Kim, Kyung Hyun. *The Remasculinization of Korean Cinema*. Durham, NC: Duke University Press, 2004.

Kim, Nadia Y. *Imperial Citizens: Koreans and Race from Seoul to LA*. Stanford, CA: Stanford University Press, 2008.

King, Martin Luther, Jr. "Address at the Fourth Annual Institute on Nonviolence and Social Change at Bethel Baptist Church." In *The Martin Luther King, Jr. Papers Project*, edited by Clayborne Carson. https://swap.stanford.edu/20141218225548/http://mlk-kpp01.stanford.edu/primarydocuments/Vol5/3Dec1959_AddressattheFourthAnnualInstituteonNonviolenceandSo.pdf.

———. "Beyond Vietnam." In *A Call to Conscience: The Landmark Speeches of Dr. Martin Luther King, Jr.*, edited by Clayborne Carson, and Kris Shepard, 133–64. New York: Warner Books, 2001.

Kingsolver, Barbara. "A Pure, High Note of Anguish." *Los Angeles Times*, September 23, 2001. http://articles.latimes.com/2001/sep/23/opinion/op-48850.

Kingston, Maxine Hong. *China Men*. New York: Knopf, 1980.

———. *The Fifth Book of Peace*. New York: Knopf, 2003.

———. *The Woman Warrior*. New York: Vintage International, 1989.

Kinnell, Galway. *The Book of Nightmares*. New York: Mari ner Books, 1973.

Kinney, Katherine. *Friendly Fire: American Images of the Vietnam War.* New York: Oxford University Press, 2000.

Kipling, Rudyard. *Kipling: Poems (Everyman's Library)*. New York: Knopf, 2007.
Kirk, Don. "Confronting Korea's Agony in Vietnam." *New York Times*, September 28, 2002.
Kong, Su-chang. *R-Point*. Seoul: CJ Entertainment, 2004.
Kwon, Heonik. *After the Massacre: Commemoration and Consolation in Ha My and My Lai*. Berkeley: University of California Press, 2006.
Kundera, Milan. *The Book of Laughter and Forgetting*. New York: HarperPerennial, 1996.
Kuras, Ellen, and Thavisouk Phrasavath. *The Betrayal (Nerakhoon)*.Rockland, NY: Pandinlao Films, 2008.
Laderman, Scott. *Tours of Vietnam: War, Travel Guides, and Memory*. Durham, NC: Duke University Press, 2009.
Lam, Andrew. *Perfume Dreams: Refl ections on the Vietnamese Diaspora*. Berkeley, CA: Heyday Books, 2005.
Larsen, Wendy Wilder, and Tran Thi Nga. *Shallow Graves: Two Women and Vietnam*. New York: Random House, 1986.
"The Latehomecomers." *Entertainment Weekly*, April 11, 2008.
Lawrence, Mark Atwood. *The Vietnam War: A Concise International History*. New York: Oxford University Press, 2008.
Le, Nam. The Boat. New York: Alfred A. Knopf, 2008.
le thi diem thuy. *The Gangster We Are All Looking For*. New York: Anchor Books, 2004.
Lee, Jin-kyung. "Surrogate Military, Subimperialism, and Masculinity: South Korea in the Vietnam War, 1965–1973." *positions: east asia cultures critique* 17, no. 3 (2009): 655–82.
Lee, Jun-ik. *Sunny*. Seoul: Tiger Pictures, 2008.
Lesser, William. "Presence of Mind: The Photographs of Philip Jones Griffi ths." *Aperture* no. 190 (2008). http://www.aperture.org/jonesgriffiths/.
Levinas, Emmanuel. *Totality and Infi nity: An Essay on Exteriority*. Translated by Alphonso Lingis. Pittsburgh:

Duquesne University Press, 1969.

Leys, Ruth. *Trauma: A Genealogy. Chicago*: University of Chicago Press, 2000.

Lieu, Nhi T. *The American Dream in Vietnamese*. Minneapolis: University of Minnesota Press, 2011.

Lin, Maya. *Boundaries*. New York: Simon and Schuster, 2000.

Lipsitz, George. *Time Passages: Collective Memory and American Popular Culture*. Minneapolis: Minnesota University Press, 1990.

Logevall, Fredrik. *Embers of War: The Fall of an Empire and the Making of America's Vietnam*. New York: Random House, 2012.

Maguire, Peter. *Facing Death in Cambodia*. New York: Columbia University Press, 2005.

Maier, Charles. "From 'A Surfeit of Memory? Refl ections on History, Melancholy, and Denial.' " In *The Collective Memory Reader*, edited by Jeffrey K. Olick, Vered Vinitzky-Seroussi, and Daniel Levy, 442–45. New York: Oxford University Press, 2011.

Makuch, Eddie. "Destiny Reaches 16 Million Registered Users, Call of Duty Franchise Hits $11 Billion." *Gamespot* (2015). Published electronically February 5. http://www.gamespot.com/articles/destiny-reaches-16-million-registered-users-call-o/1100-6425136/.

Malarney, Shaun. *Culture, Ritual and Revolution in Vietnam*. London: Routledge-Curzon Press, 2002.

Malarney, Shaun Kingsley. " 'The Fatherland Remembers Your Sacrifice.' " In *The Country of Memory: Remaking the Past in Late Socialist Vietnam*, edited by Hue-Tam Ho Tai, 46–76. Berkeley: University of California Press, 2001.

Margalit, Avishai. *The Ethics of Memory*. Cambridge, MA: Harvard University Press, 2002.

Marker, Chris. *Sans Soleil*. Paris: Argos Films, 1983.

Marling, Karal Ann, and Robert Silberman. “The Statue at the Wall: The Vietnam Veterans Memorial and the Art of Remembering.” In *The United States and the Vietnam War: Historical Memory and Representation of the Vietnam War*, edited by Walter Hixson, 122–48. New York: Garland Publishing, 2000.

Marshall, Grant N., Terry L. Schell, Marc N. Elliott, S. Megan Berthold, and Chi-Ah Chun. “ Mental Health of Cambodian Refugees 2 De cades after Resettlement in the United States.” *JAMA* 294, no. 5 (2005): 571–79.

Martini, Edwin A. *Invisible Enemies: The American War on Vietnam, 1975–2000*. Amherst: University of Massachusetts Press, 2007.

Marx, Karl, and Friedrich Engels. *The German Ideology*. New York: International Publishers, 1970.

Mbembe, Achille. “Necropolitics.” *Public Culture* 15, no. 1 (2003): 11–40.

McCarthy, Mary. *The Seventeenth Degree*. New York: Harcourt Brace Jovanovich, 1974.

McGurl, Mark. *The Program Era: Postwar Fiction and the Rise of Creative Writing*. Cambridge, MA: Harvard University Press, 2011.

McMahon, Robert J. “Contested Memory: The Vietnam War and American Society, 1975–2001.” *Diplomatic History* 26, no. 2 (Spring 2002): 159–84.

Menand, Louis. *American Studies*. New York: Farrar, Straus and Giroux, 2002.

Merridale, Catherine. “War, Death, and Remembrance in Soviet Russia.” *In War and Remembrance in the Twentieth Century*, edited by Jay Winter and Emmanuel Sivan, 61–83. Cambridge: Cambridge University Press, 1999.

Michaels, Walter Benn. *The Trouble with Diversity: How We Learned to Love Identity and Ignore Inequality*. New York: Henry Holt, 2006.

Miles, Christopher, and Moira Roth. From Vietnam to Hollywood: Dinh Q. Lê. Seattle: Marquand Books, 2003.

Milliot, Jim. "The PW Publishing Industry Salary Survey 2015: A Younger Workforce, Still Predominantly White." *Publishers Weekly*, October 16, 2015. http://www.publishersweekly.com/pw/by-topic/industry-news/publisher-news/article/68405-publishing-industry-salary-survey-2015-a-younger-workforce-still-predominantly-white.html.

Mishra, Pankaj. "Why Salman Rushdie Should Pause before Condemning Mo Yan on Censorship." *The Guardian*, December 13, 2012.

"MLK: A Riot Is the Language of the Unheard." *CBS Reports*, 2013. http://www.cbsnews.com/news/mlk-a-riot-is-the-language-of-the-unheard/.

Mo Jo Sung. *Do You Know?*, 2000. http://www.youtube.com/watch?v=dOhAT45KZHk.

Moon, Seungsook. *Militarized Modernity and Gendered Citizenship in South Korea*. Durham, NC: Duke University Press, 2005.

Morris, Errol. *The Fog of War*. New York: Sony Pictures Classics, 2003.

Morrison, Toni. *Beloved*. New York: Knopf, 2007.

Moua, Mai Neng. *Bamboo among the Oaks: Contemporary Writing by Hmong Americans*. St. Paul: Minnesota Historical Society Press, 2002.

Nguyen, Bich Minh. *Pioneer Girl*. New York: Viking, 2014.

Nguyen Cao Ky. *Buddha's Child: My Fight to Save Vietnam*. New York: St. Martin's Griffi n, 2002.

Nguyen Huy Thiep. *The General Retires and Other Stories*. New York: Oxford University Press, 1993.

———. "Khong Khoc O California." In *Tuyen Tap Truyen Ngan Nguyen Huy Thiep*. Hanoi: Nha xuat ban Phu nu, 2001.

Nguyen, Mimi Thi. *The Gift of Freedom: War, Debt, and Other Refugee Passages*. Durham, NC: Duke University Press, 2012.

Nguyen, Nathalie Huynh Chau. *Memory Is Another Country: Women of the Vietnamese Diaspora*. Santa Barbara, CA: Praeger, 2009.

Nguyen, Phuong. "The People of the Fall: Refugee Nationalism in Little Saigon since 1975–2005." PhD dissertation, University of Southern California, 2009.

Nguyen Qui Duc. *Where the Ashes Are*. Reading, MA: Addison-Wesley, 1994.

Nguyen, Viet Thanh. "The Authenticity of the Anonymous: Pop u lar Culture and the Art of War." In *Transpop: Korea Vietnam Remix*, edited by Viet Le and Yong Soon Min, 58–67. Seoul: Arko Arts Center, 2008.

———. "Impossible to Forget, Difficult to Remember: Vietnam and the Art of Dinh Q. Lê." *A Tapestry of Memories: The Art of Dinh Q. Lê.* Bellevue, WA: Bellevue Arts Museum, 2007: 19–29.

———. "Just Memory: War and the Ethics of Remembrance." *American Literary History* 25, no. 1 (2013): 144–63.

———. "Refugee Memories and Asian American Critique." *positions: asia critique* 20, no. 3 (2012): 911–42.

———. "Remembering War, Dreaming Peace: On Cosmopolitanism, Compassion and Literature," *Japanese Journal of American Studies*, no. 20 (2009): 1–26.

———. "Speak of the Dead, Speak of Viet Nam: The Ethics and Aesthetics of Minority Discourse." *New Centennial Review* 6, no. 2 (2007): 7–37.

———. "War, Memory and the Future." *The Asian American Literary Review* 1, no. 2 (2010): 279–90.

———. "What Is the Political? American Culture and the Example of Viet Nam." In *Asian American Studies after Critical Mass*, edited by Kent A. Ono, 19–39. Mas sa chu setts: Blackwell Publishing, 2005.

Nguyen-Vo Thu-Huong. "Forking Paths: How Shall We Mourn the Dead?" *Amerasia Journal* 31, no. 2 (2005): 157–75.

Nietzsche, Friedrich. *On the Advantage and Disadvantage of History for Life*. Translated by Peter Preuss. Indianapolis:

Hackett Publishing, 1980.

———. "On the Genealogy of Morals." Translated by Walter Kaufmann. In *Basic Writings of Nietzsche*, 437–600. New York: Modern Library, 2000.

Nora, Pierre. "Between Memory and History: *Les Lieux De Mémoire.*" *Representations* 26 (Spring 1989): 7–24.

———. "From 'Reasons for the Current Upsurge in Memory.' " In *The Collective Memory Reader*, edited by Jeffrey K. Olick, Vered Vinitzky-Seroussi, and Daniel Levy, 437–41. New York: Oxford University Press, 2011.

Nussbaum, Martha. "Patriotism and Cosmopolitanism." In *For Love of Country?*, edited by Martha Nussbaum, 3–17. Boston: Beacon Press, 1996.

Obama, Barack. "Presidential Proclamation—Veterans Day." March 29, 2012. http://www.whitehouse.gov/the-press-office/2012/03/29/presidential-proclamation-vietnam-veterans-day.

O'Brien, Tim. *The Things They Carried*. New York: Mari ner Books, 2009.

O'Connor, Flannery. *Mystery and Manners: Occasional Prose*. New York: Farrar, Straus and Giroux, 1969.

Olick, Jeffrey K. *The Politics of Regret: On Collective Memory and Historical Responsibility*. New York: Routledge, 2007.

Olick, Jeffrey K., Vered Vinitzky-Seroussi, and Daniel Levy. "Introduction." In *The Collective Memory Reader*, edited by Jeffrey K. Olick, Vered Vinitzky-Seroussi, and Daniel Levy, 3–62. New York: Oxford University Press, 2011.

Ollman, Leah. "Dinh Q. Le at Shoshana Wayne." *Art in America* 88, no. 2 (February 2000): 136.

Omi, Michael, and Howard Winant. *Racial Formation in the United States*. 2nd ed. New York: Routledge, 1994.

Ondaatje, Michael. *The English Patient*. New York: Vintage, 1993.

O'Reilly, Sarah. "Q&A: Doris Lessing Talks to Sarah O'Reilly about *The Golden Notebook*." In Doris Lessing, *The*

Golden Notebook. New York: Harper Perennial, 2013. Kindle edition.

Packer, George. “Obama and the Fall of Saigon.” *New Yorker*, September 10, 2014.

Palumbo-Liu, David. *The Deliverance of Others: Reading Literature in a Global Age*. Durham, NC: Duke University Press, 2012.

Panh, Rithy. *The Missing Picture. Paris: Arte France Cinema, 2013.*

———. *S-21: The Khmer Rouge Killing Machine*. Paris: Arte France Cinema, 2003.

Panh, Rithy, and Christophe Bataille. *The Elimination*. Translated by John Cullen. New York: The Other Press, 2013. Kindle edition.

Papageorge, Tod. *American Sports, 1970: Or How We Spent the War in Vietnam*. New York: Aperture, 2007.

Parikh, Crystal. *An Ethics of Betrayal: The Politics of Otherness in Emergent U.S. Literature and Culture*. New York: Fordham University Press, 2009.

Park, Jinim. *Narratives of the Vietnam War by Korean and American Writers*. New York: Peter Lang, 2007.

Paterniti, Michael. “Never Forget.” GQ, July 2009. http://www.gq.com/news-politics/big-issues/200907/cambodia-khmer-rouge-michael-paterniti.

Pelaud, Isabelle Thuy. *This Is All I Choose to Tell: History and Hybridity in Vietnamese American Literature*. Philadelphia: Temple University Press, 2011.

Pham, Andrew X. *Catfish and Mandala: A Two-Wheeled Voyage through the Landscape and Memory of Vietnam*. New York: Picador, 2000.

———. *The Eaves of Heaven*. New York: Broadway Books, 2009.

Phan, Aimee. *We Should Never Meet*. New York: Picador, 2005.

Phi, Bao. *Sông I Sing*. Minneapolis: Coffee House Press, 2011.

Pincus, Walter. "In Iraq, Lessons of Vietnam Still Resonate." *Washington Post*, May 25, 2015.

Poeuv, Socheata. *New Year Baby*. San Francisco: Center for Asian American Media, 2006.

Ratner, Vaddey. *In the Shadow of the Banyan*. New York: Simon and Schuster, 2012.

Renan, Ernst. "From 'What Is a Nation?.' " *In The Collective Memory Reader*, edited by Jeffrey K. Olick, Vered Vinitzky-Seroussi, and Daniel Levy, 80–83. New York: Oxford University Press, 2011.

Ricoeur, Paul. *Memory, History, Forgetting. Chicago*: Chicago University Press, 2004.

Robson, Mark. *The Bridges at Toko-Ri*. Los Angeles: Paramount Pictures, 1954.

Rosenfeld, Gavriel D. "A Looming Crash or a Soft Landing? Forecasting the Future of the Memory 'Industry'." *Journal of Modern History* 81 (March 2009): 122–58.

Rowe, John Carlos. " 'Bringing It All Back Home': American Recyclings of the Vietnam War." *In The Violence of Representation*, edited by Nancy Armstrong and Leonard Tennen house, 197–218. London: Routledge, 1989.

Rowe, John Carlos, and Rick Berg. "The Vietnam War and American Memory." In *The Vietnam War and American Culture*, edited by John Carlos Rowe and Rick Berg, 1–18. New York: Columbia University Press, 1991.

Russ, Martin. *The Last Parallel: A Marine's War Journal*. New York: Rinehart, 1957.

Ryu, Youngju. " Korea's Vietnam: Pop u lar Culture, Patriarchy, Intertextuality." *The Review of Korean Studies* 12, no. 3 (2009): 101–23.

Said, Edward. *Culture and Imperialism*. New York: Vintage, 1994.

———. *Orientalism*. New York: Vintage Books, 1979.

Scarry, Elaine. *The Body in Pain*. New York: Oxford University Press, 1985.

———. “The Difficulty of Imagining Other People.” In For *Love of Country?*, edited by Martha Nussbaum, 98–110. Boston: Beacon Press, 1996.

Schacter, Daniel L. *The Seven Sins of Memory: How the Mind Forgets and Remembers*. Boston: Houghton Miffl in, 2001.

Schlesinger, Arthur M., Jr. *The Disuniting of Amer i ca: Refl ections on a Multicultural Society*. New York: W. W. Norton, 1998.

Schlund-Vials, Cathy. *War, Genocide, and Justice: Cambodian American Memory Work*. Minneapolis: University of Minnesota Press, 2012.

Schwartz, Lynne Sharon. *The Emergence of Memory: Conversations with W. G. Sebald*. New York: Seven Stories Press, 2007. Kindle edition.

Schwenkel, Christina. *The American War in Contemporary Vietnam: Transnational Remembrance and Representation.* Bloomington: Indiana University Press, 2009.

Sebald, W. G. *Austerlitz*. New York: Modern Library, 2001.

———. *On the Natu ral History of Destruction*. New York: Modern Library 2004.

Shacochis, Bob. *The Woman Who Lost Her Soul*. New York: Atlantic Monthly Press, 2013. Kindle edition.

Shan, Te-hsing. “Trauma, Re(-)Membering, and Reconciliation—on Maya Lin’s Vietnam Veterans Memorial.” In *Landmarks in American Literature: History in the Making*, edited by Isaac Sequeira, Manju Jaidka, and Anil Raina, 161–77. New Delhi: Prestige Books, 2007.

Shawcross, William. *Sideshow: Kissinger, Nixon, and the Destruction of Cambodia*. New York: Cooper Square Press, 2002.

Short, Philip. *Pol Pot: Anatomy of a Nightmare*. New York: Henry Holt and Co., 2007.

Sirk, Douglas. *Battle Hymn*. Los Angeles: Universal International Pictures, 1957.

Sollors, Werner. *Multilingual Amer i ca: Transnationalism, Ethnicity, and the Languages of American Literature*. New York: New York University Press, 1998.

Solzhenitsyn, Aleksandr. *The Gulag Archipelago 1918–1956*. New York: Harper and Row, 1973.

Song, Min Hyoung. *Strange Future: Pessimism and the 1992 Los Angeles Riots*. Durham, NC: Duke University Press, 2005.

Sontag, Susan. *On Photography*. New York: Picador, 2001.

———. *Regarding the Pain of Others*. New York: Farrar, Straus and Giroux, 2003.

Spanos, William. *American Exceptionalism in the Age of Globalization: The Specter of Vietnam*. Albany, NY: SUNY Press, 2008.

———. *America's Shadow: An Anatomy of Empire*. Minneapolis: University of Minnesota Press, 2000.

Spiegelman, Art. *Metamaus*. New York: Pantheon, 2011.

Srikanth, Rajini. *The World Next Door: South Asian American Literature and the Idea of America*. Philadelphia: Temple University Press, 2004.

Stephenson, Wesley. "Do the Dead Outnumber the Living?" *BBC News Magazine*, February 3, 2012.

Storr, Robert. *Dislocations*. New York: The Museum of Modern Art, 1991.

Stringer, Julian, ed. *New Korean Cinema*. New York: New York University Press, 2005.

Stur, Heather Marie. *Beyond Combat: Women and Gender in the Vietnam War Era*. New York: Cambridge University Press, 2011.

Sturken, Marita. *Tangled Memories: The Vietnam War, the Aids Epidemic, and the Politics of Remembering*. Berkeley: University of California Press, 1997.

———. *Tourists of History: Memory, Kitsch, and Consumerism from Oklahoma City to Ground Zero*. Durham, NC: Duke University Press, 2007.

Swofford, Anthony. *Jarhead: A Marine's Chronicle of the Gulf War and Other Battles*. New York: Scribner, 2003.

Tai, Hue-Tam Ho, ed. *The Country of Memory: Remaking the Past in Late Socialist Vietnam*. Berkeley: University of California Press, 2001.

Takaki, Ronald, ed. *From Differ ent Shores: Perspectives on Race and Ethnicity in America*. 2nd ed. New York: Oxford University Press, 1994.

Tatum, James. *The Mourner's Song: War and Remembrance from the Iliad to Vietnam*. Chicago: University of Chicago Press, 2003.

Taylor, Sandra C. *Vietnamese Women at War: Fighting for Ho Chi Minh and the Revolution*. Lawrence: University Press of Kansas, 1999.

Thich Nhat Hanh. *Fragrant Palm Leaves: Journals, 1962–1966*. New York: Riverhead, 1999. Kindle edition.

———. *The Miracle of Mindfulness: An Introduction to the Practice of Meditation*. Boston: Beacon Press, 1999. Kindle edition.

Tran, GB. *Vietnamerica: A Family's Journey*. New York: Villard, 2011.

Tran, Ham. *Journey from the Fall*. Orange County, CA: Old Photo Film, 2006.

Tran, John. *The Vietnam War and the Theologies of Memory: Time and Eternity in the Far Country*. Malden, MA: Wiley-Blackwell, 2010.

Trinh, T. Minh-ha. "All-Owning Spectatorship." In *When the Moon Waxes Red: Repre sen ta tion, Gender, and Cultural Politics*, 81–105. New York: Routledge, 1991.

———. *Surname Viet, Given Name Nam*. New York: Women Make Movies, 1989.

———. *Woman Native Other*. Bloomington: Indiana University Press, 1989.

Truong, Monique. *The Book of Salt*. New York: Houghton Miffl in Harcourt, 2003.

Truong, Monique T. D. "Vietnamese American Literature." In *An Interethnic Companion to Asian American Literature*, edited by King-Kok Cheung, 219–46. New York: Cambridge University Press, 1997.

Turley, William S. *The Second Indochina War: A Concise Political and Military History*. Lanham, MD: Rowman and Littlefi eld, 2008.

Turner, Fred. *Echoes of Combat: The Viet Nam War in American Memory*. New York: Doubleday, 1992.

Turner, Karen Gottschang, and Thanh Hao Phan. *Even the Women Must Fight: Memories of War from North Vietnam*. New York: John Wiley and Sons, 1998.

Turse, Nick. *Kill Anything That Moves: The Real American War in Vietnam*. New York: Metropolitan Books, 2013.

Um, Khatharya. "Exiled Memory: History, Identity, and Remembering in Southeast Asia and Southeast Asian Diaspora." *positions: asia critique* 20, no. 3 (2012): 831–50.

———. "The 'Vietnam War': What's in a Name?" *Amerasia Journal* 31, no. 2 (2005): 134–39.

UN News Centre. "UN Warns of 'Rec ord High' 60 Million Displaced Amid Expanding Global Confl icts." (2015). Published electronically June 18. http://www.un.org/apps/news/story.asp?NewsID=51185-.VZBiO-1Vikp.

Utley, Jon Basil. "12 Reasons America Doesn't Win Its Wars." *The American Conservative*, June 12, 2015. http://www.theamericanconservative.com/articles/12-reasons-america-doesnt-win-its-wars/.

Vang, Ma. "The Refugee Soldier: A Critique of Recognition and Citizenship in the Hmong Veterans' Naturalization Act of 1997." *positions: asia critique* 20, no. 3 (2012): 685–712.

Vang, Mai Der. “Heirs of the ‘Secret War’ in Laos.” *New York Times*, May 27, 2015.

Vertovec, Steven, and Robin Cohen, eds. *Conceiving Cosmopolitanism: Theory, Context, and Practice*. New York: Oxford University Press, 2002.

Virilio, Paul. *War and Cinema: The Logistics of Perception*. New York: Verso, 1989.

“Virtual Real ity Exposure Therapy.” http://ict.usc.edu/prototypes/pts/.

Viswanathan, Gauri, ed. *Power, Politics and Culture: Interviews with Edward W. Said.* New York: Random House, 2001.

Vo, Hong Chuong-Dai. “Memories That Bind: Dang Thuy Tram’s Diaries as Agent of Reconciliation.” *Journal of Vietnamese Studies* 3, no. 2 (Summer 2008): 196–207.

Vo, Nghia M. *The Bamboo Gulag: Po liti cal Imprisonment in Communist Vietnam*. Jefferson, NC: McFarland, 2004.

Vuong, Tri Nhan. “*The Diary of Dang Thuy Tram* and the Postwar Viet nam ese Mentality.” *Journal of Vietnamese Studies* 3, no. 2 (Summer 2008): 180–95.

Wagner-Pacifi ci, Robin, and Barry Schwartz. “The Vietnam Veterans Memorial: Commemorating a Diffi cult Past.” *American Journal of Sociology* 97, no. 2 (September 1991): 376–420.

Walcott, Derek. *Collected Poems*: 1948–1984. New York: Farrar, Straus and Giroux, 1987.

Wang, Chih-ming. “Politics of Return: Homecoming Stories of the Viet nam ese Diaspora.” *positions: asia critique* 21, no. 1 (2013): 161–87.

Waters, Mary C. *Ethnic Options: Choosing Identities in America*. Berkeley: University of California Press, 1990.

Weaver, Gina. *Ideologies of Forgetting: Rape in the Vietnam War*. Albany, NY: SUNY Press, 2010.

Weigl, Bruce. *The Circle of Hanh: A Memoir*. New York: Grove Press, 2000.

Williams, Raymond. *Marxism and Literature*. Oxford: Oxford University Press, 1977.

Williams, Tony. "From Novel to Film: *White Badge." Asian Cinema* 13, no. 2 (2002): 39–53.

Winter, Jay. "Forms of Kinship and Remembrance in the Aftermath of the Great War." In *War and Remembrance in the Twentieth Century*, edited by Jay Winter and Emmanuel Sivan, 40–60. Cambridge: Cambridge University Press, 1999.

———. "From *Remembering War: The Great War between Memory and History in the Twentieth Century.*" In The Collective Memory Reader, edited by Jeffrey K. Olick, Vered Vinitzky-Seroussi, and Daniel Levy, 426–29. New York: Oxford University Press, 2011.

Winter, Jay, and Emmanuel Sivan. "Introduction." In *War and Remembrance in the Twentieth Century*, edited by Jay Winter and Emmanuel Sivan, 1–5. Cambridge: Cambridge University Press, 1999.

———. "Setting the Framework." In *War and Remembrance in the Twentieth Century*, edited by Jay Winter and Emmanuel Sivan, 6–39. Cambridge: Cambridge University Press, 1999.

———. *War and Remembrance in the Twentieth Century*. Cambridge: Cambridge University Press, 1999.

Wittgenstein, Ludwig. *Tractatus Logico-Philosophicus*. Translated by D. F. Pears and B. F. McGuinness. New York: Routledge.

Wong, Sau-ling Cynthia. " 'Sugar Sisterhood': Situating the Amy Tan Phenomenon." In *The Ethnic Canon: Histories, Institutions, and Interventions*, edited by David Palumbo-Liu, 174–210. Minneapolis: University of Minneapolis Press, 1995.

Woo, Jung-en. *Race to the Swift: State and Finance in Korean Industrialization*. New York: Columbia University Press, 1991.

Woo-Cumings, Meredith. "Market De pen dency in U.S.– East Asian Relations." In *What Is in a Rim? Critical Perspectives on the Pacific Region Idea*, edited by Arif Dirlik, 163–86. Lanham, MD: Rowman and Littlefield, 1998.

Woodward, Kathleen. "Calculating Compassion." In *Compassion: The Culture and Politics of an Emotion*, edited by Lauren Berlant, 59–86. New York: Routledge, 2004.

Wu, Judy Tzu-Chun. *Radicals on the Road: Internationalism, Orientalism, and Feminism during the Vietnam Era*. Ithaca, NY: Cornell University Press, 2013.

Yamashita, Karen Tei. *The I-Hotel*. Minneapolis: Coffee House Press, 2010.

Yang, Kao Kalia. Artist's talk at the "Southeast Asians in the Diaspora" Conference, University of Illinois, Urbana-Champaign, April 16, 2008.

———. *The Latehomecomer: A Hmong Family Memoir*. Minneapolis: Coffee House Press, 2008.

Yoneyama, Lisa. *Hiroshima Traces: Time, Space, and the Dialectics of Memory*. Berkeley: University of California Press, 1999.

Yoon Je-kyoon, *Ode to My Father.* Seoul: JK Film, 2014.

Young, James. *The Texture of Memory*. New Haven, CT: Yale University Press, 1993.

Young, Marilyn Blatt. *The Vietnam Wars*. New York: HarperCollins, 1991.

Yui, Daizaburo. "Perception Gaps between Asia and the United States of America: Lessons from 12/7 and 9/11." In *Crossed Memories: Perspectives on 9/11 and American Power*, edited by Laura Hein and Daizaburo Yui, 54–79. Tokyo: Center for Pacific and American Studies, The University of Tokyo, 2003.

Zelizer, Barbie. *Remembering to Forget: Holocaust Memory through the Camera's Eye*. Chicago: University of Chicago Press, 1998.

Žižek, Slavoj. *How to Read Lacan*. New York: W. W. Norton, 2007.

致謝

寫完一本關於被記憶糾纏的書後，能以回憶我要感謝別人之事為結束，令人愉悅。先要感謝來自不同機構的重要財務支援，讓我有時間研究和寫作，首先是南加州大學（University of Southern California），以及該校對我旅行和休假研究的一貫支持。來自拉德克利夫高等研究院（Radcliffe Institute for Advanced Study）的Suzanne Young Murray研究基金，以及來自美國學術團體聯合會（American Council for Learned Societies）的另一筆研究金，讓我有機會深思艱難的問題。東南亞暑期研究機構（Southeast Asian Summer Studies Institute）資助我在威斯康辛大學麥迪遜分校（University of Wisconsin at Madison）修習越南文。我為進一步學習而前往東南亞的旅程，則由亞洲文化協會（Asian Cultural Council）提供的路思義基金會研究金（Luce Foundation Fellowship）、文化創新中心（Center for Cultural Innovation）的藝術創新獎助金（Grant for Artistic Innovation），以及南加大國際研究中心（Center for International

Studies）獎助金所支持。創意資產（Creative Capital）與沃荷基金會（Warhol Foundation）的藝術作家獎助金（Arts Writers Grant）促成我針對視覺藝術在戰爭記憶中的角色寫作，而日美友誼委員會（Japan-United States Friendship Commission）讓我有機會在日本觀眾前發表自己的早期論述。多年後，我以新加坡國立大學亞洲研究所（Asia Research Institute）研究員身分返回亞洲，在學術啟發性豐富的環境中分享了這本書的最終版本。

與亞洲研究所的觀眾不同，多數人聽我講述這本書時，聽到的是我較初步的想法。我感謝他們的慷慨聆聽與知識交流。從最近期到最早期，曾邀我談論我的研究的個人與機構為：Eliza Noh、Tu-Uyen Nguyen及加州州立大學富勒頓分校（California State University, Fullerton）；Wafa Azeem、Kent Baxter及加州州立大學北嶺（Northridge）分校；Prasenjit Duara、Chua Beng Huat及亞洲研究所；Bruce Solheim與希勒斯學院（Citrus College）；Mayumo Inoue及一橋大學（Hitotsubashi University）；Elaine Kim與北京外國語大學華裔美國文學研究中心；Akitoshi Nagahata與名古屋大學（Nagoya University）；Otto Heim、Kendall Johnson及香港大學；Hyungji Park與延世大學；Youngmin Kim與韓國英國語文與文學學會（English Language and Literature Association of Korea）；Kent Ono、Gordon Hunter、Mimi Thi Nguyen、Fiona I. B. Ngo與伊利諾大學香檳分校；黃心雅與國立中山大學；王智明與中央研究院歐美研究所；Guy Beauregard與國立臺灣大學；Lawrence Buell與哈佛大學；

Yuan Shu與德州理工大學（Texas Tech University）；Viet Le、Yong Soon Min與首爾Arko美術館（Arko Art Center）；Edward Park與羅耀拉瑪麗蒙特大學（Loyola Marymount University）；Frederick Aldama與俄亥俄州立大學（Ohio State University）「敘事計畫」（Project Narrative）；Stefano Catalani與貝爾維尤美術館（Bellevue Arts Museum）；Yasuo Endo與東京大學太平洋與美國研究中心（Center for Pacific and American Studies）；Satoshi Nakano與一橋大學和平與和解研究中心（Center for the Study of Peace and Reconciliation）；Juri Abe、日本美國研究協會（Japanese Association of American Studies）與立教大學（Rikkyo University）；Celine Parreñas Shimizu與加州大學聖巴巴拉分校（UC Santa Barbara）；Lan T. Chu與西方文理學院（Occidental College）；Iris Schmeisser、Heike Paul與埃爾朗根-紐倫堡大學（University of Erlangen-Nuremberg）；黑人研究中心（Center for Black Studies）與加州大學聖巴巴拉分校；Charlie Bertsch與亞利桑那大學（University of Arizona）；Ruth Mayer、Vanessa Künnemann與漢諾威大學（University of Hannover）；以及Rachel Lee與加州大學洛杉磯分校。

雖然我為了討論這本寫作中的書而四處行旅，但其中很大部分是在任教的南加大大學所形塑的，我在這裡教授兩門關於戰爭與記憶的專題課，課上的研究生刺激我將這個主題思考得更清晰。我的研究助理Tiffany Babb、Yvette Marie Chua、Ninalenn Ibrahim與Cam Vu（以及哈佛的Kathleen Hale）處理大小事情，提供了重要的協助。英文系的Joseph Boone是我的好友，也是鼎力支持的系主任，Emily Anderson則給了我一個空間與同僚共同研究。其中兩位，John Carlos Rowe與Rick Berg推動我更基進的思考。書稿完成後，院長Peter Mancall提供了一筆補助費，用來支付書中許多影像的費用。這本書固然寫了很久，但若是少了Heather James與Dorinne Kondo，還會更久，他們的好心建議對我贏得研究基金大有助益。最後，我很高興與Janet Hoskins一起發展了我們對跨太平洋研究（transpacific studies）的概念，其中許多都對本書有所啟發。

在金邊，柬埔寨文獻中心的Kok-Thay Eng慷慨撥冗協助。河內「更新計畫」（Project RENEW）的Chuck Searcy和他在東河（Dong Ha）的同事Ngo Xuan Hien也不吝惜他們的時間。我在越南的旅程因Tran Minh Duc的協助，以及與攝影師Sam Sweezy的合作而更為豐富，書中有數張照片是由Sweezy拍攝。我感謝他同意我使用這些照片，對「圖片出處」列出的所有其他藝術家、攝影師和機構也是如此。我特別感謝Andrew Kinney與哈佛大學出版社（Harvard University Press）的工作人員，一路呵護這本書到出版，也要對文稿編輯Zoë Ruiz致謝，她的工作太重要了。

如果我的致謝堪稱洋洋灑灑，這反映的是我寫作這本書十三年來所欠下的人情債，以及在此之前我投入戰爭、記憶和藝術創作主題的多年時間。二十多年來，我從與我志趣相投、關注東南亞與其離散者的學者和藝術家社群獲益良多，包括Chuong Chung、Tiffany Chung、Yến Lê Espiritu、Dinh Q. Lê、Viet Lê、Nguyen Qui Duc、Isabelle Thuy Pelaud、Thy Phu與Cathy Schlund-Vials。這些學者與藝術家中，最重要的對話者與合作者是我的伴侶Lan Duong。少了她的耐心與支持，不會有這本書。也不會有我們的兒子Ellison，他的生命在我所做所寫的一切都留下了隱微的印記。雖然他不會在沒有戰爭的世界中成長，我期盼他會為了和平而努力。

他的祖父母，我的父親母親，經歷了太多年的戰爭。他們為了我和我的哥哥Tung，也為了我們的伴侶和小孩，犧牲了太多。一九三〇年代生在貧窮北越農村的他們，旅行了漫長的距離，與故鄉之間隔著遙遠的時空。我的父親母親是我虧欠最多的人，謹將這本並不足以回報他們的書，獻給他們。

圖片出處

55頁　長山烈士陵園。Sam Sweezy攝影
67頁　胡志明市烈士陵園。Sam Sweezy攝影
68頁　哀悼的軍人雕像，胡志明市。Gregory Farris攝影
70頁　遭破壞的墓碑，越南共和國陸軍國家公墓。Sam Sweezy攝影
80頁　《越南退伍軍人紀念牆》（Vietnam Veterans Memorial Wall），林櫻。華盛頓特區。阮越清攝影
90頁　《三位戰士雕像》（The Three Solders），Frederick Hart。華盛頓特區。阮越清攝影
91頁　《越南婦女紀念碑》（Vietnam Women's Memorial），Glenna Goodacre。華盛頓特區。阮越清攝影
130頁　臉孔的照片，S-21監獄，金邊。阮越清攝影

133頁　「禁止大笑」標誌，S-21監獄，金邊。阮越清攝影

138頁　遭破壞的杜赫照片，S-21監獄，金邊，阮越清攝影

139頁　《遺失的映像》（The Missing Picture）電影劇照，潘禮德（Rithy Panh）導演。© CDP/Bophana Center

146頁　據稱用美國子彈做的原子筆和項鍊。阮越清攝影

171頁　生鏽的坦克，篤廟（Doc Mieu，音譯）火力支援基地，接近非軍事區。Sam Sweezy攝影

181頁　直升機全景模型，韓國戰爭紀念館，首爾。阮越清攝影。

191頁　《羅密歐點》（R-Point）電影劇照，孔水昌（Gong Su-chang）導演。2004 CJ Entertainment / Cinema Service

193頁　《亂世玫瑰》（Sunny）電影劇照，李濬益（Joon-ik Lee）導演。2008 Tiger Pictures／Achim Pictures

200頁　河美紀念館，會安附近。Sam Sweezy攝影

205頁　莫邊府烈士陵園紀念碑。阮越清攝影。

208頁　鑲嵌畫，古芝隧道。阮越清攝影。

209頁　俄國噴射機，B-52勝利博物館，河內。阮越清攝影

211頁　釋廣德的汽車。Sam Sweezy攝影

212頁　《空中奠邊府大捷》（Dien Bien Phu of the Air），軍事歷史博物館，河內。Sam Sweezy攝影

220頁　簷壁飾帶，奠邊府烈士公墓，二〇〇九年。阮越清攝影

221頁　全景模型，崑山島監獄建築群，昆島群島。阮越清攝影

223頁　《紀念》（Commemoration），阮富強（Nguyen Phu Cuong）。Sam Sweezy攝影

224頁　《在每一個街坊》（In Every Neighborhood），鄧德勝（Dang Duc Sinh）。Sam Sweezy攝影

225頁　Zippo打火機，胡志明市博物館。阮越清攝影

229頁　詠木隧道，二〇〇九年。阮越清攝影

231頁　施營唯一傳世的照片。Courtesy Viet Nam News Agency (VNA) Photo Department. F.8420

236頁　坦普洞穴，石缸平原，寮國。阮越清攝影

266頁　遊民，費城。林丁（Linh Dinh）攝影

276頁　「清窗簾」（Cleaning the Drapes），「美麗居家：把戰爭帶回家」（House Beautiful: Bringing the War Home）系列，約一九六七—一九七二年。Martha Rosler

283頁　照片，出自《美國運動一九七〇：或我們如何度過越戰》（*American Sports, 1970: Or How We Spent the War in Vietnam*）（Aperture Press, 2008），陶德・帕帕喬治（Tod Papageorge）。Yale University Art Gallery。

306頁　「白人的負擔（據吉卜林原作）」（The White Man's Burden (Apologies to Kipling)），Victor Gillam. The Ohio State University Billy Ireland Cartoon Library & Museum.

311頁　瓊邑克寶塔的頭骨。阮越清攝影

318頁　《軍事基地29棕櫚樹：夜間作戰III》（29 Palms: Night Operations III），2003-2004. © An-My Lê, courtesy Murray Guy, New York

322頁　《小戰爭（狙擊手I）》（Small Wars (sniper I)），1999-2002. © An-My Lê, courtesy Murray Guy, New York

325頁　「無題柬埔寨#4」（Untitled Cambodia #4），《柬埔寨：光輝與黑暗》（*Cambodia: Splendor and Darkness*），黎光頂（Dinh Q. Lê）

339頁　故事布，查雀與查那陶（Chue and Nhia Thao Cha，音譯）。All rights reserved. Bailey Archive, Denver Museum of Nature & Science

357頁　波布墓地，近安儂范（Anlong Veng），柬埔寨。阮越清攝影

國家圖書館出版品預行編目（CIP）資料

一切未曾逝去：越南與戰爭記憶／阮越清（Viet Thanh Nguyen）作；胡宗香譯. -- 初版. -- 臺北市：馬可孛羅文化出版：英屬蓋曼群島商家庭傳媒股份有限公司城邦分公司發行，2022.11
面；　公分. --（當代名家旅行文學；MM1152）
譯自：Nothing ever dies: Vietnam and the memory of war
ISBN 978-626-7156-28-5（平裝）

1. CST：越戰

738.3264　　111013004

【當代名家旅行文學】MM1152

一切未曾逝去：越南與戰爭記憶

Nothing Ever Dies: Vietnam and the Memory of War

作　　者❖阮越清 Viet Thanh Nguyen
譯　　者❖胡宗香
封面設計❖井十二設計研究室
內頁排版❖張彩梅
總 策 畫❖詹宏志
總 編 輯❖郭寶秀
責任編輯❖郭棤嘉
特約編輯❖林俶萍
行銷企劃❖羅紫薰

發 行 人❖涂玉雲
出　　版❖馬可孛羅文化
10483 台北市中山區民生東路二段141號5樓
電話：(886)2-25007696
發　　行❖英屬蓋曼群島商家庭傳媒股份有限公司城邦分公司
10483 台北市中山區民生東路二段141號11樓
客服服務專線：(886)2-25007718；25007719
24小時傳真專線：(886)2-25001990；25001991
服務時間：週一至週五 9:00～12:00；13:00～17:00
劃撥帳號：19863813　戶名：書虫股份有限公司
讀者服務信箱：service@readingclub.com.tw
香港發行所❖城邦（香港）出版集團有限公司
香港灣仔駱克道193號東超商業中心1樓
電話：(852)25086231　傳真：(852)25789337
E-mail：hkcite@biznetvigator.com
馬新發行所❖城邦（馬新）出版集團 Cite (M) Sdn. Bhd.(458372U)
41, Jalan Radin Anum, Bandar Baru Seri Petaling,
57000 Kuala Lumpur, Malaysia
電話：(603)90578822　傳真：(603)90576622
E-mail：services@cite.com.my
輸出印刷❖中原造像股份有限公司
初版一刷❖2022年11月
定　　價❖590元（紙書）
定　　價❖413元（電子書）

ISBN：978-626-7156-28-5（平裝）
ISBN：9786267156292（EPUB）

城邦讀書花園
www.cite.com.tw